Fritz Mauthner

Credo

Gesammelte Aufsätze

Fritz Mauthner

Credo
Gesammelte Aufsätze

ISBN/EAN: 9783744644006

Hergestellt in Europa, USA, Kanada, Australien, Japan

Cover: Foto ©ninafisch / pixelio.de

Weitere Bücher finden Sie auf **www.hansebooks.com**

Credo.

Gesammelte Aufsätze

von

Fritz Mauthner.

Berlin 1886.
J. J. Heines Verlag.

Meiner lieben Schwester

Frau Dr. Marie Kuh.

zugeeignet.

Vorwort.

Credo: ich glaube.

Es kann heißen: dies ist meine bescheidene Meinung.

Es kann auch heißen: dies ist meine rücksichtslose Überzeugung.

Wie dasselbe Wort zu so verschiedenen, man möchte sagen: entgegengesetzten Bedeutungen gekommen ist, das gäbe einen hübschen Stoff für die Geschichtsschreiber der Sprache. Das eine Mal will der, welcher glaubt, ganz schüchtern seine unmaßgebliche Vorstellung der fremden gegenüberstellen, das andere Mal will er diese selbe höchst persönliche Anschauung selbst gegen unerschütterliche Vernunftgründe auf Leben und Tod behaupten.

Wer sich berufen fühlt, öffentlich über die Fragen des Tages und der Kunst das Wort zu ergreifen, der sollte das Credo in beiderlei Gestalt vor Augen haben, so oft er einen Satz niederschreibt oder spricht. Er sollte nie vergessen, daß seine Behauptungen immer nur auf seinen eigenen zwei Augen stehen, daß hinter dem majestätischen „Wir" sich immer ein kleines vereinzeltes „Ich" verbirgt. Er sollte aber auch nie vergessen, daß dieses Ich für jedes Wort mit seiner ganzen Persönlichkeit eintreten muß. Unser Credo ist zurückhaltende Herzenssache, so lange man uns mit sachlichen Beweisen umstimmen will; es wird zu einer streitbaren Glaubensfrage, sobald man Abfall und Verleugnung von uns verlangt.

Deshalb habe ich der Sammlung von Aufsätzen, deren erster Band hier vorliegt, das lateinische Wort wie ein Motto vorgesetzt. —

Ich wollte mit diesem Vorworte nichts, als den Titel des Buches vor Mißdeutungen bewahren. Nun muß ich hier einige Worte der Abwehr hinzufügen, weil die betroffenen Bogen des Buches schon gedruckt sind.

Als dritter Band des Sammelwerkes „deutsche Dichter der Gegenwart" (Verlag von Edwin Schloemp) ist soeben ein Lobgesang auf Georg Ebers erschienen. Der Sänger ist Professor Richard Gosche aus Halle, der seinen Dichter auf 236 Seiten zu verherrlichen nicht müde wird und unter andern Gegnern der ägyptischen Romane auch mich, übrigens in sehr verbindlicher Form, zur Ordnung ruft.

Professor Gosche schreibt in einem labyrinthischen Satze, dessen pyramidalen Bau ich unangetastet lasse: „Ich habe gegenüber den außerordentlichen Wirkungen dieses Schriftstellers in und über Deutschland hinaus beobachten können, daß man in den berufsmäßig schriftstellerischen Kreisen es ihm nörgelnd verargen möchte, mit größtem Erfolge als einer der besten ihres gleichen aufgetreten zu sein."

Wenn man diese Beobachtung aus ihrem hieroglyphischen Stil gleich in den demotischen überträgt, so enthält sie gegen die Bekämpfer der Ebers=Mode ganz grob den Vorwurf des Neides. Was würde Herr Professor Gosche dazu sagen, wenn der Spieß umgedreht würde? Das ist doch wohl nicht die rechte Art, über Kunstfragen zu streiten.

Gosche verliert in der Bewunderung für Ebers alles Maß. Er vergleicht die „Uarda", die sich vor unsern Augen sicht=barlich in Makulatur verwandelt, nicht nur mit Lessings Dich=tungen, sondern ausdrücklich mit den „besten Dramen", ihn umweht in Ebers Romanen „die Atmosphäre der Goetheschen Weltlitteratur."

Und da ruft der Verfasser noch aus, er sei in einem „Lessingschen Ärger" an seine Untersuchung gegangen. Lessing=scher Ärger und eine Verteidigung des Professorenromans!

Professor Gosche irrt, wenn er glaubt, man gönne in Deutschland keinem Professor dichterischen Ruhm. In Jena, nicht gar weit von Halle, war z. B. Friedrich Schiller Pro=fessor der Geschichte und behandelte als solcher denselben Stoff, den er nachher im „Wallenstein" frei „bearbeitet" hat. Und das hat ihm in berufsmäßig schriftstellerischen Kreisen bisher wenig geschadet.

Es wäre rätlich gewesen, die Meinung der Gegner minder höflich zu bekämpfen, dafür aber ihre Überzeugung etwas mehr zu achten. Jeder Glaube kann ehrlich sein, selbst der an Georg Ebers.

Berlin, im September 1886.

F. M.

Inhalt.

	Seite
Der Zeitungsteufel	1
Das Publikum der Kunst	12
Lebensgeschichte eines Ölgemäldes	17
Der Streit der Künste	22
Zu viel Musik	30
Illustrationen	36
Klopstock und Wagner	44
Offenbach in der Unterwelt	50
Dichters Schicksal	56
Aus der Werkstatt des Schriftstellers	62
Unsere Hausbibliothek	68
Litterarische Moden	87
Was wirkt die Bühne	108
Der Schillerpreis	118
Ein anderer Vorschlag	125
Hinter den Kulissen	132
Luise	137
Helle geworden in Berlin	142
Menschenausstellungen.	
I. Im zoologischen Garten	153
II. Im Theater	159
Die Kunst in 24 Stunden ein schlechter Dichter zu werden	164
Der landläufige Idealismus	170
Das Virtuosentum in der Litteratur	176
Schillers Schädel	182

Um Lessing.

  I. Die Feinde 188
  II. Die Freunde 194

Lessing der Kleine 200
Goethe auf Besuch 206

Wagner über Faust.

  I. 211
  II. 216

Modelle.

  1. Der Halbgebildete 224
  2. Der Dilettant 230
  3. Der Damenmann 235
  4. Der Autographensammler 240
  5. Die fröhlichen Trauergäste 246
  6. Die Jubilanten 251
  7. Die Streber 256
  8. Gehetzte Menschen 261
  9. Vergnügungsreisende 266
  10. Reisende in Dichtkunst 271
  11. Der =aner 276
  12. Der Nassauer
    I. 282
    II. 287

Der Teufel als Ehemann 293

Der Zeitungsteufel.

Fuchs (vor der Thür einer Redaktion).

Habe nun ach Philosophie,
Juristerei und Medizin
Und leider auch Theologie
Durchaus nicht studiert mit heißem Bemühn.
In den vier Fakultäten, in allen,
Bin ich nacheinander durchgefallen.
Da steh' ich nun, ich armer Thor!
In ähnlichem Fall ward Karl Moor
Revolvermensch und berühmter Räuber.
Ich gehe unter die Zeitungsschreiber.
Dann heiß' ich Autor, heiße Doktor gar,
Und ziehe fröhlich manches Jahr
Mit einigen Phrasen, quer und krumm,
Meine Leser an der Nase herum.
Der Verleger kauft mir den Meyer und Brockhaus,
Da zieh' ich an Stoffen ein ganzes Schock aus.
So bin ich gescheiter als alle die Laffen,
Die andachtsvoll in die Zeitung gaffen.

Ich fürchte weder Hölle, noch Teufel:
Ich schlage ja nach, so oft ich im Zweifel.
Nur Mut! Jetzt will ich den Tempel sehn,
In dem die papiernen Götter stehn.
(Er klopft zweimal.)
Der Kerl hat wohl die Ohren verstopft!
Der Zeitungsteufel (in der Maske eines Gelehrten).
Zum Donnerwetter! Schon wieder! Wer klopft?
Fuchs (tritt ein).
Ich bin soeben angekommen,
Und habe sogar eine Droschke genommen,
Baldmöglichst zu sprechen einen Mann,
Der Journalisten brauchen kann.
Teufel (grob).
Ihre Höflichkeit ist mir egal.
Sie haben doch, hoff' ich, schon einmal
Für andre Blätter was geschrieben?
Fuchs.
Ja, doch 's ist ungedruckt geblieben.
Poesie gilt nichts mehr auf der Welt.
Der elende Drucker will bares Geld,
Sonst druckt er meine Gedichte nicht.
So weiß die Litteraturgeschichte nicht,
Daß ich der Verfasser — meiner sämtlichen Werke.
Im Lyrischen liegt meine Stärke.
Mein bester Herr, ach, darf ich wagen
Ihnen davon etwas anzutragen?
Teufel.
Der Papierkorb hat einen guten Magen,
Hat ganze Dichter aufgefressen
Und doch noch nie sich übergessen.
Im Ernst, was wollen Sie eigentlich?

Fuchs.

Sie hören ja, es dichtert mich.
Meine Mutter wollte mich kaum entfernen.
Sie meint, ich möchte nur nichts lernen
Und würde darum Journalist.
Ich will in allerkürzester Frist
Ein gemachter Mann sein, feist und reich,
Geachtet und angesehen zugleich.

Teufel.

Da sind Sie nicht am rechten Ort.

Fuchs.

Aufrichtig, möchte schon wieder fort.
In diesen Mauern, diesen Hallen
Will es mir keineswegs gefallen.
Die Herren kleben auf ihrem Sitz,
Auf harten Stühlen aus weichem Holz, —
Man hört nicht einen einzigen Witz,
Man sieht nicht Einen Konrad Bolz.

Teufel.

Den gibt's nur in der kleineren Stadt;
Hier braucht man sein bischen Geist fürs Blatt.
... Wo zeigen Ihre Gaben sich?
Über oder unterm Strich?

Fuchs.

Ich möchte Gerichtssaal und Politik,
Lokales, Handel und Kritik,
Ich möchte alles auf einmal schreiben.

Teufel.

Das lassen die Herren bei Zeiten bleiben.
Für Schwärmer wie Sie ist Arbeitsteilung
Sichere Heilung.

Fürs erste rat' ich Ihnen drum
Zum ganz gemeinen Reportertum.
Da wird der Geist genau dressiert
Und für das Nächste eingeschnürt;
Nur in Berlin, die Kreuz und Quer,
Irrlichterieren Sie hin und her;
Sie müssen über Stock und Steine,
Als hätten Sie vierundzwanzig Beine,
Ostwestnordsüdwärts tapfer rennen,
Sie lernen alle Straßen kennen,
Und macht das Schreiben Ihnen einst Beschwerden,
Können Sie Droschkenkutscher werden.
Sie müssen zu jedem Drilling eilen,
Gibt er auch meist nur wenige Zeilen.
Ein Brand belohnte schon besser die Müh',
Käme die Feuerwehr nicht zu früh.
Auch Diebstahl ist ein gutes Ding,
Wenn das Objekt nicht zu gering.
Doch des Reporters edelster Sport,
Sein unerschöpflicher Nahrungshort,
Das ist ein wohlgelungener Mord, —
So einer beglückte hiesigen Ort.
Das schwillt die Brust, das reißt Sie fort,
Sie sind bald hier, Sie sind bald dort,
Sie fügen geschäftig Wort an Wort
Und leben zwei Monate wie ein Lord
Von Einem Mord.

Fuchs.

Mir wird von alledem so dumm,
Als ging' mir ein Epos im Kopf herum.

Teufel.
Nachher vor allen andern Sachen
Müssen Sie sich an die Toten machen.

Fuchs.
Mein Herr, ich bin ein tüchtiger Streber,
Doch bin ich noch kein Totengräber!
Was fang' ich mit den Toten an?

Teufel.
Ein jeder honette tote Mann
Ist ein geschenkter Nekrolog,
Wenn's Telegramm nicht grade log.
'nen Toten gibt es jeden Tag.
Sie sind fertig mit dem Glockenschlag,
Denn Totenartikel reiten schnelle.
Sind Sie der erste nur zur Stelle,
So zahl' ich gern — was weiß ich? —
Wohl zwanzig Mark, selbst dreißig.
Ein Nekrologist, auf den ich kann zählen,
Lauert bei Tänzerinnen und Generälen,
Bei Ministern und Tenören
Und bei den lieben Mitredakteuren,
Die Gott sei Dank
Schon alt und krank,
Wie ein Rabe auf des Verwundeten Tod.
Bereit sein ist alles! Tod gibt Brot!
Sie haben sich vorher präpariert,
Die Lexika brav einstudiert,
Damit uns bei Leibe nichts entgeht,
Was morgen in andern Blättern steht.
Ein Nekrolog ist Bäckerware!
Und haben Sie erst durch dreißig Jahre

Bei jedem Trauerfall den lieben
Freund Meyer emsig abgeschrieben,
Stehn Sie zum Jubiläumslohn
Selbst in dem großen Lexikon.

Fuchs.

Schon recht, doch gibt das saure Bissen:
Auf das Ende der Besten warten zu müssen.
Ein Redakteur ist besser dran.
Er ist ein gut bezahlter Mann,
Der selbst das Dichten bleiben läßt
Und andre für sich schreiben läßt —
Fürs Blatt, natürlich auch fürs Haus.

Teufel.

Suchen Sie sich einen Posten aus!

Fuchs.

Zur Politik kann ich mich nicht bequemen.

Teufel.

Ich kann es Ihnen nicht übel nehmen.
Im Inland, das Sie vor sich sehn,
Gefängnißzellen offen stehn.
Der Dichter ist frei nur im Auswärtigen.
Sie dürfen über Fragen, die brennen,
Nur dann phantastische Briefe fertigen,
Wenn's Länder betrifft, die Sie gar nicht kennen.
Frisch über Birma, die Turkomanen,
Über des Mikado Untertanen,
Über die Boers und über die Zulu
Über Zanzibar und Honolulu
Sagen Sie Wahrheit, derb und bieder;
Das ist beliebt bei Hoch und Nieder.

Auch nehmen Sie Sonntags im Leitartikel
Die allergemeinsten Fragen beim Wickel:
Die Reblaus, Bazillen, den Mond, Erdbeben,
Und überhaupt das menschliche Leben.
Doch in der Zeit der sauren Gurken
Wird auch der Redlichste zum Schurken.
Es kommt ihm gar nicht darauf an,
Zu töten einen herrschenden Mann,
Und ihn vergnügt nach dem ersten Schrecken
Zu neuem Leben zu erwecken.
Wenn der Hundstag etwas Neues braucht,
Benützen Sie alles, was da kraucht;
Sie bringen 'nen Ballbericht von Samoa
Und zeigen die Riesenwasserboa.

Fuchs.

Ich hätte Lust zur Volkswirtschaft.

Teufel.

Sie verlangt nicht zu viel Geisteskraft.
Man lehret einfach Tag für Tag,
Daß, was wir sonst auf einen Schlag
Getrieben, wie Essen und Trinken frei,
Statistik dazu nötig sei.
In der Praxis lobt man die großen Banken,
Schweigen ist Gold, auch verschwiegne Gedanken.
Die Theorie ist nicht viel schwerer;
Je toller der Satz, je geduld'ger die Hörer:
Es kam ein Affentheater ins Land,
Da gerieten die Knaben aus Rand und Band,
Da blieben sie in der Schule nach,
Hatten Strafarbeiten Tag für Tag,

Da unterblieb ihre Schmetterlingsjagd,
Da mehrten die Raupen sich mit Macht,
Da fraßen sie Kohl ganz ungeheuer,
Da ward mit dem Kohl auch der Roggen teuer.
Nun wieder billig zu machen das Brot,
Hilft einzig — ein Affentheaterverbot.
Das ist die weise Regeldetri
Der Nationalökonomie.
Zu zwei kommt eins,
Ist das Geld nur meins.
Sonst wird es keins.
Das ist das Hexen=Einmaleins.

Fuchs.

Verzeihen Sie meine vielen Fragen.
Können Sie mir vom Feuilleton
Nicht auch ein kräftig Wörtlein sagen?
Beliebt ist's ja wie ein Bonbon.

Teufel.

Der Geist des Feuilletons ist leicht zu fassen:
Man muß sich einfach gehen lassen.
Besonders müssen's die Weiber lieben,
Für sie wird unter dem Strich geschrieben.
Ein Doktortitel muß sie erst vertraulich machen,
Dann dürfen Sie ihnen graulich machen
Und die schönsten Sachen heruntermachen.
In hundert Zeilen nur klipp klapp
Schlachten Sie hundert Bücher ab,
Beklagen Sie ernst, daß die Posse gefällt,
Und treiben Spott mit der tragischen Welt.
Doch Freibillet und Musikkritik
Ist des Feuilletonisten höchstes Glück.

Fuchs.

Ich würde recht gern Musikrezensent,
Wenn ich nur wüßt', wie man die Noten nennt.

Teufel.

Narr! über Musik gelehrt zu schreiben
Ist fast so leicht wie Gänsetreiben;
Wem seine zwei Ohren vom Kopfe stehn,
Kann unter Musikrezensenten gehn.
Wer alles lobt oder alles reißt,
Bei den Leuten ein tüchtiger Richter heißt.
Sie loben in einem Duo zwei,
Im Trio drei, das steht Ihnen frei.
Loben ist leicht; doch wer schimpfen kann,
Ist bald der angesehnere Mann.

Fuchs.

Wo nehm' ich die technischen Worte her?

Teufel.

Ein Dutzend zu lernen ist nicht schwer.
Vernehmen Sie keinen deutlichen Ton,
So nennen Sie's immer polyphon
(Mit ph und einem y).
Wird das Klavier kaum noch gehört,
So ist es ein Klavierkonzert.
Doch hören Sie das Klavier allein,
Werden's moderne Lieder sein.
Wenn der Finger Blut auf den Tasten fließt,
Dann heißt es Bravour, der Mann spielt Liszt.
Blicken die Sänger besonders dumm,
Ist's wohl ein Oratorium.
Auch müssen Sie die Lehre nützen:
Daß Geiger stehn, Cellisten sitzen.

Das Wort, das von allen am meisten prunkt,
Ist der beliebte Kontrapunkt;
Setzen Sie ihn wo immer hin
Und schneiden Sie eine ernste Mien'.
In der Oper sind Blonde immer Tenöre,
Die Schwarzen Baryton, falsch die Chöre.
Und die Prinzessin von starker Statur,
Singt regelmäßig Koloratur.
Haben Sie diese paar Worte begriffen,
Ist schon Ihr kritisches Messer geschliffen.
Sie setzen sich auf den Richterthron,
Und erhalten gar schmeichelhaften Lohn.
Die allergefeiertsten Sängerinnen
Bemühen sich, Ihre Gunst zu gewinnen.
Sie rühmen Ihren Kunstverstand
Und drücken furchtbar warm die Hand.
Zum Willkomm tappen Sie u. s. w.

Fuchs.
Das sieht schon besser aus!

Teufel.
                    Nur heiter!
Kritisieren ist keine Hexerei!
Ich glaube, daß eins nur nötig sei.
Drum sagen Sie, eh' wir's weiter treiben:
Verehrter, können Sie denn schreiben?

Fuchs.
Auch was Geschriebenes fordern Sie, Pedant?
Ich bin für meine schöne Schrift bekannt!
Wenn es denn sein muß, Herr Doktor, ei nun da
Wäre mein letzter Aufsatz aus Sekunda.

Teufel (nachdem er gelesen).
Sie sind für uns noch nicht ganz reif.

Fuchs.
Ach, werden Sie doch nicht gleich so steif!
Ich spiele ganz vorzüglich Karten,
Versteh im Café auf Gedanken zu warten,
Kann alles trinken, alles rauchen ...

Teufel.
Ich kann Sie dennoch nicht gebrauchen.

Fuchs.
Ich bin mit kaltem Wasser begossen:
Die Geisterwelt ist mir verschlossen!
Doch wenn auch der Teufel mich gehen läßt,
Ich bleibe fest.
Blüht mir in der Presse kein ander Heil,
Werb' ich Redakteur vom Inseratenteil.

Das Publikum der Kunst.

Alle Welt trank in diesem letzten Sommer sein Bier im Garten der Kunstausstellung. Zu den würdigen Urteilen, welche da allabendlich gefällt wurden, seien hier einige hinzugefügt; nur vier winzige Geschichten, von denen die drei ersten den Vorzug haben, buchstäblich wahr zu sein. Für die Echtheit der vierten kann ich selbst nicht bürgen, doch hat ein glaubwürdiger Mann sie mir berichtet. Meine harmlosen Anekdoten sind weder symbolisch noch allegorisch; jedermann erlebt solche kleine Abenteuer auf jeder Bilderausstellung, und ich schreibe mir bei der Wiedergabe kein anderes Verdienst zu, als dieses: die charakteristische Äußerung aus dem gleichgültigen Beiwerke rein ausgeschält zu haben. Denn nicht alles, was man um sich her in Galerien sprechen hört, ist erzählenswert dumm.

Der erste Ausspruch, den ich zu berichten habe, stammt aus der Masse der wackeren Leute, welche vor berühmten Bildern stehen bleiben, weil sie andere schon davor stehen sehen. Es sind dieselben Menschen, welche auf der Straße unwillkürlich einen Auflauf vermehren helfen, wenn ein Kind überfahren worden ist, oder wenn eine fremdländische Uniform sich zeigt.

Die geistige Bescheidenheit dieser ewigen Majoritätsläufer ist so rührend, daß nur die Bosheit über sie lachen kann. Also nicht lachen!

Es war in Kassel und irgend ein Vereinstag. In der Galerie drängten sich die wackeren Vereinsmitglieder. Hinter mir machte ein Gastwirt den Erklärer.

„Du, das Bild mußt du sehen, das ist von Rafael."

„Was ist denn daran so Rares?"

„Das weißt du nicht? Rafael ist ein weltberühmter Maler. Er hat alle seine Bilder mit den Füßen gemalt, weil er ohne Hände geboren worden ist."

Wörtlich. Einen Geschichtsforscher mag die Untersuchung locken, wie hier das bekannte Paradoxon Lessings mythenbildende Kraft bewiesen hat. Ich aber muß gestehen, daß ein Meister der Reklame für Rafael nicht mehr hätte thun können, als dieser ehrliche Gastwirt in seiner Unschuld that. Das Gesicht, mit welchem seine Begleiter das Bild ansahen, weil es mit den Füßen gemalt war, glich auf ein Haar der Verblüffung, mit welcher die Sehenswürdigkeiten einer Hauptstadt von Ungeübten betrachtet werden. —

Den zweiten Ausruf verdanke ich einer Dame, welche ohne Zweifel den oberen Zehntausend, den Blasierten, angehörte. Diese Auserwählten unterscheiden sich von der blinden sensationsgläubigen Menge vor allem dadurch, daß sie in jedem Bilde, welches von ihnen bemerkt werden will, irgend eine persönliche Beziehung entdecken müssen. Es ist nicht gerade notwendig, daß sie den Maler oder den Gegenstand des Bildnisses kennen; es genügt, wenn sich vom Maler oder vom Modelle etwas erzählen läßt. Und steht der Stoff des Bildes zu hohen Kreisen oder zu einem Erdbeben oder zu der neuesten Mode in einem menschlichen Verhältnis, so ist das Kunstwerk schon einer halben Minute und einer halben Äußerung wert.

Es war also vor einigen Jahren zu Berlin in der akademischen Ausstellung. Im letzten Saale hing ein Bild, dessen sich viele Besucher noch erinnern werden; ich glaube, es war von einem Belgier. Vor uns die unabsehbar weite Fläche des Meeres. Und rechts und links die unabsehbar weite graugelbe Fläche der Düne. Der Berliner Kreuzberg würde sich von dieser mathematischen Ebene wie ein Chimborasso abheben. Im Vordergrunde sieht man zwei lebensgroße graue Esel, auf denen bunte Kinder reiten. Und vor dem Bilde stehen zwei lebendige Damen in tadellos eleganten Frühlingskostümen. Es sind Mutter und Tochter.

„Ganz wie auf dem Rigi," erklärt die Mutter laut und energisch und will weitergehen.

„Aber Mama," flüstert die Tochter, „man sieht doch nicht das Berner Oberland?"

„Da hast du recht, Else, die Berge sind dort höher. Aber sonst — die Esel — ganz wie auf dem Rigi."

Meine dritte Geschichte spielt in zwei Akten, der Schauplatz ist Dresden, die handelnden Personen gehören einer höheren Menschenklasse an: es sind Kenner. Diese beneidenswerten Sterblichen haben bekanntlich das Schöne mit so großen Löffeln gegessen, daß sie für das bescheidene Genießen eines Laien kein Verständnis mehr haben. Wo unsereiner bewundert, da forschen sie; wo wir schweigen, da halten sie Vorträge.

Es war also in der Dresdener Galerie, an einem Tage, wo höchstens zehn Menschen das Eintrittsgeld gewagt hatten. Es war schön still in den Räumen. Nur zwei Herren machten sich durch ihre lauten Reden bemerkbar; doch was sie sprachen, war höchst lehrreich für die wenigen Besucher, die auf hundert Schritt in ihre Nähe kamen. Die „Schulen", „Tinten", „Lasuren" und „Gründe" flogen nur so durch die Luft. Der ältere Herr, ein Einheimischer, dozierte. Der jüngere, ein

Ostländer, war offenbar zum erstenmal in der Galerie. Ich war so glücklich, dreimal ihren Weg zu kreuzen. Dann stampften sie in die Kapelle der Sixtinischen Madonna, wo ich eben ein Weilchen allein gewesen war. Sie verstummten für mehrere Minuten. Offen gesagt, ich war begierig, ein anregendes Wort von so beredten Lippen zu hören. Endlich sprach der jüngere:

„Ja, Sie haben recht. Scheußlich!"

Und sie stampften hinweg.

Ich weiß nicht, ob mich die Sehnsucht, die Lösung dieses rätselhaften Rufes zu erfahren, jemals hätte zur Ruhe kommen lassen. Den ganzen Tag gingen mir die Worte des Kenners im Kopfe herum. Aber ich hatte Glück; ich traf die Herren abends im Theater wieder. Ich verfolgte sie in ihr Gasthaus; und dort bei Tische, nachdem die Bekanntschaft gemacht war, durfte ich endlich fragen, was in dem Allerheiligsten der Galerie ihren Zorn erregt hatte.

Der alte Dresdener schien froh, seine Kenntnisse an den Mann bringen zu können.

„Das Interessanteste an der Sixtina ist die rechte Hand des Papstes," sagte er. „Das ist das Einzige, was lohnt. Die Verkürzung ist hier nämlich so ungeschickt ausgefallen, daß es aussieht, als hätte seine Heiligkeit sechs Finger an der rechten Hand. Das müssen Sie sehen, und wenn Sie drum noch einen Tag in Dresden bleiben sollten."

Und der jüngere Herr rief noch einmal: „Sie haben ganz recht — scheußlich!" —

Nummer vier habe ich, wie gesagt, nicht selbst erlebt; doch selbst wenn mein Gewährsmann das Ganze erfunden haben sollte, wäre es zu beachten, denn es handelt sich um eine Menschenschicht, welche von den Künstlern fast noch höher gestellt wird, als die der Kenner: es handelt sich um Käufer.

Kam ein solcher in den Laden und verlangte ein Pendant zu seinem Achenbach, einer Mühle am Bach. Der Händler hatte etwas Passendes im Hinterzimmer hängen. Der Preis war mäßig, 300 Mark. Der Käufer lachte. Auch schien ihm das Bild um einen Zoll zu hoch zu sein.

Der Händler schnitt einen Zoll von der Leinwand ab und empfahl das Bild demselben Besucher vier Monate später für 1000 Mark. Der Käufer lächelte.

„Ich brauche ein besseres Bild. Neben Achenbach, ich bitte Sie! Auch ist es um zwei Zoll zu breit."

Der Händler schnitt zwei Zoll von der Leinwand ab und besorgte einen großen Rahmen. Als der Herr wiederkam, verlangte der Verkäufer 3000 Mark. Das Geschäft kam zustande.

„Das nenn' ich doch ein Bild!" rief der Käufer. „Aber sagen Sie! Haben die billigen Bilder, die Sie mir aufreden wollten, nicht ganz ähnlich ausgesehen?"

„Die Maler werden dasselbe Motiv benutzt haben, das kommt oft vor," sagt der Händler. „Sie können zufrieden sein, und stolz auf Ihren feinen Kennerblick. Sie besitzen einen echten Müller=Rügenwalde. Es ist ein wertvolles Bild, ein sibyllinisches Bild."

Lebensgeschichte eines Ölgemäldes.

Ich erblickte das Licht der Welt in der Malerstube eines jungen Mannes, der ein Jahr lang, ungefähr eine Viertelstunde täglich, an mir mit Pinseln und Fingernägeln arbeitete. Endlich wurde ich doch fertig und mein Meister ließ mich in den Spiegel schauen, nachdem er mich mit Stolz und Freude genugsam betrachtet hatte. Im Spiegel sah ich, daß ich ein kleines nacktes Kind war, das auf einem grünen Teppich saß und eine gelbe Trompete im rechten Händchen hielt. Mein Meister ließ nun zuerst seine alte Wirtin und dann seine Verwandten zu mir herein, und alle fanden mich bildhübsch. Nur ein alter Onkel meinte, daß so ein gemaltes Kind die viele Leinwand nicht wert sei, die es verderbe. Mit einem lebendigen sei das eine ganz andere Sache.

Darauf wurde ich in eine Kiste gepackt und nach Berlin auf die Ausstellung geschickt. Dort hingen sie mich zwar an einen Nagel, aber ich tröstete mich darüber, weil so viele andere lachende und weinende, nackte und geputzte Knaben und Mädchen um mich her hingen; es war die reine Kindergesellschaft. Hier hatte ich nicht mehr so viel Glück, wie in des Meisters Stube;

einige jung verheiratete Frauen und ihre Mütter fanden mich zwar reizend, aber die meisten Leute gingen an mir vorüber, ohne mich eines Blickes zu würdigen. Und doch stand ich ganz sauber im Katalog verzeichnet als: Meyer=Angermünde, Nr. 1788 „Ein junger Musikant".

Bloß eine Gattung von Besuchern schaute mich an, weil sie eben jedes Bild anstarren mußten; man nannte sie Rezensenten. Sie stellten sich mit ausgegrätschten Beinen vor mich hin, wiegten ihre kahlen oder allzu dicht behaarten Köpfe, schrieben mit ihren langen Bleistiften irgend etwas in ihr Notizbuch und murmelten dabei sehr laut, was sie schrieben. Der eine sagte: „Grüner Ton!", der Andre: „Roter Ton!" Nach zwei Monaten wurde die Ausstellung wieder geschlossen, und ich fuhr unverkauft in meiner finstern Kiste zu meinem Meister zurück.

Der packte mich aus, warf mich aber gleich darauf zornig in eine Ecke, wo ich mit einer Beule auf der Stirn liegen blieb. Am folgenden Tage kam der alte Onkel in die Stube, der mich von Anfang an nicht leiden konnte. Der hielt seinem Neffen eine lange Rede: er sollte der Malerei feierlich entsagen, sollte zu ihm ins Geschäft eintreten und die Tochter heiraten. Mein Meister donnerte erst ein wenig, dann aber sagte er zu allem ja, faßte Farben und Pinsel und warf sie in den Ofen. Vorher hatte er mich hervorgeholt, hatte mit dem größten Pinsel alle Farben von der Palette zusammengefegt und war damit blindlings über meine Füße und den Teppich gefahren. Dann schenkte er mich der Wirtin und ging mit dem Onkel fort.

Bei dieser guten Frau hätte ich auf meinem Ehrenplatze über dem Sopha endlich Ruhe gefunden, wenn sie nicht ausgepfändet worden wäre. Dabei nahm mich der Gerichtsvollzieher vom Nagel und lachte. Ich aber kam von einer Hand in die andere, bekam noch zwei Beulen, fiel aus meinem Rahmen und fand mich nach einigen Monaten in dem Trödelladen eines Hamburger Kunsthändlers wieder. Dieser machte mich kopfschüttelnd wieder zurecht, steckte mich in einen neuen goldenen Rahmen und pferchte mich mit vielen andern Bildern in eine riesengroße Kiste, in der ich viele Wochen auf Reisen ging. Es war wohl eine Seereise, denn viele von uns wurden seekrank.

In einer großen Stadt, die New-York heißt, wurden wir hervorgeholt und bildeten in dem Hause eines reichen Eisenbahners eine Gemälde-Galerie. Ich erlebte viel Ehre. So oft der Besitzer seine Freunde an uns vorüberführte, blieb er auch vor mir stehen und sagte: „Ein echter Meyer-Angermünde!" Aber leider hielt seine Liebhaberei für uns nicht lange vor. Er fing an, Pfeifenköpfe zu sammeln, und verschenkte uns, um Platz für die Pfeifen zu gewinnen.

Ich kam zu einer gebildeten Dame, die selbst ein bißchen malte und meine blonden Haare blauschwarz anstrich, ich weiß nicht warum. Als ihr das Werk nachher nicht mehr gefiel, benutzte mich ihr Mann als Scheibe beim Pistolenschießen. Glücklicherweise war er ein sehr schlechter Schütze und schoß entweder vorbei oder durch die Leinwand in der Nähe des Rahmens. Bloß eine Kugel traf mich irrtümlich in die Stirn. Als mich dieser Herr fortgeworfen hatte, blieb ich lange, aller Unbill der Witterung ausgesetzt, im Garten liegen. Nach einem starken Hagelwetter verlor ich das Bewußtsein. Ich erinnere mich nur dunkel, daß ein braver Lumpensammler sich meiner angenommen hat.

Bei einem pfiffigen Händler kam ich zu mir. Er schnitt den Rand, so weit die Kugeln ihn verletzt hatten, sauber ab, wobei ich die sämtlichen Zehen und viel von meinen blauschwarzen Haaren verlor. Dann flickte er das Loch auf meiner Stirn, verschmierte es mit gelber Farbe und besserte an der

Trompete herum, die er für eine Schlange hielt. Ich erhielt meinen dritten Rahmen, diesmal einen ganz wurmstichigen. Als ich so weit war, machte ich viele Eisenbahnfahrten und blieb endlich in einem reichen Hause in San Francisco, wo ich den Gästen immer mit den Worten vorgestellt wurde: „Alter unbekannter Meister, wahrscheinlich Italiener, Cinquecento, stellt einen jugendlichen Herkules dar, der eine Schlange erwürgt. Der goldene Stern auf seiner Stirne bedeutet, daß er ein Gott sei."

Diese Bezeichnung sollte mein Unglück werden. Ein chinesischer heidnischer Diener hörte nicht so bald, daß ich ein Gott sei, als er beschloß, meiner habhaft zu werden. Er wurde an mir zum Dieb und entfloh in das Chinesen=Viertel, wo er mich bei Nacht unter seinem Strohsack, bei Tage hinter der Tapete versteckte und auf das Glück wartete, welches ich ihm nach seiner Meinung bringen sollte. Es erfolgte aber nichts, als daß mir eine Maus meine Nasenspitze abnagte und daran starb, weil es Kremserweiß war.

Eines Tages brach in dem Hause Feuer aus. Mein chinesischer Dieb war ausgegangen und kam erst zurück, als die Decke unserer Stube schon in Flammen stand. Trotzdem stürzte er herein, riß mich hinter der brennenden Tapete hervor und sprang mit meinen Resten auf die Straße hinunter. Meine ganze obere Hälfte war vom Feuer verzehrt worden; nur meine Beine, der grüne Teppich und darüber der bunte Fleck aus allen Farben der Palette waren noch zu sehen, soweit nicht auch das vom Rauch geschwärzt war. Mein Chinese beteuerte allen Leuten, daß ich ihm das Leben gerettet hätte, und daß er dafür eine Wallfahrt nach China machen müßte. Er sammelte zu diesem Zwecke einiges Geld und machte sich auf die Reise. Mich rollte er sauber und fest zusammen, verklebte mich ordentlich mit Pech, und als ich endlich wie eine

Stange chinesischer Tusche aussah, hing er mich an einem seidenen Faden um seinen bloßen Hals. Das war kein standesgemäßer Aufenthalt für ein Oelgemälde, welches einst als ein echter Meyer-Angermünde und als ein alter Italiener bewundert worden war.

Ich brachte dem Chinesen wirklich Glück. Er lebte noch drei Jahre, ohne gehangen zu werden. Als es endlich so weit war und ihm die Kleider abgenommen wurden, entdeckte ein englischer Kapitän, der sich in jener chinesischen Stadt aufhielt, das Amulet an seinem Halse. Er kaufte mich dem Henker für ein Geringes ab und überließ mich später gegen einen hohen Preis einem Gelehrten, der mich photographieren ließ und mein Abbild in sein Buch über „Vergleichende Völkerpsychologie" aufnahm. Ich schämte mich anfangs sehr, daß man mich für ein Werk der chinesischen Kunst halten konnte, aber ich versöhnte mich mit dieser Rolle, als ich durch sie endlich für unabsehbare Zeit ein ruhiges und ehrenvolles Heim gefunden habe.

Ich bin nämlich gegenwärtig unter dem Namen „Chinesischer Fetisch" in einem prachtvollen Museum untergebracht, nicht gar weit von dem Gebäude, in welchem ich als „junger Musikant" ausgestellt gewesen war. Auch mein Meister war einmal mit seiner Frau da; aber er hat mich nicht erkannt.

Der Streit der Künste.

Der Streit der drei großen Künste ist nahe verwandt dem Streite der drei Ringe. Die Ringe bedeuten ihren Gläubigen die Religionen, und jede Kunst ist Religion für ihren braven Bekenner.

Der Kritiker, welcher ja gar oft ein weiser Nathan ist, kommt nicht leicht in die Lage, Dichtkunst, Malerei und Musik dem Werte nach gegen einander abzuschätzen. Welche Farbe des Regenbogens die schönste sei? darüber haben doch wohl nur Narren nachgedacht. Aber die kleinen Menschen, welche die Künste emsig betreiben, haben ihre kleine Berufseitelkeit, und möchten gerne ihren besondern Stand, dem sie heimlich fluchen, öffentlich als den ersten anerkannt sehen. Ihre Künste sind freilich alle drei nicht echt. Aber die Streiter bilden den großen Haufen und schreien unaufhörlich nach der Entscheidung: Welcher Kunst der Vorrang gebühre? Der Rat Nathans, den Wert nach der Wirkung zu bemessen, ist nicht anzuwenden, denn alle drei machen gleich eitel und herrschsüchtig, — wie die Religionen. So wird es einstweilen wohl babei bleiben müssen, daß ein jeder seinen Ring für den echten, seine Kunst für die höchste hält; und wer im Dienste der Dichtkunst steht, der hat es besonders leicht an seine Herrin zu glauben.

Wenn die Wirkung aller Künste die gleiche ist, so scheint wirklich dem Dichter der erste Platz zu gebühren, weil er die sinnlichste Schöpfung mit den geistigsten Mitteln hervorbringt. Der Maler hat die schönen Formen und Farben in der Natur zur Vorlage. Der Musiker vernimmt die Urbestandteile seiner Werke von den Vögeln im Walde. Nur der Dichter zaubert die ergreifenden Idealgestalten ohne Hülfe der Natur hervor, mit dem mangelhaften Werkzeuge der Sprache, die für den Alltagsdienst des Verkehrs erfunden, im Munde des Dichters neu geschaffen wird. Das Wunder der Schöpfung ist durch das Wort geschehen. Das Wort ist der Meister über Farben und Töne!

Wie dem auch sei, einem Beethoven, einem Rafael muß es natürlich sein, sein Können für das Höchste und Edelste zu halten; auch geringere Kräfte sind zu begreifen und zu beneiden, wenn sie die Thätigkeit ihrer Berufsgenossen für die menschenwürdigste halten. Schlimmer ist es, wenn der Streit der Künste dazu führt, die Diener der Schwesterkunst zu unterschätzen; am allerschlimmsten, wenn der Kampf in ein hündisches Balgen um die besten Bissen ausartet. Die Pfaffen, die einander verbrennen, sind noch nicht so schlimm wie die, welche einander um die bessere Pfründe beneiden.

Der reiche Mann, um dessen Futtertrog der häßliche Kampf täglich stattfindet, ist der Staat. Und weil er bei uns, teils der Notwendigkeit, teils der Mode gehorchend, den größten Sack vor der bildenden Kunst ausgeschüttet hat, darum hat der Streit der Künste in den letzten Jahren die drollige Form angenommen, daß die der Unterstützung bedürftigste auf die selbständigen heruntersieht. Der Bettler klappert mit den

Münzen in seiner Mütze und ruft protzenhaft: „Seht, in welcher Achtung ich stehe. Alle Welt trägt mir ihr Geld zu."

Der alte Racker von Staat hält es gegenwärtig für seine Aufgabe, daß er Maler und Bildhauer züchten müsse. Es hat Zeiten gegeben, in welchen man Dichter züchten wollte; was zu stande kam, das waren entsetzliche Sammlungen von schulgerechten Reimereien. Man könnte an unsere Kunstausstellungen denken.

Heutzutage läßt der Staat die Litteratur bekanntlich wild wachsen. Höchstens, daß die litterarische Geschichtsforschung durch Professuren gefördert wird, und daß der siebzigste Geburtstag anerkannter Größen von guter Gesundheit, durch hohe Orden oder die Verleihung des persönlichen Adels gefeiert wird. Berthold Auerbach war so ungeschickt, wenige Wochen vor seinem siebzigsten Geburtstage zu sterben. Um so schlimmer für ihn.

Die jungen Vertreter des Schriftthums werden sich selbst überlassen. Dem Staate ist wenig an ihrer Fortpflanzung gelegen, und die natürliche Liebe zum Dilettantismus sorgt schon dafür, daß die Gattung nicht aussterbe.

Weniger kühl steht der Racker schon der Musik gegenüber. Die Musikanten sind auch selten so rebellisch wie die Schriftsteller es mitunter waren; sie machen Musik wie die Feste fallen. Aber die Züchtung im Großen besorgt doch nur die Mode. Was der Staat an Musikanten in seinen Schulen ausbilden läßt, das ist doch nur ein kleines Häuflein, wie die fetten Karpfen in einem mäßigen Teiche. Aber die Millionen, welche in den selbständigen Musikinstituten ausgebrütet und dann losgelassen werden, diese unzählige Aalbrut, deren Abstammung so rätselhaft, und deren Schicksal so traurig ist, sie wird vom Publikum aus eigenem Willen zur eigenen Qual auf eigene Kosten gezüchtet.

Nur die bildende Kunst darf sich rühmen, daß der Staat ihre Blüte zu einer wichtigen Aufgabe macht, daß er nie zu arm ist, um den verlassenen Werkstätten Lehrlinge, um den überflüssigen Lehrlingen Arbeit zuzuführen.

Die Künstler sind darüber sehr hochmütig geworden. Um die Musik kümmern sie sich überhaupt nicht, insofern sie nicht selbst darin stümpern, oder insofern bei lebenden Bildern ein kleines Orchester nicht notwendig ist.

Anders ist das Verhältnis zum Schrifttum.

Sie haben alle Achtung vor alten toten Dichtern, denen sie die Motive für ihre besten Bilder verdanken. Sie sprechen auch mit der Gönnermiene eines älteren Bruders von den erfolgreichen lebenden Dichtern, deren Werke es bis zu illustrierten Ausgaben gebracht haben. Natürlich hat die Illustration erst den Erfolg veranlaßt. Was wäre Goethe ohne Kaulbach? Oder auch: Was wäre Victor von Scheffel ohne Anton von Werner?

Die übrigen Schriftsteller erscheinen den meisten Malern wie eine große Masse schlechter und thörichter Menschen. Der Gegensatz zwischen Feder und Pinsel hat sich in den letzten Jahren wirklich so sehr zugespitzt, daß sogar der persönliche Verkehr unerquicklich geworden ist. Der Maler hat wie der Schauspieler viele käufliche Gesellen unter den Litteraten kennen gelernt und verallgemeinert die Erfahrung, nachdem er von ihr Nutzen gezogen. Ferner hat er den Schmerz erlebt, daß Kunstgelehrte von staatswegen seine Werke nicht zum Ankauf empfohlen haben. Diese beiden Gruppen faßt er unter dem neuen Schimpfwort „Kunstschreiber" zusammen, schimpft in der Kneipe auf die Revolvermenschen und tadelt öffentlich die Geheimenräte.

Der alte Gegensatz zwischen den Malern und den Rezensenten, zwischen denen, die alles schön machen, und denen, die alles schlecht machen, ist so wieder einmal zum Hauptgespräche der beteiligten Kreise geworden.

Es wäre aber thöricht, diesen Gegensatz so oberflächlich zu fassen, als ob er nur gerade zwischen den Malern, welche Bilder ausgestellt haben, und den wirklichen oder vermeintlichen Kunstkennern, welche sie rezensieren, bestände. Nein, als vor wenigen Jahren die Echtheit des neu erworbenen Rubens in Frage kam, zeigte sich der Gegensatz in weit reinerer Form. Die ausübenden Künstler kämpfen mit den Kunstgelehrten um . . . ja, um was eigentlich?

Die Künstler wollen es nicht zugeben, daß Gelehrte allein eine wissenschaftlich mögliche Kunstgeschichte schreiben können; und die Gelehrten möchten es gerne leugnen, daß das feinste Urteil über Kolorit, Pinselführung und ähnliches doch nur beim Handwerksgenossen, beim Maler selbst, zu finden ist.

Dazu kommt, daß die Pflege der schönen Künste Staatsaufgabe geworden ist, daß infolgedessen kunstgelehrte Büreaukraten über wichtige, praktische Kunstfragen zu entscheiden haben, und also häufig das Wohl und Wehe der Kunst vom Gelehrten abzuhängen scheint. Der Künstlerstolz erträgt diesen Zustand nur widerwillig. Da die Verhältnisse es aber doch wohl nicht erlauben, einen ausübenden Künstler aus seinem Atelier hinweg zur Leitung des betreffenden Ministeriums zu berufen, auch die sämtlichen übrigen Herren schwerlich mit der Berufung des einen einverstanden wären, so sollten die Künstler sich einer Einrichtung freuen, welche in der Sorge für ihre heilige Kunst eher zu viel als zu wenig thut.

Wenn alljährlich große Summen bewilligt werden, um in einer wenig künstlerischen Zeit eine ansehnliche Akademie der Künste künstlich zu erhalten, wenn Millionen flüssig gemacht werden sollen, um die Museen zu vervollständigen und um den Schätzen einheimischer Kunst neue Paläste zu bauen, so haben die Herren dafür der Kunstgelehrsamkeit dankbar zu sein, welche ihr Wissen und ihren Eifer der Züchtung der Kunst dienstbar gemacht hat. Denn weil unser Jahrhundert keine Zeit der Sammlung ist, ist es eine Zeit der Sammlungen geworden; und die ungeheuerliche Überschätzung, welche alte Bilder bloß durch ihren historischen Wert veranlaßt haben, wirkte schließlich auf die Werke der Lebenden ein, welche ja heute schon allzuoft für Sammlungen arbeiten.

Daß die Kunstgelehrten, welche durch die staatliche Freigebigkeit gerne eine ertragsfähige Kunstzüchtung anlegen möchten, hierdurch gerade der natürlichen Kunstblüte im Wege stehen, daß also insofern zwischen großen Künstlern und großen Kunstkennern in der That ein sachlicher Gegensatz vorhanden ist, das empfinden leider die Maler und Bildhauer zu allerletzt. Man muß auch wohl weder Künstler noch Kunstkenner sein, um es einmal vernehmlich aussprechen zu dürfen.

Zwar, es wäre unbillig, auch das Erbauen großer Kunstpaläste für die aufgespeicherten Schätze und für die Ausstellungen hoffnungsfreudiger Werke für gefährliche Freigebigkeit auszugeben. Wer einen neuen Hut bekommen hat, will auch ein Regenbach dazu haben. Diese Summen wird auch der sparsame Volksvertreter schnell bewilligen, weil auch für Statuen und Gemälde ein sicheres Obdach unumgänglich notwendig ist, und weil ein Grundstück, das wir erwerben, ein Gebäude, das wir darauf errichten, uns nicht ärmer zu machen pflegt.

Ob aber die Mittel zum Ankauf von historisch wichtigen Gemälden in der geforderten Höhe vorhanden sind, das wird vielen fraglich scheinen. Freilich, wer im alten Museum vor Rembrandts „Joseph" steht, wird nicht leicht auf den Besitz eines solchen Werkes verzichten wollen. Wie sich aber ein bürgerlicher Haushalt wohl von einem der Kinder einen Zimmerschmuck zu Weihnachten schenken läßt, weil sein Budget eine hohe Luxusausgabe nicht verträgt, so sollte es auch im Staate Ehrensache der reichsten Bürger sein, dem Vaterlande solche

Werke, wenn sie durch Zufall einmal käuflich werden, zu schenken. Solche Gelegenheiten kehren ohnehin nur selten wieder; und selbst mit allem Gold der Welt ließe sich in unseren Tagen eine Sammlung wie die Dresdener Galerie nicht mehr erwerben. Es muß also selbst bei den äußersten Anstrengungen der Staatskasse eine jede neu angelegte Sammlung nur ein gelehrtes Kompendium bleiben, wo die Bedeutung der einzelnen Stücke leichter bewiesen als empfunden werden kann.

Auch wird sich in dieser Zeit des menschlich-sozialen Kampfes ums liebe Brot kaum der kleine Steuerzahler dafür erwärmen können, das er seinen Pfennig zum Ankauf eines Bildes beitragen soll, an dem heute nur noch ein paar Kunstgelehrte und die paar neidlosen Maler ihre Freude haben können. Die offizielle Kunstgelehrsamkeit meint zwar: „Die erziehende Wirkung solcher Schöpfungen reicht weit über den Kreis der Künstler und Kunstfreunde hinaus. Sie erneuert sich in den Werken derjenigen, die bei den großen Meistern in die Schule gehen, sie dehnt sich von Folge zu Folge über die gesamte Volksgemeinschaft aus, weil mit dem Sinne für das Echte und Ewige in der Kunst zugleich Verständnis und Empfindung für das Echte und Wahre auf andern, die gesamte sittliche Entwickelung der Menschheit bestimmenden Gebieten geweckt werden kann."

Es ist sicherlich ein Körnchen Wahrheit in diesen Ausführungen, wenn nur in der Theorie nicht das „Echte und Wahre und Ewige" als gleichbedeutend nebeneinander gestellt, in der Praxis aber gewöhnlich das Echte allein, ohne Rücksicht auf Schönheit und Ewigkeit, gesucht würde.

Wenn nun aber schon ein Bedenken gegen große Bilderankäufe bei der herrschenden Konservierungsmode barbarisch erscheint, so dürfte wohl gar die Ansicht, daß die Kunstakademieen kein Segen für das Volk seien, für unmöglich gelten. Und doch gehen aus diesen Hochschulen in unendlichen Scharen halbe Menschen hervor, welche darin das lernbare Handwerk allerdings recht tüchtig geübt haben, welche aber nicht Talent genug besitzen, um den Schatz der bildenden Künste auch nur um das kleinste selbständige Werkchen zu bereichern. Die von Kunstgelehrten erdachten und errichteten Akademieen haben diese Unglücklichen gezüchtet; und im gefährlichsten Zirkel wenden sie sich nun an die Gelehrten des Staates mit der bringenden Bitte um Beschäftigung. Und der gute Staat verschleudert viel Geld für ihre Werke, nachdem er ebensoviel für ihre Ausbildung verschleudert hat.

Die bedeutenden Meister, welche durch die Berufung an die Akademie zu einem für die meisten überflüssigen Titel kommen, würden außerhalb der Anstalt junge Talente ebensogut erziehen und vielleicht schneller nach ihrem Werte beurteilen können. Es kann eben keine Hochschulen für Kunst geben, wie es etwa Universitäten gibt; denn auf solchen werden doch nur Beamte, Lehrer, Prediger, Ärzte und Juristen unterrichtet, und zu diesen Ständen reicht eine mittlere Begabung aus; Genialität ist nicht nötig. Und wie auf musikalischen Hochschulen eigentlich nur das Handwerk des Spiels, nicht aber das Geheimnis des Erfindens gelehrt werden kann, so vermittelt auch die Akademie im Grunde nur die reproduzierende Kunst, das Kopieren.

Auch das Dichten ist eine edle Kunst, und doch hat man noch nie davon gehört, daß eine Blütezeit der Poesie in den überheizten und überfüllten Treibhäusern von Akademieen angebrochen wäre.

Es ist wohl gesagt worden: „Die Hauptstadt des Landes braucht eine Kunstakademie, und die Kunstakademie braucht die Hauptstadt." Aber nur der zweite Satz ist durch das Eingeständnis erwiesen; der erste nicht.

Zu viel Musik.

Ein Feldzug gegen das unmäßige Klavierspiel, in den Spalten des „Echo" von einigen aufgebrachten Männern unternommen, hat einen tiefen Blick in die Musikmüdigkeit unsrer Zeit werfen lassen. Als ob das erlösende Wort gesprochen worden wäre, beeilten sich die Menschen aus allen Gegenden Deutschlands, aus kleinen und großen Städten, ihrem Hasse gegen das dreifüßige Klavierungetüm beredte oder auch nur starke Worte zu leihen. Aber unvermerkt wurde mitunter an Stelle des Klaviers die Musik überhaupt gesetzt. Man rächte sich für die Unart des lärmenden Dieners, des Klaviers, indem man die schöne Herrin, die Musik selber, beleidigte.

Sie hat freilich den Protest unsrer Zeit endlich herausgefordert durch die unerhörten Ansprüche, welche sie gegenwärtig an unsre Ohren, an unsre Nerven, an unsre Zeit stellt. Man braucht die Pflege der Musik nur mit der Teilnahme zu vergleichen, die den andern Künsten geschenkt wird, und man wird über das Ergebnis erschrecken; es ist eine förmliche Musik-Überschwemmung, die uns erstickt, und die Wasser wollen sich noch immer nicht verlaufen.

Den bildenden Künsten, der Malerei und Bildhauerei gegenüber, schämt sich unser Geschlecht ganz und gar nicht, seine Gleichgültigkeit einzugestehen. Die Söhne lernen zwar ein bißchen zeichnen, die Töchter verderben Thon und Porzellan mit allerhand Farben, aber auf das Leben haben diese Beschäftigungen der jungen Leute später nur selten einen Einfluß. Das Leben eines Bürgers unsrer Zeit, wenn er nicht zufällig reich genug ist, um Bilder anzukaufen, schleppt sich hin, ohne daß er jemals in ein Verhältnis zur bildenden Kunst trat. Er hängt in seinen Zimmern ein paar Photographieen oder Ölbruckbilder auf, ohne sich bei der Wahl um etwas Anderes als um Größe und Form des Rahmens zu bekümmern; und er blättert in seinen illustrierten Wochen- und Monatsschriften, ohne einen Max Weberschen Holzschnitt von einer schlechten Zinkographie zu unterscheiden.

Nicht viel besser ist das Verhältnis des Durchschnittsmenschen zur Poesie. Lesen haben sie freilich alle gelernt; aber damit sehen sie auch alle Vorbedingungen erschöpft, welche zum Genießen eines Gedichtes gehören. Daher kommt es, daß man auf hundert Personen, welche ein Klavierstück mit einiger Fertigkeit spielen können, kaum eine finden wird, die ein deutsches Gedicht richtig zu lesen verstände. Und selbst die Lust, einander durch Vortrag von Dichtungen zu erfreuen, schwindet mehr und mehr. Kaum daß noch jugendliche Lesezirkel ein Drama mit verteilten Rollen vorlesen; unter den Erwachsenen und namentlich in den vornehmeren Kreisen der Großstadt kennt man dieses Vergnügen nicht mehr.

Alles, was bei den andern Künsten an Kraft und an Aufwand gespart wird, kommt der musikalischen Überschwemmung zu gute. Man schreit über Barbarei, wenn ein Seiltänzer das sechsjährige Kind zu seinen Vorführungen abrichtet; aber man liefert seine Mädchen im selben Alter dem Klavierlehrer aus, der die armen Patschfingerchen so lange prügelt, bis sie auf den großen Tasten turnen können. Man schreit über Überbürdung an unsern Schulen, aber man läßt die jungen Leute, begabt und unbegabt, täglich stundenlang die nervenzerrüttenden Übungen auf dem Klavier vornehmen. Man klagt über schlechte Zeiten, aber man hat für einen Klimperkasten und für Noten ein kleines Vermögen übrig. Man mietet aus Sparsamkeit eine ungenügende kleine Wohnung; aber man bewirtet darin wöchentlich eine Anzahl gleichgültiger Menschen, bloß um einander anzumusizieren.

Nun wäre ja die Bevorzugung einer einzigen Kunst immer noch besser, als die Vernachlässigung aller; die Verspottung der Musikliebhaberei unsrer Tage wäre von den Vertretern der Dichtkunst und Malerei eine neidische That, wenn nur diese Musikliebhaberei echt wäre und die Freude an der Musik auch nur entfernt zu ihrer Masse im Verhältnis stände. Da aber stoßen wir auf die seltsame Erscheinung, daß die meisten Herren und Damen, welche die Musikmode mitmachen, wie von einem Alp befreit einstimmen, sobald einer sich über die furchtbare Überschwemmung beklagt. Die Leute, welche ehrlich eingestehen, daß sie musiktaub sind, ließen sich zählen; und doch wäre vielleicht Musiktaubheit ebenso wissenschaftlich festzustellen, wie Farbenblindheit.

Schneller und mit einfacheren Mitteln als das Vorkommen von Musiktaubheit läßt sich jedenfalls die Verlogenheit unsrer Musikmode beweisen. Es gehört dazu nichts weiter, als die Beobachtung der einzelnen in einer der unzählbaren Gesellschaften, wo die Quellen der schrecklichen Musiküberschwemmung fließen. Wenn man seinen Blick bloß oberflächlich über das Ganze schweifen läßt, will es allerdings scheinen, als ob aller Welt sehr viel an der Musik gelegen wäre; denn nach keinem Vortrage bleibt der Beifall aus und die Stimmung der Zuhörer scheint länger vorzuhalten, als die Stimmung der Instrumente. Aber das ist alles nur Heuchelei, wenigstens bei den Zuhörern, die Ausübenden haben gewöhnlich ihre Schadenfreude daran. Denn man muß wie bei jedem Bankerott so auch bei der entsetzlichen Musikmacherei unserer Zeit zwischen Aktiven und Passiven unterscheiden. Die aktiv Beteiligten können es ehrlich meinen, weil sie ihre schwachen Leistungen überschätzen; die passive große Mehrzahl, die Zuhörer, sind gewöhnlich entweder musiktaub oder sie heucheln.

Wäre dem nicht so, wir verdienten das kunstsinnigste Geschlecht zu heißen, das je gelebt hat. In unseren Gesellschaften, im Mittelstande und in den elegantesten Kreisen, wird der Musik scheinbar noch mehr Zeit geopfert, als dem Essen; aber in Wahrheit sitzen die Gäste, während die Töchter und Freundinnen des Hauses unendliche Musik über sie niederströmen lassen, nur deshalb so stumm und andächtig da, weil sie mit geschlossenen Ohren das Konzert als eine Erholungspause oder als Verdauungsstunde benutzen. Und gegen diesen hygieinischen Fortschritt soll auch nichts eingewandt werden. Früher war eine Tafelmusik Mode; aber man wollte sich die wichtige Beschäftigung des Essens nicht länger durch die lärmendste aller Künste stören lassen und so erfand man das Musizieren nach Tische als ein für musiktaube Menschen sehr angenehmes Verdauungsmittel.

Nicht minder vordringlich, als im Verkehr der sogenannten besseren Stände, ist die Musik bei den öffentlichen Vergnügungen des Volkes. Sie ist das verzogene jüngste Kind, das überall dazwischen schreit, wenn vernünftige Leute miteinander reden wollen. Wenn in einem großen Saale befrackte Kellner hin- und herlaufen, und dazu die Posaunen von der Estrade einen betäubenden Lärm machen, wenn hie und da ein wohlgekleideter Mann durch Aufstehen von seinem Platze und entsprechende Lippenbewegungen die Pantomime eines Redners zum besten

und zum Schluſſe durch Erheben des Glaſes der türkiſchen
Trommel das Zeichen zum Raſen gibt, ſo nennt man das
ein Feſteſſen. Wenn zwei Muſikbanden in zwei Muſik=
pavillons um die Wette lärmen, wenn die wildeſten Tiere des
zoologiſchen Gartens ſich in die Winkel ihrer Käfige zurück=
ziehen, und die Tauſende bedauern, welche zwiſchen dieſen
beiden Muſikbanden auf= und niederſchreiten müſſen, ſo heißt
das ein Frühlingsfeſt. Und wenn drei Muſikbanden, wie mit
einem furchtbaren Aufſchrei der Natur, dreißigtauſend Menſchen
in ihrem Rufe nach Bier unterſtützen, ſo heißt das eine Kunſt=
ausſtellung, ſobald elektriſches Licht den Schauplatz erhellt und
ein Obelisk ihn verſtellt.

Wer ſeinen Sonntagsfrieden aus der Großſtadt hinaus in
den nächſten Wald flüchten will, einerlei, ob in den Wiener
Prater oder in den Berliner Grunewald, den umtoben als=
bald wie losgelaſſene Höllengeiſter zehn Muſikmacher auf einmal.
Die Liebe zur Muſik entlarvt ſich beim Haufen als das, was
ſie iſt: als die Freude am rhythmiſchen Lärm. Die Freude
am Lärm iſt an ſolchen Sonntagen auch ein Zeichen von
Trunkenheit. Und wirklich ſteigt die muſikaliſche Flut mit der
Ebbe in den Bierfäſſern. Wer nüchtern und mutig genug iſt
auch dann noch zuzuhören, wenn die Muſiker ſelbſt von der
ihnen langſam nahenden Trunkenheit bewältigt ſind, der ver=
nimmt nur noch die rhythmiſchen Schläge der Pauke, dazu das
Brummen der Poſaunen und Baßgeigen, in doppelt raſchem
Takte das Aufſchreien der Klarinetten. Und die Kinder, ſie
haben es gerne. Der Katzenjammer, welcher der Trunkenheit
ſonſt ſpäter folgt, begleitet ſie muſikaliſch.

Zu viel Muſik im Salon, zu viel Muſik in den öffent=
lichen Gärten, zu viel Muſik auch in der Kunſt ſelbſt. Anſtatt
eines Saales, in welchem gute Muſiker zwei oder drei gute
Stücke aufführten, gibt es ein Dutzend Räume, in welchen

Dutzendmusikanten dutzendweise die schlechteste Ware herunterleiern. Im Orchester sitzen nicht mehr vier Streicher, sondern vierzig Lärmmacher, die auch dann mitarbeiten müssen, wenn der Komponist zufällig keinen Einfall für sie hatte.

Und damit Frau Musika sicher auf die Straße gehe und auch dem Ärmsten aus dem Volke noch zu Diensten stehe, darum ist die Regimentsmusik erfunden worden; deren Kapellmeister hat die große Aufgabe zu orchestrieren, das heißt zu beweisen, daß das zarteste Liebeslied von der Posaune vorzutragen sei.

Gerade diejenigen, welche offene Ohren für die Schönheit der Musik ihr eigen nennen, leiden unter dem Übermaße am meisten. Nur über die Musik-Überschwemmung tönt die Klage, nicht die heilige Musik selber soll angetastet werden. Man braucht die Ansicht nicht zu teilen, welche als philosophischer Nebel über den Wassern der musikalischen Überschwemmung schwebt und welche die Musik über alle andern Künste erhebt; man wird trotzdem die Herrlichkeit der Musik ehrfurchtsvoll bewundern und wird, wenn man überhaupt einen Vergleich für nötig hält, wohl schwanken dürfen, ob der himmelan stürmenden Poesie oder der ins Tiefste leuchtenden Musik der Vorrang gebühre. Gewiß ist, daß die Musik auch da noch und gerade da eine Fülle der Schönheit offenbart, wo das Auge des Malers nichts mehr sieht, wo das Denken des Dichters kein Wort mehr findet; gewiß ist, daß keine Kunst so selbstherrisch unsere Stimmung bemeistern kann wie die Musik.

Aber gerade darum, weil sie in ihren höchsten Leistungen uns himmelhoch jauchzen oder zum Tode betrübt sein läßt, gerade darum sollte sie nicht im erbärmlichen Dilettantismus zu einem Verdauungsmittel herabgewürdigt werden. Und darum sind es nicht die Verächter der hohen Musik, welche sich die Ohren zuhalten, sobald nach dem bürgerlichen Abendschmause der Klimperkasten geöffnet wird.

Illustrationen.

Die klassische Illustration in ihrer ehrwürdigen Urgestalt ist der Orbis pictus. Das Kind, welches in seiner Fibel das Wort „Löwe" las und dieses Wort nur durch Form und Klang der Buchstaben von dem Worte „Hase" unterscheiden konnte, lernte durch die Illustrationen die Dinge kennen. Das Tier mit den entsetzlich langen Ohren und den abenteuerlichen Beinen, das war „der feige Hase"; und das Tier mit dem großen, großen, aufgesperrten Rachen, mit den riesigen Zähnen, den greulichen Tatzen — das war „der zwar grausame, aber großmütige Löwe". Hier war die Illustration an ihrem Platze. Leerer Schall waren die Worte für das Kind, bevor die Anschauung ihm nicht zu Hülfe kam. Heute ist — namentlich in größeren Städten — die direkte Anschauung an Stelle der bloß bildlichen getreten. Das Kind kann und muß heutzutage die Vertreter aller Begriffe seines bescheidenen Wörterbuches in den großen, mehr oder minder wissenschaftlichen Sammlungen persönlich kennen lernen, es läuft im zoologischen Garten mit dem hochmütigsten Bewußtsein von seinem Zeitalter umher, für welches der Orbis pictus ein überwundener Standpunkt geworden ist. Denn die großen neuen Illustrations=

werke über Naturgeschichte, deren Malern die Tiere aller
Zonen gehorsam Modell gesessen haben, werden doch gewiß
jede Verwandtschaft mit dem Orbis pictus ablehnen.

Da, wo die Illustration als notwendige Ergänzung zum
belehrenden Worte hinzutritt, da ist sie unersetzlich, — wenn
man nicht etwa den abzubildenden Gegenstand selbst vorzu=
zeigen vermag. Daher werden selbst die trockensten, schmuck=
losesten Lehrbücher der Mathematik und der Naturwissenschaften
die Illustration niemals entbehren können. Hier tritt das
Bild stellvertretend und ergänzend für die Sprache ein. Wie
das Kind, welches auf sich selbst aufmerksam machen möchte,
seinen eigenen Namen aber noch nicht zu finden weiß, plötzlich,
nach einer einigermaßen genialen Eingebung mit dem Fingerchen
auf sich selber hinweist und so mit dem Zeichen: „Da!" den
Gegenstand für den Begriff eintreten läßt, so muß auch der
gebildete Stil des Schriftstellers oft zur Zeichensprache seine
Zuflucht nehmen und die Sachen zeigen, die er nicht sinnlich
genug zu schildern versteht. Und diese Zeichensprache ist
Illustration.

Wir sehen also, daß die Illustration niemals schädlich oder
gar lächerlich sein kann, wo sie notwendig, wo sie keine bloße
Zierde ist. Der logischen Schärfe zu Liebe sei noch hinzugefügt,
daß es nicht vom Stoffe der Illustration abhängt, ob sie Zierde
oder notwendiges Lehrmittel ist. Eine einfache Linie, eine schön
geschwungene Ellipse kann am Schlusse eines Buches die
Zierde der letzten Seite abgeben; die Wiedergabe der milo=
nischen Venus in einem Buche über Kunstgeschichte ist ein
Lehrmittel.

Auch die Illustration als eine eigentümliche Gattung der
Kunst, wenn man will des Kunstgewerbes, werden wir gelten
lassen müssen. Die Scheidewand zwischen der Illustration,
welche als dienende Beigabe das Buch schmückt, und zwischen

dem selbständigen Kunstwerke, das seine Anregung aus dem Werke eines Dichters erhielt, läßt sich kaum ziehen. In unseren Tagen ist die Fertigkeit des Holzschneiders leider zu einem Spiel mit der Technik ausgeartet; der eine will den Kampf mit der Photographie, der andere den mit dem Kupferstich aufnehmen. Da aber, wo der feinsinnige Künstler die Stilgrenzen seiner Gattung achten gelernt, da entstehen noch immer Werke von selbständigem, bedeutsamem Werte. Wer wollte entscheiden, ob in einem von Ludwig Richter klassisch illustrierten Gedichte der Poet oder der Zeichner uns mehr fesselte? Es ist wahr, auch diese Art von Illustration ist ein Feld zahlreicher Sünden. Hunderte schlechter Bilder werden unter der Flagge berühmter Klassiker als echte Ware hingenommen, und wie unendlich schales Zeug dient nicht andererseits oft den Skizzen bedeutender Maler als Ausrede! Zu wie vielen Sünden haben nicht allein Schiller und Goethe die Ausrede bilden müssen! Wo ein Buchhändler einen armen Teufel von Maler gefunden hat, der für billiges Geld die Klassiker illustriert, da entsteht eine neue Goethe= oder Schiller=Ausgabe, bei welcher ausnahmsweise die Honoraransprüche der toten Dichter kein Hindernis bilden.

Trotzdem ist das Streben des Kunsthandwerks, bedeutende Werke von Dichtern und Künstlern mit Aufwendung aller Mittel der Typographie und Buchbinderkunst zu dem Genre der sogenannten „Prachtwerke" zu vereinigen, ein lobenswertes, und wir müssen uns freuen, daß Deutschland seine Weihnachtstische nicht mehr mit den glänzenden Erzeugnissen ausländischer Kunsthändler zu bedecken braucht. Der Buchbinder des „Prachtwerks" entspricht ungefähr dem Richard Wagner'schen Zukunftskünstler, der die verschiedenen Schwesterkünste zu einem Ganzen — binden soll.

Also auch diejenigen Illustrationen sind zu dulden, welche

entweder als selbständige Kunstwerke auftreten, oder sich mit andern Schwesterkünsten zu einem eigentümlich ansprechenden neuen verbinden. Die Illustrationen, gegen welche ich weniger duldsam sein möchte, sind alle jene, welche weder als Lehr= mittel, noch als künstlerischer Schmuck dienen, sondern nur als flüchtiger Augenreiz, als zerstreuendes Phantasiespiel wirken, deren Betrachtung nur ein Dolce far niente ist ohne Gewinn für Verstand oder Kunstsinn.

Ich will ein Beispiel für solche Illustrationen und ihre Entstehung zu geben versuchen.

Der Berliner Kongreß ist eröffnet. Alle illustrierten Blätter der Welt rüsten sich, ihre Leser und Zuschauer würdig in den= selben einzuführen. Da ist also z. B. eine illustrierte Zeitung in — nicht in Deutschland, nein — in Paris, die in ihrem Atelier tüchtige Holzschneider beschäftigt und in Berlin vor= treffliche Korrespondenten besitzt. Dieses Blatt — wir wollen es „L'Europe illustrée" nennen — erhielt soeben von seinem aufmerksamen Korrespondenten eine hübsche, knappe Biographie sämtlicher Kongreßmitglieder, sowie die Photographien der= selben, — da die hochgestellten Herren für den eigenen Zeichner der „L'Europe illustrée" als Modelle nicht leicht zu beschaffen waren. Die Photographien wanderten sogleich in die Kunst= abteilung des genannten Blattes, zu einem geschickten Holz= schneider, der die Köpfe der Herren auf ein Blatt bringen soll. Der Holzschneider ist ein äußerst tüchtiger Mann in seinem Beruf, er versteht aber nicht viel von der hohen Politik. Er fragt in der Redaktion an, ob diese Herren im Freien oder in einer Stube zu versammeln wären und sie etwa dabei auch tafelten? Ob dieser Frage stutzt die Redaktion und sendet an ihren Berliner Korrespondenten ein Telegramm, in welchem sie um sofortige Übersendung einer Skizze des Kongreßlokales und der Sitzordnung bittet; der Berliner Zeichner solle die

Köpfe und die ganze Gruppe nur flüchtig andeuten, man werde die Zeichnung schon in — Paris ausführen. Daraufhin begibt sich der Berliner Korrespondent zu einem Berliner Zeichner, der in seinen Geschäftsstunden — denn nur die Mußestunden gehören der Kunst — ähnliche Aufträge illustrierter Blätter besorgt. Der Zeichner — der jedesmal sein Talent und seinen Beruf verflucht, wenn ihm eine derartige Arbeit zufällt, ohne welche er allerdings nicht leben könnte — der Zeichner skizziert den Kongreßsaal und den in seiner Phantasie abenteuerliche Formen annehmenden hufeisenförmigen Kongreßtisch nach Andeutungen, die ein befreundeter Journalist ihm zu teil werden ließ, der sie wieder von einem hoffähigen älteren Kollegen erhalten hat. Nun eilt diese Skizze nach Paris, wo sie von dem ganzen technischen Personal des Blattes mit fieberhafter Ungeduld erwartet wird. Man entreißt sie dem Umschlag und binnen unglaublich kurzer Zeit ist der „Kongreß" auf dem Holzblock beisammen.

Ich frage nun, welchen Wert ein solches Zeitbild — und sie werden allwöchentlich in ähnlicher Weise immer und immer wieder neu geschaffen — für den ernsthaften Leser haben kann? Eine entfernte Ähnlichkeit der interessanten Persönlichkeiten, eine leichte Andeutung der thatsächlichen Umgebung, das ist alles! Wenn der Leser so unbescheiden wäre, seine eigene Vorstellung, die er sich nach der Lektüre seiner Zeitung von dem Bilde unwillkürlich — vielleicht auch unbewußt — macht, mit der Skizze der „L'Europe illustrée" zu vergleichen, so würde er gewöhnlich finden, daß ihm die Illustration nichts Neues geboten habe.

Für den — allerdings seltenen — Fall, daß hervorragende künstlerische Kräfte mit Lust und Liebe an Herstellung der Illustration gearbeitet haben, bleibt allerdings der Formenreiz, den die Phantasie des Lesers sich nicht so schön ohne Hülfe des besonderen Talentes auszumalen vermag. Man blättere aber einmal ganze Jahrgänge einer solchen idealen „L'Europe illustrée" durch, achte besonders auf die Bilderchen, welche Zeitereignisse, Kriege u. dgl. illustrieren sollten und darum rasch geschaffen werden mußten, und beantworte dann die Frage, ob der Wert dieser Illustrationen geringer sei für die Kunst oder für die Belehrung des Lesers? Die Antwort würde ziemlich beschämend ausfallen.

Die Sache hat übrigens noch eine andere Seite, von welcher sie allerdings nur ganz bescheiden beleuchtet werden soll. Wie steht es denn bezüglich der Illustrationen mit dem politischen Standpunkt, dem Programm, dem Charakter der illustrierten Blätter, kurz demjenigen, was einem Unternehmen erst seine eigenartige Existenzberechtigung gibt? Das war einst eine schöne Zeit, als noch der Krämer auf der Messe das fliegende Blatt mit seinem einzelnen Holzschnitt verkaufte! Hatte man kurz vorher irgend einen Schinderhannes gefangen, gut, dann wurde sein Bild gebracht! Gab es keinen packenden Stoff, so blieb das fliegende Blatt aus.

Heutzutage hat sich das regelmäßig erscheinende Blatt seinen Lesern gegenüber rechtlich verpflichtet, ihnen regelmäßig eine Anzahl von Illustrationen vorzulegen. Wenn nun der zeit- und lokalgeschichtliche Stoff einmal nicht ausreicht, so wird das künstlich geschaffen, was man die „Zeitgeschichte der illustrierten Blätter" nennen könnte. Die unglaublichsten Schützenfeste, die unschuldigsten Brückenbaue, die unbekanntesten Versammlungen von Bienenvätern und anderen Ehrenmännern werden zu bemerkenswerten Ereignissen emporgeschraubt. Eine große Hülfe gewähren die Geburts- und Familienfeste der zahlreichen europäischen und überseeischen Regentenfamilien. Man staunt über den vielseitigen Patriotismus, der ein solches illustriertes Blatt zu treiben vermag. Die loyalsten Federn aus der verschiedenartigsten

Herren Ländern schreiben aus den genealogischen Kalendern die bezüglichen Biographien heraus und der Leser, der vielleicht nur seinem eigenen Herrscherhause mit Patriotismus anhängt, muß häufig auf der Landkarte das Land erst suchen, für dessen Herrscher er sich warm interessieren sollte.

Überhaupt ist das Porträt — technisch oft ganz vorzüglich ausgeführt — in moralischer Beziehung ein bedenklicher Punkt in der Einrichtung der illustrierten Blätter. Die Leser und die Beschauer desselben — es gibt viele Abonnenten, die keine Leser sind — verlangen die Bekanntschaft eines jeden Menschen zu machen, von dem gerade die Rede ist. Das Blatt sieht sich also genötigt, wenn es seinen Lesern und Beschauern Genüge thun will, die Bildnisse aller „populären" Menschen zu bringen. Wer aber ist „populär"? Es hieße nicht Weltgeschichte, sondern eine Satire schreiben, wollte man die Reihe der Männer an sich vorüberziehen lassen, die im Laufe eines Dezenniums nacheinander und nebeneinander „populär" waren! Ein Lehrer des Volkes aber — und jedes Zeitungsblatt sollte diesen Ehrentitel verdienen — der allen Launen des Volkes nachgeben wollte, wäre seines Lehrerberufes kaum würdig.

Ja man könnte in einem idealen Lande, von idealen Künstlern umgeben, vielleicht die Schäden mildern, welche mit dem Zwange: allwöchentlich eine größere Anzahl von Illustrationen zu bringen, verbunden sind; um sie aber vollends zu beseitigen, dazu würde auch die Idealität der Zeit gehören, und dieser Begriff ist trotz Kant noch immer nicht praktisch geworden.

Heutzutage ist wenigstens der Schluß auf ideale Zustände noch nicht zulässig. Nicht nur in den unqualifizierten Produkten der Kolportage=Litteratur, sondern auch in vielen der neueren periodischen Werke, in den Klassiker=Ausgaben dieser Art lassen sich die Illustrationen als eine Bürde für die Verleger und als ein überflüssiges Spielzeug für die Leser betrachten.

Die gewissenhaftesten und kunstsinnigsten Herausgeber solcher Zeitschriften pflegen ihre Leser für die oft künstlerisch unbefriedigenden Bilder aus der Zeitgeschichte durch wirkliche Kunstwerke, meistens hübsche Genrebilder, zu entschädigen, welche nach einem seltsamen Gebrauche erst von einer poetischen Feder erläutert werden müssen.

Ich erinnere mich dabei an eine harmlose Geschichte, die mir jüngst in einer befreundeten Redaktion erzählt wurde. Ein berühmter Maler hatte dem Blatte eine schöne Komposition zur Verfügung gestellt, und das Kunstblatt war auch dem Holzschneider meisterlich gelungen. Es stellte ein junges Mädchen dar, das mit einem Buche in der Hand im Lehnsessel saß und sinnend auf eine Rose in ihrer Hand blickte. „Die erste Rose", hatte der Meister darunter geschrieben. War nun der Hausdichter, der das Bild zu erklären unternommen hatte, von Hause aus ein Pessimist, oder hatte er den Gesichtsausdruck des Mädchens mißverstanden, oder dachte er gerade an das schottische Lied, genug — als die Zeichnung nach einigen Wochen erschien, trug das begleitende Gedicht die Überschrift: „Die letzte Rose". Aber hübsch war das Gedicht und paßte vortrefflich.

Klopstock und Wagner.

Wieland berichtet im dritten Buche seiner „Abderiten" in höchst ergötzlicher Weise über einen Zustand musikalischer Verzückung, welche er leider die „Abderitische Krankheit" nennt. Wer sich die angenehme Mühe machen will, das betreffende Kapitel (es ist das letzte) nachzulesen, der wird über die Unveränderlichkeit der Menschennatur staunen. Die ganze Satire könnte heute in Berlin geschrieben worden sein, wenn wir einen Dichter von der milden Bosheit Wielands unter uns hätten. Mich aber soll die merkwürdige Thatsache entschuldigen, wenn ich das „Nochnichtdagewesene" ein wenig sub specie aeterni anzuschauen versuche und dabei zu bemerken glaube, daß die außerordentliche Erscheinung des „Meisters" schon einmal da war, daß der große Klopstock im Leben und Wirken, in Haupt- und Nebensachen eine ganz verzweifelte Ähnlichkeit mit dem Nibelungen-Sänger-Dichter aufweist.

Aus leicht begreiflichen Gründen verzichte ich darauf, die Parallele auch auf die kleinen persönlichen Lebensbeziehungen durchzuführen und jedesmal an die bekannten Züge bei Richard Wagner zu erinnern. Der eine ist beinahe schon vergessen, der andere lebt noch zu lebendig im Andenken seiner Schule fort. Nur so viel muß ich bemerken, daß unser Publikum vom Dichter des „Messias" ein gründlich falsches Bild zu haben pflegt.

Klopstock sah nicht aus und benahm sich nicht, wie sich ihn begeisterte Jünglinge heute noch vorstellen. Er war ein kleines, selbstbewußtes Männchen, das sicherlich sächselte. Und daß der praktische Sänger bis an sein Lebensende eine naive Sehnsucht nach dem Ewig-Weiblichen empfand, das wissen wir ja aus seinen Briefen nur zu gut. Nur Klopstock konnte, als er von Bodmer, der in einem einsamen Häuschen oberhalb Zürich wohnte, zum Besuch geladen wurde, sich vor der Hinreise nach allen Gelegenheiten erkundigen und schließlich fragen: „Wie weit wohnen Mädchen Ihrer Bekanntschaft von Ihnen, von denen Sie glauben, daß ich einen Umgang mit ihnen haben könnte?" Schon Lessing und seine Braut machten sich in ihrem Briefwechsel über die überspannte Schar der Klopstock-Verehrerinnen unbändig lustig; neuerdings hat der wohlwollende D. F. Strauß es bei Mitteilung eines Dokumentes geradezu ausgesprochen: „Ganz unrecht hatte der Verfasser der Denkschrift nicht, wenn er sagt, Klopstock hätte in seiner Klause zu Hamburg unter seinen Speichelleckern bleiben sollen. Ein Kreis von Verehrern und mehr noch von Verehrerinnen daselbst hatte bereits angefangen, den Dichter zu verhätscheln."

Gegenüber so starken Ausdrücken ist die feinste Ironie, mit der Goethe in „Dichtung und Wahrheit" Klopstocks spottet, in der Form erfreulich, beweist aber nur den Eindruck auf die Zeitgenossen. Klopstocks „ehrenhaftes Verfahren gegen sich selbst" (wie Goethe die Gewohnheit, „sich als eine geheiligte Person anzusehen", unvergleichlich bezeichnet) äußerte sich namentlich in seinem würdevollen Betragen gegen die Fürsten, die ihn unterstützten, während er sich allerdings dem deutschen Kaiser gegenüber zu Konzessionen herbeiließ. Ein kunst- und prachtliebender König, in dessen Gebiet „prächtige Landschlösser überall zerstreut" lagen, gewährte ihm die Mittel, seine Werke in Muße zu vollenden und wollte sogar die Kosten der Veröffentlichung dieser Werke tragen, das alles, weil er bei Lektüre des „Messias" eine „Wollust des Gemüts" empfand. Diesem königlichen Schützer dankte Klopstock noch durch einige litterarische Huldigungen; einem gewöhnlichen Markgrafen von Baden gegenüber aber kam der stolze Künstler schon zum Vorschein. Klopstock durfte in dessen Gegenwart in seiner liebsten Bequemlichkeit, in Schlafrock und Hausmütze bleiben; ob der Schlafrock aus Atlas gefertigt war, sagt die Quelle nicht.

Seinen ehemaligen Republikanismus hatte Klopstock aber abgelegt; erst als ihn der deutsche Kaiser nicht befriedigte, begann er wieder etwas demokratisch zu kokettieren.

Es ist sehr schwer zu bestimmen, wo in einer biographisch-litterarischen Angelegenheit die rein persönlichen Angelegenheiten zu Ende sind, wo die von öffentlichem Interesse beginnen. Es lassen sich deshalb die Beziehungen Klopstocks zu seinen ... anern, zu dem Verein, der auf seinen Namen gegründet wurde, nicht bis ins Einzelne verfolgen. Sein Verein, man sagte damals „Bund", veranstaltete über ihn Vorlesungen in größeren Städten, und aus diesem fanatischen Kreise ging schon bei seinen Lebzeiten ein geschmackloses Buch über den „Ersten deutschen Barden" hervor, Cramers „Klopstock. Er und über ihn", in fünf Bänden. Und Klopstock billigte das.

Und wie ging's im Klopstock=Verein zu? Es wurde z. B. der Geburtstag des Meisters gefeiert. Eine lange Tafel war gedeckt und mit Blumen geschmückt. Oben stand ein Lehnstuhl ledig für Klopstock, mit Rosen und Levkojen bestreut, und auf ihm Klopstocks sämtliche Werke. Dann wurden Fragmente aus dem Messias und Oden vorgelesen und wie gewöhnlich urteilte man hierauf „über die Schönheiten und Wendungen" derselben. Unter dem leeren Stuhl lag Wielands „Idris"

zerrissen. Sie tranken Kaffee (sonst war der Verein auch für
Milch); die Fidibus wurden aus Wielands Schriften gemacht.
Boie, der nicht rauchte, mußte doch auch einen anzünden und
auf den zerrissenen „Idris" stampfen. Nun war das Gespräch
warm. Sie sprächen von Freiheit, die Hüte auf dem Kopf,
von Deutschland, von Jugendgesang und andern schönen Sachen.
Dann aßen sie, tranken, und zuletzt verbrannten sie Wielands
„Idris" und Bildnis. Dieser blutige Haß bei frischer Milch
würde heute etwa den Faustkämpfen entsprechen, mit denen
begeisterte … aner ihren Meister und seinen vegetarisch=anti=
vivisektionistischen Standpunkt verteidigen.

In seinem fünfzigsten Lebensjahre (Goethe war indessen
schon aufgetreten) kündigte Klopstock dem Vereine seinen
Besuch an. Sie antworteten ihm: „Großer Mann! Sie wollen
unter uns sein! Ach, jetzt nicht Ahndung mehr, sondern Ge=
wißheit! Gott hat uns gesegnet!" Klopstock kam. Er wollte
niemanden zum Besuch empfangen, als die Mitglieder des
Bundes. Die jungen Freunde saßen den ganzen Tag um den
„Vater Klopstock" herum, und er erzählte.

Kein Wunder, daß Klopstock im späteren Alter alles Maß
des Selbstbewußtseins überschritt; daß er mit den Pracht=
exemplaren seines „Messias" selbst eine Art Kultus trieb, daß
er für Vorlesungen aus seinem Gedichte selbst goldene Preis=
medaillen aussetzte. Daß er gewichtig seine Meinung über die
entlegensten Dinge, die er nicht verstand, äußerte, über Krieg
und Frieden, über naturgemäße Lebensweise u. s. w., darüber
konnte man lächeln. Schlimm war die Anmaßung, mit welcher
er Schiller und Goethe („Schüler und Gothe"; auch Klopstock
machte greuliche Wortwitze) nicht nur litterarisch angriff, sondern
auch (den letzteren) in seinem Privatleben zurechtweisen wollte.
Es ist bekannt, daß Goethe sich das ziemlich grob und entschieden
verbat. Aber hier hört der Vergleich auf, weil uns ein Goethe fehlt.

Klopstock hatte seine Thätigkeit damit begonnen, daß er wie jeder andere die einheimischen Autoren und die ausländischen nachahmte. Er zeichnete sich freilich sofort durch die große Zähigkeit aus, mit welcher er einen groß angelegten Plan fünfundzwanzig Jahre lang fest hielt und einheitlich durchführte. Später erst kam er zu der Manier, mit welcher er für lange Zeit eine neue Mode in Deutschland einführte.

Er lernte die Edda kennen; nicht wie unser Nibelungen-Sänger aus den gediegenen Arbeiten der Romantiker und Germanisten, sondern oberflächlich, nebst einer Masse unsinniger Erfindungen und Vermutungen. Da bricht er plötzlich mit seiner bisherigen Ausdrucksweise. Da er Reime ohnehin nicht zu bilden verstand, brauchte er zwar auch den Stabreim nicht. Aber immer lakonischer, immer berserkerhafter wurde sein Stil. Er hatte einst (wenn auch nicht den Venusberg) so doch den Namen der Venus und (wenn auch nicht den letzten der Tribunen) so doch die römischen Helden gekannt und besungen. Jetzt mußte das anders werden. Wie er die althergebrachte Leyer mit der altdeutschen, aber absolut unverständlichen „Telyn" vertauschte, so sucht er unserm Volke auch die ganze, fremde, weder klassische noch christliche noch deutsche, unverdauliche, nordische Götterwelt aufzudisputieren.

Klopstock will in allem originell sein. Er schreibt weihevolle Bühnenfestspiele, die keine Dramen sind, und erfindet für die neue Sache einen neuen Namen. Andere schrieben eine „Hermannschlacht". Er singt „Hermanns Schlacht" und nennt sie „Ein Bardiet für die Schaubühne". Man weiß bis heute eigentlich nicht, was ein Bardiet ist; Klopstock selbst hat ihn folgenderweise erklärt: „Ohne mich auf die Theorie dieser Gedichte einzulassen, merke ich nur noch an, daß der Bardiet die Charaktere und die vornehmsten Teile des Plans aus der Geschichte unserer Vorfahren nimmt, daß seine selteneren Erdichtungen sich sehr genau auf die Sitten der gewählten Zeit beziehen und daß er nie ganz ohne Gesang ist." Nie ganz ohne Gesang! Auch Woban kommt oft vor, sobald die Barden „in den Harfen rauschen".

Diese ganze Zusammenstellung wäre jedoch eine wohlfeile Spielerei, wenn die Vergleichungspunkte zwischen Klopstock und Wagner nur äußerliche wären. Aber gerade da, wo die Gegenüberhaltung am schwersten ist, beginnt erst die Verwandtschaft der beiden. Das sinnlich=übersinnliche Freien um die brünstige Liebe der Hörer ist dem Dichter wie dem Musiker zu eigen. Wenn sich die irdische Schönheit im „Messias" immer mehr verflüchtigt und in seraphischer Verstiegenheit ein Engelchor immer höher als der andere singt, wenn schließlich am Throne des Höchsten körperlose, unmännliche Fistelstimmen sich selbst zu religiöser Andacht reizen und wir anstatt des Erdenwandels Christi nur die Verzückungen einer hysterischen Nonne vernehmen, — was ist es andres, als wenn der Komponist die äußerste Wollust alles Gefühls schildern will und dazu immer wilder an überspannten Geigensaiten reißt, was ist es andres, als wenn der Körper der Melodie verloren geht und unendliche Zittertöne an der Grenze des Hörbaren die Seele zu einer atemlosen Erwartung emporfoltern? Klopstock und Wagner verdankten ihre Erfolge dem Fieber der Erwartung; die unendlich versprochene Erlösung ist ausgeblieben.

Die Gegner des Dichter=Komponisten mögen darüber entsetzt sein, daß man den Wagner mit einem der berühmtesten deutschen Dichter zusammenzustellen wagt. Sie mögen aber bedenken, wie schlimm es um die wahre Popularität Klopstocks steht und wie andern eine solche Vergleichung wie eine Versündigung gegen den „Meister" erscheinen dürfte.

Offenbach in der Unterwelt.

Es hatte geregnet. Trüb spiegelte sich durch herbstliche Nebel die ewige Sonne in den Pfützen des Montmartre. Darum war es auch Kot, was Spaten für Spaten ihm nachfiel ins Grab, als die Überlebenden, wie üblich, mit Erde ihn bedecken sollten.

Der tote Musikant drehte sich ein für allemal im Grabe um und wandte den Menschen den Rücken zu. Seine Gebärde war sogar noch unanständiger. Er war ganz Mephisto; aber er war ein armer toter Teufel. Ihn fröstelte. Da pochte es in Geisterweise dreimal an den Sarg. „Entrez!" rief der Musikant aus alter Gewohnheit. Leise sprang der Sargdeckel auf und Heinrich Heine stand vor Offenbach. Die Lippen des Dichters hatten den schmerzlichen Zug verloren, liebevoll blickte er auf den neuen Ankömmling des Friedhofs.

„Das ist hübsch von Ihnen, lieber Offenbach, daß Sie sich hier haben begraben lassen. Unsere Wiegen am Rhein, unsere Gräber in Paris, unsere Ahnen am Jordan, unsere Lieder überall: wir wollen gute Kameradschaft halten. Wenn es Ihnen recht ist, so begleite ich Sie gleich ein bischen in den Hades."

„Glauben Sie nicht, lieber Doktor, daß die Götter und die toten Schatten mich um meiner Gassenbübereien willen schlecht behandeln werden?"

Heine lächelte.

„Lassen Sie doch die menschlichen Flausen der Oberwelt. Die Götter nehmen nichts übel. Nur ihre Diener sind eifersüchtig auf ihre Würde. Und die Toten gar sind milde."

Da stand der Musikant auf und reichte dem Dichter die Hand. Wie die Finger einander berührten, ging von ihnen ein blendendes, wunderthätiges Licht aus, die Pforten der alten Erde sprangen auf und durch schimmernde Hallen schritt das unsterblich heitere Paar den Gärten des Hades entgegen.

„Das ist ja fast noch lustiger, als ich es mir vorgestellt habe," sagte der Musikant, als sie an Kerberos vorüberkamen und der Hund sie aus seinen drei Kehlen mit dem hellen Dreiklang ghd begrüßte.

„Nicht wahr, Offenbach," sprach der Führer, „die Hunde oben bellen lange nicht so angenehm? Dieser Kerl nebst Charon sind die Pfaffen der untern Götter. Sie bellen und stecken das Geld ein. Zum Zeitvertreib sind sie musikalisch. Übrigens bellt Kerberos sonst nicht so richtig. Ihre Nähe muß ihn bezaubert haben."

Sie schritten weiter. Da bemerkte der Musikant jenseits eines schwarzen, schweren Wassers einen langen Tisch, an welchem Croupiers, alte Spieler und Spielerinnen, junge Verschwender und üppige Frauenzimmer saßen. Er rief lebhaft nach einem Fährmann.

„Halt, lieber Freund," sagte Heine. „Das ist die Insel der Entsagung, zu welcher niemand hinüber gelangen kann, und auf welcher ein jeder dasjenige erblickt, was er im Leben am leidenschaftlichsten geliebt hat. Ich z. B. sehe drüben ein köstliches nacktes Weib, das mir Goethes Lorbeerkranz entgegen=

streckt. Man lernt im Hades, über solche Phantome lächeln. Sans indiscrétion, was sehen denn Sie drüben, Offenbach?"

Der Gefragte zuckte die Achseln.

„Meine lieben Feinde," sagte er. „Wenn ich aber nun einmal nicht hinüber darf, so muß ich eine andere Beschäftigung suchen. Gibt's hier kein Orchester?"

„Engagieren Sie, wen Sie wollen. Sie finden alle Stände vertreten."

Und Heine nannte laut den Namen des Musikanten. Da kamen von allen Seiten mit Evoe=Rufen und Siegesgeschrei Gestalten herbei. Die Kentauren stimmten ihre Geigen, die Sirenen wiesen ihre Flöten, bärtige Satyrn vollführten auf Trommeln und Dudelsäcken einen jämmerlichen Spektakel, Tritonen schleppten Posaunen herbei und trunkene Bacchantinnen stürmten heran mit Triangel und Zimbel. Der alte Silenos stieg von seinem Esel und half demutsvoll dem toten Musikanten in den Sattel.

„Schlage den Takt, Maëstro," riefen sie alle, „wir wollen eins aufspielen, daß die edle Persephoneia selber ihre Trauer vergessen und Rhabamanthus dem Jubeltag zu Ehren die Verbrecher frei lassen soll!"

Und sie reichten dem Maëstro einen goldenen Becher, bis an den Rand gefüllt mit beglückender Lethe. Er trank und winkte mit der Hand und nach dem Takte des goldenen Bechers begannen die Tollen die neuen Weisen. Da stürzte das Volk hervor aus allen Schluchten und aus allen Palästen des Hades. Persephoneia trat aus ihrem Gemach und lauschte freundlich den unerhörten Tönen. Die Greise schlossen die Augen und gedachten einer stürmischen Jugend; die Kinder umjauchzten den Maëstro und tanzten nach den Melodien seiner Bande einen teuflischen Ringel=Ringel=Rosenkranz.

Wilder und lustiger klangen die Weisen. Da nahten endlich

die Helden der Vorzeit, die Drachenbesieger, die Stürmer von Troja und würdige Marathonkämpfer. Mit leuchtenden Blicken standen sie da und lauschten und lachten aus ihren unsterblichen Augen, und als sie den kleinen, zappelnden Maëstro auf dem guten geduldigen Esel gewahrten, da lachte Theseus, da lachte Achilleus und auch der ernste Aischylos lachte. Und das Gelächter schwoll an zu ungeheuerem Schalle, daß die Wölbungen des Hades erdröhnten und daß oben im Himmel und auf dem Gipfel des Olympos der Jubel des Hades zu vernehmen war.

Und schneller bewegte der Meister den goldenen Becher. Da war kein Halten mehr, nicht im Himmel und nicht auf dem hohen Olympos. Kopfüber, kopfunter, die kreuz und die quer, stoßend und schiebend raste das Weltall heran, den Meister des Hades zu hören. Bunt durcheinander, Menschen und Götter, stürzte es nieder. Und lautes Halloh erhob sich im Hades, als alle Himmel und alle Vesten der unsterblichen Götter sich leerten und ihre Bewohner wie die Flut des Meeres herein sich ergossen.

Allvater selbst nickte heimlich den Takt mit göttlichen Brauen und sah mit Betrübnis, daß außer einigen alten, müden und schwachen, schwerhörigen Engeln niemand bei ihm geblieben. Ihn aber zwang das eherne Schicksal, auf goldenem Throne bedeutend sitzen zu bleiben.

Unten im Hades hatte indessen ein sinnloser Taumel die Scharen ergriffen. Es tanzten die Götter, es tanzten die Menschen. Der Esel selbst hob ungeschlacht die Füße und brüllte nach Kräften dazwischen.

Nur einer stand abseits. Ein steifer Mann mit mächtigem Zopfe.

Der Meister sah ihn mit Erstaunen.

„Das ist ja Müller," dachte er, „der mich einmal zu meinem Nachteil mit Sebastian Bach verglichen hat."

Er fragte den Dichter, der vergnügt neben ihm stehen geblieben war. Heine blickte hin.

„Wahrhaftig, das ist ja der trockene Schmidt, der meine Loreley grimmig getadelt hat, weil ich willkürlich mit der historischen Überlieferung gebrochen habe."

Der Meister schüttelte den Kopf.

„Jetzt glaube ich in ihm wieder den gelehrten Dr. Schulze zu sehen, der in meinen Operetten das Prinzip der ethischen Wiedervergeltung vermißt hat."

Der Dichter wandte sich an Aristophanes um Auskunft.

„Haben Sie sich auch täuschen lassen, Herr Kollege?" sagte dieser. „Es ist eine lächerliche Familienähnlichkeit zwischen ihm und einer Anzahl von grundgelehrten heute lebenden Leuten. Es ist der ewige Proteus-Gottsched."

Da lachte der Meister, es lachte der Dichter und die Musikanten lachten dazu mit ihren Instrumenten. Der Meister schwang seinen güldenen Becher mit wirbelnder Hast und in wahnsinnigen Rhythmen lockte die Bande zu nie noch gesehenen Tänzen. Wie herbstliche Blätter im Sturmesgebraus, so jagte das Volk im Hades durcheinander. Oben am Firmament stockten die Sterne in ihrem ernsten Menuett. Ein altes Meteor trat sogar aus der Reihe, überschlug sich zweimal und fiel herunter.

Und als die taktierende Hand des Meisters schon schmerzlich zuckte, als die Tänzer des Hades schon schwankten und fielen, da nahte die Siegerin Aphrodite in unsterblicher Schönheit dem Meister. Es war vielleicht nur eine hübsche Pariserin; ihr Auge war zu schön, ihr Wuchs zu zierlich. Mit den Göttern verwandt war sie gewiß. Ihre Wangen waren gerötet, ihr Atem flog, ihre göttliche Brust wogte und ihr Mund lächelte.

„Harry," rief sie dem Dichter entgegen, „Harry, wer ist Dein Freund? Ist er ein Bastard der Olympischen oder stammt er von sterblichen Menschen?"

„Jaques Offenbach heißt er, Aphrodite, und er liebt Sie."

„Du, Harry, der ist häßlich. Brr! Aber es thut nichts."

Und die ragende Göttin beugte sich herab zu dem Meister, der zitternd auf seinem Esel saß, und küßte ihn gütig auf Mund und Augen.

Da sprach der Meister und seine Stimme zitterte wie durch Thränen: „Sie hat mich geküßt! Nun mögen sie über meinem Grabe sich entsetzen und heucheln und verdammen! Sie hat mich doch geküßt, die ewige Aphrodite!"

„Auch mich hat sie einst geküßt, Herr Bruder!" sprach in leiser Andacht der Dichter und reichte dem Meister die kalte Hand.

„Schade nur, Jammerschade, daß ich an das ganze Göttergesindel nicht glauben kann."

„Das hätten Sie nicht sagen sollen, lieber Offenbach," sprach der Dichter.

Und schon verfinsterte sich der Hades, Stille umgab sie und die beiden legten sich wieder traurig nieder in ihre Särge unter den Pfützen des Montmartre.

Dichters Schicksal.

Es war einmal ein armer Knabe, der hieß Heinz Dichter. Er liebte nichts so sehr, als Träume, Spiel und Märchen. Die ganze Nacht war ihm immer zu kurz für die langen Geschichten, die er sich träumen ließ. Die Geschwister und Kameraden wurden zu bald müde, wenn er mit ihnen Soldaten und Räuber spielte, und der schier unerschöpfliche Märchenschatz der Mutter reichte für seine Lust nicht aus. Darum wurde er ihr auch bald untreu und ließ sich von seinem steinernen Hündchen, von seinen Blumenstöcken und von seinen Bildern unendliche Abenteuer erzählen. Aber er war nicht ganz zufrieden mit ihnen, weil sie zu leise sprachen.

Sein Vater war nur ein armer Schriftsetzer, weil aber seine Mutter in einem gräflichen Hause gedient hatte, wurde er dennoch eines Tages ein Prinz. Als er fünf Jahre alt einmal zur Mittagsstunde im wilden Steinbruch neben dem großen Kleefeld eingeschlafen war, hatte sich ihm ein Pfauenauge auf die Nasenspitze gesetzt und ihm alles erzählt. Nach dem Erwachen hatte er das Pfauenauge gefangen, ihm den zuckenden Leib durchstochen und das schöne Tierchen in seiner Schmetterlingssammlung aufbewahrt.

Ja er war ein Prinz und nur in der Wiege mit dem Söhnlein des Schriftsetzers ausgetauscht worden. Drüben, hinter den blauen Gebirgen von Indien, wo sein wahrer Vater über viele hundert Tiger und Elephanten und noch weit mehr Menschen herrschte, saß vielleicht eben jetzt der unechte Prinz bei einem goldenen Bilderbuch und aß dazu Kirschen mit Himbeersaft, während der rechte Erbe den Kopf in seine Kissen versteckte und bitterlich weinte.

Als er nun ein Jüngling war und an einem sonnigen Ostertag vor den Thoren seines Städtchens umherzog und eben heftig auf eine Meise schalt, welche ihm eine schöne Geschichte aus Sternenland nicht zum zweitenmal bis zu Ende aufsagen wollte, vernahm er plötzlich aus dem Grase ein wundersames Tönen. Eine köstliche Musik erscholl und dazu sangen seine Stimmchen ein frisches Lied von Kampf und Sieg. Heinz lauschte andachtsvoll. Als der Gesang vorüber war, warf er sich zur Erde nieder und raufte Gras und Blumen aus, um dem hübschen Geheimnis auf die Spur zu kommen. Da krabbelte plötzlich unter dem breiten Blatte eines Löwenzahnes ein stattlicher Zug hervor: Vier Männlein, welche das Streichquartett bildeten, und vier Weiblein, welche an ihren bunten Kleidern und großen Hüten als Sängerinnen zu erkennen waren.

Als die Gesellschaft bis dicht an die Nase des sprachlosen Heinz gekommen war, machte sie Halt, der älteste nahm sein Hütchen ab und sprach, während er die Hand mit dem Hute gefällig auf seine Baßgeige stützte:

„Geehrter Freund und Gönner! Wie Sie soeben vernommen haben, verstehen wir uns ganz vortrefflich auf unsere edle Kunst. Leider aber fehlt uns ein sicheres Obdach; hier im Grase sind unsere Damen keinen Abend vor dem Schnupfen sicher und erst heute Nacht hat ein Marienkäferchen das Violoncello gräulich beschmutzt. Wir möchten Ihnen deshalb ein

Abkommen vorschlagen, welches uns ein sicheres Haus, Ihnen aber, verehrter Gönner, lebenslängliches Vergnügen schafft. Gestatten Sie uns, daß wir in Ihrem Gehirn ein ganz kleines Kämmerchen austapezieren und uns darin wohnlich einrichten. Es soll Ihnen gar nicht weh thun. Wir wollen hineinschlüpfen schnell wie ein Blitz und unsichtbar wie der Tod. Zum Dank für Ihre Gefälligkeit wollen wir Ihnen zeitlebens aufspielen, unaufhörlich, Tag und Nacht, denn wir sind die Geisterzwerge, die nicht schlafen. Sie sollen ein rechtes Prinzenvergnügen an uns genießen. Wenn Sie an unserem Singsang für sich allein noch nicht genug haben sollten, so können Sie auch Ihre Freunde zuhören lassen und Sie werden dann, trotzdem Sie vertauscht worden sind, wie ein Prinz von allen reich, glücklich und berühmt gepriesen werden und die Gunst der Frauen gewinnen."

Heinz stand starr vor Freude und Entsetzen und wußte nicht, was zu antworten. Als sie aber ihre Kehlen und Instrumente wieder gestimmt und was Neues zum besten gegeben hatten, sagte er schnell zu allem ja. Da wurde er mit Hülfe einiger kräftiger Wiesenpflanzen narkotisiert, und als er wieder zu sich selber kam, spielten und sangen die Geisterzwerge schon in seinem Kopfe.

Da lachte Heinz und beschloß, kein Mensch sollte von seiner heimlichen Herrlichkeit etwas erfahren. Denn die Musik blieb für alle Leute unhörbar, so lange Heinz den König der Geisterzwerge, den Baßgeigenspieler Not, nicht beim Namen rief.

Von nun ab genoß Heinz ein volles Glück. Er horchte auf die Weisen seiner Gäste und machte sich gar nichts daraus, wenn er deshalb in der Schule als zerstreut verschrieen war, wenn ihm bei Tisch die besten Bissen weggeschnappt wurden, wenn ihm sein Hang zur Einsamkeit allmählich alle Genossen entfremdete. Niemals wurde ihm das lustige Treiben in seinem

Kopfe zu viel. Mochten die Geisterzwerge dort fiedeln und tanzen, er ließ sich nichts merken, horchte stillvergnügt zu und freute sich der Stunde, da er die brave Kompanie bei sich aufgenommen hatte.

So verging die Zeit. Er hieß nicht mehr der kleine Heinz, man nannte ihn schon den Herrn Dichter und lachte ihn wohl auch aus, weil er kein Gewerbe verstand und das geringe Erbteil von seiner Mutter schnell für ein klein wenig Essen, einiges Trinken und sehr viele Hülfsbedürftige ausgab.

Er selbst aber dachte: „Wer zuletzt lacht, lacht am besten!" Und als das vorletzte Silberstück für den Dank eines verlogenen Strolchs, das letzte für eine Flasche Rheinwein ausgegeben war, da gedachte Herr Dichter des Abkommens mit den Geisterzwergen und fröhlich rief er laut den Baßgeigenspieler beim Namen: „König Not!"

Da ertönte in seinem Kopfe ein donnerndes Lachen und in demselben Augenblick erscholl Saitenspiel und Liedersang weithin vernehmbar zu den Menschen.

Heinz Dichter aber fiel vor Schreck zu Boden. Denn jeder Geigenstrich und jeder Liederton that ihm weh, und wenn die wilde Kompanie da oben tanzte, so hätte er weinen mögen vor Schmerz und Zorn. Fliehen wollte er vor seinen Peinigern, aber Flucht war umsonst. Unentrinnbar hausten sie unter seinem Schädel; mächtig schön, wie Orgelklang, stark genug, die Toten zu erwecken, geschweige denn, seinen Schlaf zu verscheuchen, erdröhnte ihr Spielen und Singen. Vergebens flehte er um Erbarmen, vergebens bot er sich an, im Tagelohn für die Geisterzwerge zu arbeiten, wenn sie sich anderswo niederlassen wollten. Unbarmherzig jubelten sie weiter, und dann und wann ertönte ein Lachen von König Not dazwischen, so grauenhaft, lustig und höhnisch, daß es dem armen Heinz vor jeder Stunde Leben bangte.

Und wenn schon die traurigen Lieder der bunten Sänge=
rinnen wie schneidende Messer schmerzten, so zerrte das Lachen
des Baßgeigenspielers noch ingrimmiger an seinen empfind=
lichsten Nerven.

Inzwischen aber hatte ein jeder, der in die Nähe kam,
seine helle Freude an der prächtigen Musik. Bald hüpften
die Kinder munter um Heinz her und sagten die Reime der
Lieder jauchzend mit. Bald kamen die Jünglinge und Mädchen,
lauschten den Tönen und wiederholten mit Liebesblicken die
Zeilen und Strophen. Bald ließen sich gar ernste Männer
neben dem Herrn Dichter nieder und merkten seine Sprüche.
Alle vergaßen ihre Sorgen in der Stunde, die sie bei ihm
zubrachten, und alle dankten ihm mit warmen Worten für seine
köstlichen Gaben. Und der Vater, weil er ein kluger Schrift=
setzer war, freute sich mehr als alle andern und rief oft:

„Das hat er von mir!"

Heinz aber fühlte herzbrechenden Zorn gegen die zufriedenen
Hörer, welche ihres Weges ziehen konnten, wenn sie die Kunst
der Zwerge zur Genüge genossen hatten.

In Verzweiflung sann Dichter über sein Unglück nach.
„Reichtum hast du mir versprochen!" schrie er zornig auf und
von seinem Kopfe her tönte die lachende Antwort:

„Frage die Reichsten der Erde, ob sie dich nicht beneiden
um deinen Besitz."

Dichter zerschellte seinen irdenen Krug am Boden und rief:
„Und Glück und Ruhm?"

Und wieder ertönte die lachende Antwort durch das Brummen
der Baßgeige:

„In allen Städten und Dörfern preisen sie deinen Namen.
Warum suchst du anderswo dein Glück, als in der Meinung
der andern?"

Da lachte Dichter endlich mit und sagte bitter:

„So hab' ich auch die Gunst der Frauen, wie du's mir zugesagt. Nur daß das Tosen der Geisterzwerge mich nicht hören läßt, wenn die Geliebte mir ein holdes Wort zuflüstert, und daß die wilde Melodie meine Stimme übertönt, wenn ich ihr herzlich meine Seele offenbaren will. König Not, du bist kein Künstler! Du bist ein Schelm und Wucherer!"

Heinz wollte dem Vater sein Leid klagen. Der aber mochte sich nicht betrüben lassen in seinem Glücke.

„Du hast mich so glücklich gemacht wie einen König," sagte er dankbar. „Ich kann jetzt faulenzen und die unverständlichen Bücher selbst lesen, die ich früher mühsam zusammensetzen mußte."

Da erzählte der Baßgeigenspieler dem Alten:

„Heinz ist nicht dein Kind! Er ist der Sohn eines Königs!"

Und der Schriftsetzer starb vor Gram.

Heinz Dichter faßte einen tiefen Groll gegen die Geisterzwerge. Noch eine Weile ertrug er ihr Wesen in seinem Kopfe; als sie aber immer toller und toller darin rumorten, ging er eines Tages ins Gebirge, wo ein Bergschutt niederfuhr in der Rinne. Wild aufschreiend sprang er vom sichern Ufer in den Grund hinab, und als der nächste niedersausende Felsblock ihm den Schädel zertrümmerte, fühlte er keinen Schmerz. Er wußte nur, daß König Not und seine Bande in ihm vernichtet waren, und in Frieden brachen seine Augen.

Aus der Werkstatt des Schriftstellers.

Der allezeit geehrte Leser pflegt das Buch in seiner Hand um so leichter zu schätzen, je größer sein Vergnügen daran war. Von jedem Haubenstock wird er lieber glauben, daß bewußte menschliche Thätigkeit ihn in die Form gebracht hat, als von einer Dichtung. So muß er immer wieder daran erinnert werden, daß in der künstlerischen Werkstatt des Schriftstellers nicht weniger sorgsame und ernste Arbeit geleistet werden muß, als in den Räumen des Malers oder Bildhauers. Für den Eingeweihten braucht so etwas freilich kaum gesagt zu werden; aber im Publikum wendet man die achtungsvolle Bezeichnung „Atelier" nur für die bildende Kunst an, weil man beim Dichter und Schriftsteller nicht an die Arbeit seines Berufes, nicht an seine Werkstatt denkt. Freilich bedient sich das Fischweib, wenn es mit seiner Kundin feilscht oder mit seiner Nachbarin zankt, im wesentlichen desselben Stoffs wie der Dichter, nämlich der Muttersprache, und vollends der Jüngling, der einen schwärmerischen Brief an seine Geliebte richtet, thut körperlich genau dasselbe, wie ein Poet, der sein bestes Buch schreibt. Er sitzt auf einem ähnlichen Stuhle und schreibt mit ebenso geübten Fingern vielleicht noch viel schönere Buchstaben auf das Papier. Aber eben durch die künstlerische Arbeit unterscheidet sich eine Dichtung von einem Privatbriefe nicht weniger, als das bewunderte Werk eines Malers von den krausen Linien, die etwa ein müßiger Finger in die bereifte Fensterscheibe kritzelt, oder von dem roten Kreise, mit welchem irgend ein göttlicher Sauhirt Ungarns seine Schweine zeichnet.

Das geringere Ansehen, in welchem die schriftstellerische Thätigkeit bei vielen Leuten steht, rührt in der That davon her, daß sie denselben Sprachstoff zu beherrschen glauben, mit welchem die Dichter ihre Werke bauen, und infolgedessen nach dem Genuß eines guten Buches leichter geneigt sind zu denken: „Das kann ich auch!" — als bei dem Anblick eines Gemäldes. Wäre Ölfarbe ebenso wohlfeil, wie ihnen die Worte sind, sie würden auch die Kunst des Malers mißachten.

Dazu kommt, daß der Dichter nicht so leicht in seine geistige Werkstatt hineinblicken lassen kann. Der Maler braucht bloß einen Farbenfleck an der richtigen Stelle mit sicherer Hand aufzutragen und der Laie wird sogleich begreifen, daß so etwas plötzlich vom Himmel geschenkt oder langsam gelernt werden müsse; der Dichter aber wird auch dann, wenn er Goethe heißt, immer nur ein schlichtes Wort an das andre fügen, und diese Kunst gilt nicht eben für schwer. Die Schriftsteller aber, die zwischen den Berufenen und den Laien in der Mitte stehen, die Dilettanten, verwirren das Urteil nur noch mehr, weil ihnen ihre Schriften ebensowenig Mühe als den Lesern Vergnügen machen. Und doch setzten die Götter auch den Schweiß des Dichters vor die Tüchtigkeit seines Werkes; freilich darf man dem Vollendeten die Mühe des Schaffens nicht ansehen. Aber nur der äußerste Fleiß selbst wieder wird die Spuren des Fleißes verwischen; so zerstört, nach dem Zeugnis aller Lederstrumpf-Erzählungen, der Indianer auf dem Kriegs=

pfade sorgfältig die Spuren seiner eigenen Schritte. Er richtet die zertretenen Grashalme wieder auf und hinterläßt mit vieler Mühe den Schein unberührter Natur.

Was dem dichtenden Geiste dennoch wie ein Geschenk im halben Schlafe zu teil wird, das ist gewöhnlich nur ein besonderer Einfall, aus welchem kein andrer etwas zu gestalten vermöchte. Bald ist es ein starker Charakterzug des zukünftigen Helden, bald ein Gegensatz von Menschen, bald eine landschaftliche Stimmung, bald nur das Bild einer erhobenen Faust, eines gefalteten Händepaares. Wie aus diesen Anfängen durch sorgfältige Pflege allmählich ein Roman oder ein Drama wird, das entzieht sich völlig der äußern Beobachtung.

Vor kurzem kam an viele deutsche Dichter aus Amerika eine Anfrage über die Art ihrer Gewohnheiten: ob sie lieber vor- oder nachmittags arbeiteten, ob sie dazu Kaffee, Bier oder Wein tränken und was derlei Neugier noch mehr wissen möchte. Das sind gerade die äußerlichen Beobachtungen, für die es allerdings kein Dichter-Atelier gibt. Denn ob der Poet bei seiner innern Arbeit auf dem Sofa zu liegen, eine Zigarre zu rauchen oder über Feld zu wandern pflegt, immer ist sein körperlicher Zustand nur ein Gegenspiel gegen die anstrengendste Gedankenarbeit.

Aus seinem ersten Einfall entwickelt sich langsam der Aufbau seines Werkes. Mit äußerster Anspannung seines ganzen und hoffentlich ungewöhnlich kräftigen Vorstellungsvermögens muß er Anfang, Mitte und Ende seines Planes zugleich vor sich sehen, wenn alle einzelnen Hebel und Triebfedern der Handlung geräuschlos und kräftig ineinandergreifen sollen. Wie der Erfinder einer neuen Maschine muß er unablässig Gewicht und Schnelligkeit der einzelnen Teile gegeneinander abmessen, damit die Wirkung am Ende auch ganz genau seiner dichterischen Absicht entspreche. Und so wie die Teile des großen

Ganzen, so müssen auch die Glieder der einzelnen Kapitel oder Akte gegeneinander abgestimmt werden, damit wieder im einzelnen die gewollte Ordnung herrsche. Der Fehler des kleinsten Teiles kann sich am ganzen Bau rächen; denn die Dichtung ist ja eigentlich noch empfindlicher als eine feine Maschine, sie ist heikel wie ein lebendiger Organismus, den eine Krankheit der letzten Gewebezelle zerstören kann.

„Gerade weil die Dichtung einheitlich wie ein Lebewesen ist, darum darf man wohl behaupten, daß sie wie die Dinge in der Natur unbewußt zu stande komme."

Gewiß; und wer glaubte, daß Fleiß und ästhetische Einsicht allein einen Roman oder auch nur das kleinste Gedicht schaffen könnte, der wäre fast noch thörichter als die Laien, welche das Schaffen des Dichters für mühelos halten. Nur daß die natürliche Begabung, das Genie oder die unbewußte Thätigkeit der Phantasie eben die Grundlage ist, ohne welche der Beruf überhaupt nicht gedacht werden kann. Wie der Maler vor allem Maleraugen haben muß, bevor ihn seine Arbeit zum Künstler machen kann, so muß der Dichter vor allem Dichter-Augen, -Ohren und -Phantasie besitzen. Aber alle diese Fähigkeiten bringen ihn nicht vorwärts, wenn sie nicht von den ungeschriebenen Gesetzen der Kunst regiert werden. Je größer die künstlerische Kraft in ihm ist, desto unbewußter wird sich die Arbeit in ihm vollziehen, wie auch im Maler; wenn aber die Mühe durch eine außergewöhnliche, durch eine Riesenkraft erleichtert wird, so darf man sie darum nicht ableugnen wollen. Ein Zentner wird nicht leichter, weil ein Athlet ihn spielend bewegt.

Ähnlich wie mit dem Aufbau der Handlung geht es dem Dichter mit der Behandlung der Sprache. Sicherlich sind nicht alle gleich beanlagt, und was ein Luther, ein Goethe, ein

Schopenhauer blindlings trifft, das sucht eine geringere Begabung vielleicht lange vergebens festzuhalten. Aber die ersten wie die letzten müssen von früher Jugend an gewöhnt gewesen sein, mit aufmerksamem Ohr auf das geheimnisvolle Rauschen der Sprache zu hören, wenn sie nachher als Männer den Zauber derselben mit Freiheit anwenden wollen. Und der holdeste Vers des natürlichsten deutschen Liedes hat vielleicht wochenlang dem innern Ohre seines Dichters geklungen, anfangs holprig, dann immer aufs neue verändert und geglättet, bis endlich als feinste Schöpfung der Kunst das scheinbar natürlichste aller Welt offenbar wurde.

Litterarische Laien wollen das nicht gern glauben. Sie haben ja diesen oder jenen Freund, der so herrliche Briefe schreibt oder so komische Tischreden hält; und sie glauben, daß ein solcher Mann nur zu wollen braucht, um mit einer Dichtung bei der Menge denselben Beifall zu finden, den Brief und Tischreden bei der Familie und ihren Freunden gewinnen. Nun es gibt auch in der bildenden Kunst Herren und Damen genug, welche ihre teuren Ölfarben so leichtsinnig behandeln wie dieser und jener die teure Muttersprache, und welche darum auch nur zur Freude der Familie und der Freunde ihre gemalten Briefe und Tischreden hervorbringen.

Die Werkstatt des Dichters hat freilich einen argen Fehler: sie ist für Geld nicht zu sehen, sie ist nicht mit glänzendem Brokat ausgestattet, sie macht nicht Anspruch darauf, selbst ein Kunstwerk zu sein. Ein Taschenbuch und ein Bleistift ist das Handwerkszeug. Ein stiller Waldweg oder auch ein Omnibusdach, ein Dachstübchen oder ein alter Rittersaal, alles eignet sich gleich gut für so einfaches Handwerkszeug.

Und da es ganz gewaltige Dichter gegeben hat, die nachweisbar des Lesens und Schreibens unkundig waren, so läßt sich vermuten, daß nicht einmal ein Taschenbuch, nicht einmal ein Schreibtisch und Feder und Tinte für die Dichtkunst notwendig sind.

Wußte aber der alte Iliassänger vielleicht auch nicht, wie ein Buchstabe aussieht, so trug er dennoch seine Werkstatt mit sich herum. Sonst hätten nicht drei Jahrtausende ihr Vergnügen daran gefunden, seine Hexameter zu skandieren.

Unsere Haus-Bibliothek.

I.

Unter den Herren, welche die Litteratur für ihre besondere Angelegenheit halten, weil sie von ihr leben möchten, herrscht wieder einmal lebhafter Streit darüber, wer an dem geringen Bedürfnis nach deutschen Büchern die Schuld trage.

Buchhändler und Schriftsteller sind geneigt, die unseligen Leihbibliotheken für alles verantwortlich zu machen. Die mangelhafte Aneignung der Klassiker, die ungeheure Verbreitung der Schauderromane, der schlechte Geschmack der Leser und die Würdelosigkeit der Autoren, alles wird den Bücherverleihern in die Schuhe geschoben. Und das geehrte Publikum freut sich darüber, daß für seinen geistigen Schaden die Berufsmenschen öffentlich angeklagt werden, wie denn auch der Knabe, als ihm seine Hände abgefroren waren, ausrief: „Es geschieht meinem Vater ganz recht! Warum kauft er mir keine warmen Handschuhe!"

Aber ebensowenig, wie ein Einzelner die Welt zu bessern vermag, ebensowenig läßt sie sich von Einzelnen um ihre besten Güter betrügen. Nein, wenn das Publikum in der Wahl seines

Lesestoffs ein schlechtes Urteil beweist, so ist das Publikum allein zu tadeln; und wenn wieder ein Aufschwung erwartet werden soll, so muß das Publikum selbst seine Fehler ablegen und zu neuen Göttern beten lernen.

Von Buchhändlern und von — Idealisten wird der deutschen Lesewelt namentlich zweierlei vorgeworfen.

„Sie kaufen nicht genug Bücher!" sagen die ersten, und: „Die Wirkung der großen Schriftsteller auf sie ist eine zu geringe!" die zweiten. Doch seltsamerweise kann beiden eine und dieselbe Antwort gegeben werden.

„Sie lesen zu viel!"

Das ist die Lösung des Rätsels.

Die Leute lesen zu viel, müssen darum ihren ungeheuren Bedarf an Lesestoff beim Verleiher holen; denn sie können nicht drei- bis sechshundert Bücher jährlich kaufen. Das Vorhandensein von Leihbibliotheken ist nicht die Krankheit selbst, sondern nur ein unschädliches äußeres Zeichen derselben. Die krankhafte Lesegier verlangt nach Befriedigung und dankt dem Leihbibliothekar seine Hülfe ebenso gern wie dem Kolportagehändler und dem Zeitungsverleger. So ist die Anstalt des Bücherverleihers zu einer Art Opiumkneipe geworden, wo die Leser sich an den ungesunden Phantasien unzähliger Romanerfinder täglich berauschen und sich mit der Zeit an das betäubende Gift so sehr gewöhnen, daß sie es endlich nicht mehr missen können.

Die Geschäftsleute des Bücherwesens müssen nicht erschrecken; das Bild ist nicht das schlimmste, das gebraucht werden könnte. Man dürfte für manche vielgelesene Gattung noch tiefer in der Rangstufe der öffentlichen Häuser herabsteigen. Die beliebtesten Fabelgeschichten, welche den Jüngling von einer Fieberverwickelung in die andere schleppen oder der Jungfrau das stattliche Bild ihres bärtigen Helden mit schmachtenden Augen darstellen, treiben ein noch viel schmutzigeres Handwerk. Ich spreche aber hier nicht von gemeinen Kupplern, sondern von Bücherfabrikanten, welche doch von Hause aus etwas Phantasie mitbekommen haben. Ich spreche von dem Mittelgut unserer Leihbibliotheken und von der Wirkung auf das Mittelgut der Leser.

Wir wollen uns nicht darüber täuschen lassen. Ein Opiumrausch ist der Genuß, den uns solche Bücher gewähren, welche durch Aufregung der Phantasie allein uns zu fesseln wissen. Die müßigeren Stände beziehen täglich einen oder zwei derartige Bände, lassen sich von der Todesgefahr der Heldin und der Vernichtungswut des Helden in Schrecken setzen, zittern für das Zustandekommen der Ehe des Heldenpärchens, als wären sie arme Verwandte und hätten auf eine Einladung zur Hochzeitstafel zu rechnen, freuen sich dann über die Rettung ihrer Lieben und empfinden erst ganz zum Schluß, wenn der Rausch flüchtig wie ein Schatten entschwunden ist, wie in jedem Katerzustand einen bitteren Nachgeschmack auf der Zunge.

Wir lesen zu viel, zu vielerlei, und darum gewinnen unsere großen Geister keine volle Macht über uns. Wir essen zu schnell, und verdauen schlecht. Fast gilt es schon für einen Tadel, wenn es von einem Buche heißt: man muß es zweimal lesen, um es voll zu genießen. Und doch sind die besten Bücher daran zu erkennen, daß sie bei jedesmaligem wiederholtem Lesen neue Schönheiten entdecken lassen, die in der Freude des ersten Aufnehmens verloren gingen. Daß man das erst wieder sagen muß!

Ist es nun wahr, daß die geschäftlichen und die geistigen Schäden unseres Schriftwesens dadurch hervorgerufen werden, daß wir zu viel lesen, ist es ferner wahr, daß die zu einmaligem Durchfliegen hergestellten Romane und Novellen nur einen Rausch mit schädlichen Folgen erzeugen, ist es endlich wahr, daß die guten Bücher erst bei wiederholtem Lesen ihre geheimsten Schönheiten offenbaren: so ist es klar, daß nur eine kleinere oder größere, persönlich nach dem Wesen des Besitzers und ohne Rücksicht auf den Modegeschmack ausgewählte eigene Büchersammlung, eine gute Hausbibliothek, den Schaden heilen kann.

Dieser Vorschlag ist schon so häufig gemacht und auf so verschiedene Weise begründet worden, ist überdies so selbstverständlich und einleuchtend, daß man glauben sollte, eine jede deutsche Familie, die einen Klimperkasten zu erschwingen vermag, müsse auch eine kleine geräuschlose Bibliothek in ihren Wohnräumen aufgestellt haben.

Es ist aber kaum zu glauben, wie wenige Bücher sich in unsern guten Familien oft finden. Jeder wohlhabende Hausvater würde sich schämen, wenn er einem Gaste nicht eine Auswahl guter Zigarren zur Verfügung stellen könnte. Aber keiner scheint sich zu schämen, wenn er die geistigen Bedürfnisse seines Besuches nicht zu befriedigen vermag.

Nicht einmal die Werke der Männer, die sie zu vergöttern vorgeben, wollen sie zum zweitenmal lesen; wenigstens schaffen sie sie nicht an. Ein gefeierter Dichter — kurz, es war Berthold Auerbach, — wurde einmal in einer fremden Stadt dringend zu befreundeten Leuten gebeten. Man lud über hundert Menschen ein, man gab ein unerhörtes Fest, man warf das Geld zum Fenster hinaus, man bereitete ihm herrliche Triumphe. Auf die Bitte einer Dame erklärt Auerbach sich bereit, eine seiner Dichtungen vorzulesen. Aber es ist unmöglich. In dem Hause, in welchem man ihn wie einen Überirdischen feiert, ist kein einziges seiner Bücher zu finden.

Die Geschichte könnte sich jeden Tag wiederholen.

Man mache nur die Probe und man wird zu seinem Schrecken gewahr werden, daß der Bücherschatz der meisten

Leute sich auf die Prachtbände beschränkt, welche im Salon den Staub vom Tische abhalten und, da sie doch niemals geöffnet werden, ebenso gut von Papiermache oder von Marzipan sein könnten.

Für den Preis, um den selbst nur ein schlechtes Pianino zu haben ist, ließe sich schon eine ganz hübsche Büchersammlung vereinigen. Die Werke von Goethe, Lessing, Schiller, Kleist, ausgewählte Bände von Wieland, Herder, Bürger und Heine, dazu einige Neudichtungen nach den Schöpfungen unseres Mittelalters, ferner der deutsche Homer und der deutsche Shakespeare würden die Summe noch lange nicht erschöpfen; auch die neuere Litteratur, wie sie seit Goethes Tode sich zur Verlegenheit der Litterarhistoriker und zur bescheidenen Freude manches Feinschmeckers fortentwickelt hat, dürfte mit manchem Buche von Platen und Immermann, von Uhland und Lenau, von Keller und Vischer, von Freytag, Auerbach und Heyse vertreten sein. Die Sprache aller dieser Dichter klingt angenehmer als ein Klavier, von Stümperhänden gespielt, wie es in jedem deutschen Bürgerhause zu finden und zu hören ist.

Es ist leider wahr, daß bei der Zusammenstellung der Hauseinrichtung für ein kleines Pianino immer eher Geld vorhanden ist, als für ein paar große Bücher. Aber nicht die Mode, nicht die Prunksucht, nicht die Eitelkeit allein spricht zu gunsten des großen, polierten Möbelstücks. Auch die Mühe der Auswahl ist bei der Zusammenstellung der Büchersammlung eine ungleich größere. Eine verkehrte Art, die Litteraturgeschichte in den Schulen zu lehren, hat uns sowohl für die Klassiker, als für die mitlebenden Schriftsteller des natürlichen Urteils beraubt; und die Probe, ob das Buch nach zweimaligem Lesen sich als echt bewährt, läßt sich ja nicht so leicht von jedermann bei jedem einzelnen Werke anstellen. Die Schule sollte unter den angeblichen Klassikern die Spreu von dem

Weizen sondern helfen, die Zeitungskritik dasselbe für die Zeit=
genossen thun; aber die Lehrer und Gelehrten loben leider oft
alle Toten, die Recensenten noch öfter alle Lebendigen, so daß,
wer sich auf ihr Urteil verließe, in der That einige tausend
Bände kaufen müßte, um nur das Notwendigste zu besitzen.

Es wäre eine schöne Aufgabe, eigentlich die einfachste Pflicht
jedes Kritikers, unter der gegenwärtigen Produktion strenge
zwischen den Belustigungsschriftstellern, welche die Phantasie
des Lesers für einige Stunden berauschen wollen, und zwischen
den wenigen Auserwählten zu unterscheiden, welche das Zeug
in sich haben, ihren Lesern fürs Leben etwas zu sein und zu
bedeuten. Nicht immer wären diejenigen die Sieger, welche
augenblicklich zumeist gekauft werden und in den Leihbibliotheken
am raschesten durch die verschiedenen Hände gehen.

Noch reizvoller, wenn auch sehr gefährlich, wäre die Auf=
gabe, mit rücksichtsloser Offenheit unter die Großen der soge=
nannten Weltlitteratur, unter die Klassiker, zu treten und dort
die Toten endlich zu begraben, damit die annoch Unsterblichen
und Lebendigen auf der blühenden Erde weiterhin Freude ver=
breiten können. Wer für unser Geschlecht tot ist, wer nur als
ein Zeuge früherer Entwickelungen für die Litteraturgeschichte,
nicht aber auch für unser heutiges Empfinden von Wert ist,
der ist aus unserer kleinen Hausbibliothek auszuschließen.

II.

Die Forderung, nur wertvolle, wiederholten Lesens würdige Bücher in seine Hausbibliothek zu stellen, scheint am sichersten erfüllt zu werden, wenn man ein paar Dutzend Bände der sogenannten Klassiker ankauft; sie sind in hübschen Einbänden zu Spottpreisen zu haben und lassen in ihrem Besitzer sofort einen gebildeten Mann vermuten.

Wer aber kann uns darüber belehren, ob ein bestimmter Schriftsteller ein Klassiker sei oder nicht?

Die erste Forderung, welche das Volk gern an seine Klassiker stellt, ist leicht zu erfüllen: er muß tot sein. Und unter den jungen Leuten, welche in ihrer Litteraturstunde hundert Namen hören, ohne von ihrem Wirken eine Vorstellung zu erhalten, sind die Begriffe „tot" und „Klassiker" beinahe gleichbedeutend. Die Autoren, welche man griechische und römische Klassiker zu nennen pflegt, tragen wohl die Hauptschuld an dieser Verwechselung. Denn die Schüler werden dadurch gewöhnt, einen antiken Bädeker wie Pausanias, der wahrscheinlich auch rot eingebunden war, einen antiken Jambendrechsler wie den Tragöden Seneca darum allein klassisch zu nennen, weil ihre Bücher aus alter Zeit übrig geblieben sind; und so haben sie eine äußerliche Ehrfurcht vor jedem Namen, der in der deutschen Litteraturgeschichte mit seinem Todesjahr verzeichnet steht.

Außer diesen unzähligen Klassikern von des Todes Gnaden gibt es auch eine stattliche Reihe solcher, die von spekulativen Buchhändlern zu Klassikern ernannt worden sind. Dabei sind die Fälle nicht gerechnet, in welchen der Buchhandel die günstige Stimmung nur benutzte, um einen Liebling des Publikums — zum Beispiel Theodor Körner — unter die Großen einzuschmuggeln.

Der Klassiker von Buchhändlers Gnaden wird selten oder nie für sich allein erfunden; fast immer tritt er in Reih und Glied mit altbewährten Namen auf. So gab die bekannte Cottasche Buchhandlung, deren Haus durch Goethes Werke geadelt worden ist, vor mehr als zwanzig Jahren eine Sammlung deutscher Klassiker heraus, unter denen neben andern zweifelhaften, aber vom Cottaschen Hause einst erworbenen Größen auch der töblich langweilige Erzbischof Ladislaus Pyrker nicht fehlte. Noch heute gibt es viele recht gute Hausbibliotheken, aus denen ein jüngerer Sproß der Familie mit scheuer Andacht Pyrkers „Tunisias" hervornimmt, um für Zeit seines Lebens einen Widerwillen gegen alle angeblichen Klassiker davonzutragen.

Auch die seit einigen Jahren weitverbreitete und um den Text von Goethe und Lessing so verdienstvolle Hempelsche Ausgabe, die sich doch „Nationalbibliothek sämtlicher deutscher Klassiker" nennt, hat bei ihrer Auswahl mehr auf die Jahre seit dem Tode des einzelnen Dichters, als auf die Zeit gesehen, die er noch im Volke leben wird. Darum sind wohl Seume, Hauff, Musäus zu Klassikern ernannt, nicht aber Grillparzer und Heine, die ja damals noch nicht seit dreißig Jahren begraben und dadurch für den Nachdruck reif geworden waren.

Der Allerbarmer Tod und der findige Buchhändler verwirren das Urteil schon hinlänglich; zu ihren Größen kommt aber noch eine dritte, die gefährlichste Gattung von Klassikern, die historischen Schulklassiker. Diese thronen auf dem berghohen Irrtum, welcher in allen künstlerischen Angelegenheiten unserer Zeit wiederkehrt, auf der ausschließlichen Macht, welche die historische Weltanschauung über die gebildeten Stände gewonnen hat.

Die deutsche Litteraturgeschichte ist seit hundert Jahren eine Wissenschaft geworden. Sie hat in der Tiefe geforscht und aus den Bibliotheken alle die Namen und Werke gesammelt, welche nun die Lücken einer stetigen Entwickelnng ausfüllen sollen. Diese Forschungen kommen fast nur der Wissenschaft selbst zu gute; sie kann Gebeine sammeln, deuten, ordnen, aber sie wieder lebendig machen kann sie nicht. Nur was unsterblich war, was mitten unter Toten seine blühende Farbe nicht verlor, das wird auch für uns wieder auferstehen, wenn die Wissenschaft es ausgegraben hat.

Heutzutage aber fürchtet der wißbegierige junge Mann und seine bildungsfrohe Freundin, die höhere Tochter, schon für zurückgeblieben zu gelten, wenn sie die Dichter des deutschen Mittelalters nicht gelesen haben. Nicht nur das Nibelungenlied nehmen sie vor, dessen Schönheiten Wagners Verballhornung gar nicht zur Folie brauchten; sie lesen auch die sogenannte deutsche Odyssee und den sogenannten Goethe des Mittelalters und bilden sich was Rechtes ein.

Würden die angeblichen Klassiker unsrer mittleren Zeit wenigstens in der Ursprache gelesen, so hätten die jugendlichen Schwärmer wenigstens den Vorteil davon, daß sie ihre Muttersprache ein wenig kennen lernten. Sie nehmen aber an, die Worte seien früher gestorben als die Dichter, und lassen sich die verstaubten Herrlichkeiten für 20 Pfennig das Bändchen in ihr gewohntes Deutsch übertragen, so daß schließlich Form und Inhalt in ihnen das Gefühl erwecken muß: „So ein Dichter wie unsere ehrwürdigsten Klassiker bin ich auch noch!"

Eine beinahe wieder unzeitgemäße Gattung des Patriotismus, die literarhistorische, unterstützt dieses Treiben. Eine fürchterliche Musterung nach dem ästhetischen Gefühle unserer Zeit würde aber wenig übrig lassen, was in einer gegenwärtigen Hausbibliothek am Platze wäre. Namentlich die vielgepriesenen Minnesänger dürften in ihrer erschrecklichen geistlichen Armut — Walther von der Vogelweide immer ausgenommen — nicht alle Glück machen und auf die augenblicklich populärsten Erben ihrer Armut ein schrecklich helles Licht werfen.

Nun gibt es aber Schriftsteller, welche sowohl durch die Zeit als durch die Spekulation zu Klassikern gestempelt worden sind, welche außerdem von der Wissenschaft als bedeutend für ihre Zeit anerkannt werden und welche sogar im Publikum dank der Überlieferung vieler Geschlechter die Geltung von Geistern ersten Ranges haben, und die doch gleichwohl uns Lebenden nichts zu sagen, in unsrer Hausbibliothek nichts zu suchen haben. Man braucht dabei nicht nur an Leute zu denken wie Moses Mendelssohn, der Lessings Freundschaft den unverdienten Ruf verdankt, ein nennenswerter Philosoph gewesen zu sein, oder wie Ramler, der in Berlin der größte deutsche Poet hieß, als Berlin noch eine der geschmacklosesten Residenzen war; auch größere sind reif, und auf die Gefahr eines Ketzergerichts sei es gewagt, sogar den edlen Klopstock aus unsrer Hausbibliothek auszuschließen.

Hand aufs Herz, wer von uns hat seinen „Messias" zu seinem Vergnügen, zu künstlerischem Genusse zu Ende gelesen? Wer von uns hat die Oden, die auf der Schule mit so großer Mühe auswendig gelernt wurden, nicht wieder vergessen? Für wen von uns bedeutet der Name Klopstock nur entfernt etwas Ähnliches, wie die Namen Lessing, Goethe, Schiller?

In einer Bibliothek, welche die Geschichte der deutschen Litteratur darzustellen hätte, dürfte Klopstock natürlich nicht fehlen; in historischer Hinsicht beugen wir, die gelehrigen Kinder einer allzu gelehrten Zeit, vor dem begeisterten Manne, zu dessen Größe die Jünglinge Goethe und Schiller emporgestaunt haben, unser Haupt bescheiden, wenn es aber darauf ankommt, was uns gefällt und gefallen soll, dann gehen wir mit einer eiligen Verneigung an Klopstock vorüber.

Die Gouvernanten unter den deutschen Schulmännern haben wenigstens ihre falschen Erziehungsgründe, die sie zu einer zur Schau getragenen Überschätzung Klopstocks verlocken. Seine himmlischen Heerscharen bestehen weder aus Männlein, noch aus Weiblein; und es mag ja für die Einbildungskraft der Jugend sehr gesund sein, wenn der Dichter wie die Sänger der sixtinischen Kapelle im Anschauen einer transcendentalen, geschlechtslosen Welt schwelgt. Für Klopstock aber schwärmen seltsamerweise auch männliche Köpfe, bloß weil er angeblich ein großes Deutsches Epos geschrieben hat. Als ob der „Messias" — dieses Schachtelsystem von verzückten Hymnen — ein Epos wäre! Und als ob der „Messias" — dieses Band von unsagbaren, halb lateinisch gedachten Hexametern — ein deutsches Volksgedicht wäre!

Hat sich aber in diesem Dichter einer unsrer vornehmsten Klassiker als sterblich erwiesen, so ist die Frage zu erwarten: wer denn in letzter Instanz zu entscheiden habe, welche Dichter uns klassisch sein sollen und welche nicht?

Vor allem wäre es recht erfreulich, wenn die Bezeichnung „Klassiker" überhaupt verschwinden würde; sie ist in Wort und Inhalt aus dem Gedankenkreise antiker Gelehrsamkeit entnommen. Wenn aber schon alles unter diesem Namen geordnet werden muß, so wollen wir uns einstweilen mit den bis heute Unsterblichen, mit Lessing, Goethe und Schiller begnügen, die allerdings in vollständigen Gesamtausgaben jeder deutschen Hausbibliothek angehören müssen. Wieland und Jean

Paul können sich mit einigen Bänden begnügen, auch Herder braucht in der Bibliothek des Ungelehrten nicht vollständig zu stehen. Und wem es ein Herzensbedürfnis ist, noch einen Klassiker vollständig zu besitzen, der mag sich Heinrich von Kleist darauf ansehen, ob er nicht neben Schiller als unser größter Dramatiker bestehen kann.

So wäre der Ballast zu vermeiden, den uns die unzähligen Klassiker der Schule aufbürden wollen; und vollends wollen wir uns hüten, daß nicht die Klassiker der Prüderie Einlaß finden.

III.

Bei der Auswahl der Stücke, welche in den Schulen den Jünglingen und Jungfrauen vorgelegt werden, entscheidet immer, und zum großen Schmerze der Schüler, die Wohlanständigkeit. Die griechischen großen Dichter bieten fast keine Schwierigkeiten, weil damals noch nicht so recht eigentlich geliebt wurde, wenigstens nicht so sentimental, wie heutzutage. Denn daß irgend ein griechischer Stamm aus Lieblosigkeit und Anstandsgefühl ausgestorben sei, das behauptet nicht einmal Madame Prüderie selbst, welche unsrer Jugend die Dichter vor- und verschneidet.

Was ist das für eine Frau?

Die Engländerin, welche alle Tisch- und Stuhlbeine ihrer Stube mit leinenen Überzügen versah, um auf keine unbekleideten Beine blicken zu müssen, war recht prüde und sie zeigte durch diese hochgradige Empfindlichkeit den Weg, die Erklärung des Fremdwortes zu finden. Prüderie ist eine häßliche Eigenschaft, welche sich nur in der guten Gesellschaft findet. „Prüde" nennen wir Leute, welche im Bewußtsein ihrer inneren Unanständigkeit überängstlich den Schein der Sittlichkeit wahren. Nicht nur in Erziehungsfragen, im ganzen gesellschaftlichen Leben hat heutzutage die Prüderie die Herrschaft errungen; oft hält sie dem frechen Cynismus die Wage. Leider erstreckt sich aber ihre

Herrschaft auch auf Gebiete, wo die Prüderie tödlich wirkt: auf Kunst und Litteratur.

Wie barbarisch die Prüderie innerhalb der bildenden Kunst hausen kann, das ist oft beklagt worden. Wenn unsere ganze Kultur in Trümmer ginge, z. B. von einem vulkanischen Ausbruch verschüttet würde, und es käme nach tausend Jahren ein Entdecker daher und fände unsere nackten Statuen mit ihren Feigenblättern: ich glaube, der Entdecker fiele vor Entsetzen oder vor Lachen auf den Rücken. Man denke sich ein Lukianisches Göttergespräch über das Feigenblatt!

Nicht kleiner ist der Schaden der Prüderie für die Dichtkunst, und da um so furchtbarer, als nicht bloß eine Erscheinungsform des Geistes, sondern der Geist selber bekämpft wird. Die Prüderie hat Litteraturgeschichte schreiben gelernt und teilt nach ihren Grundsätzen Lob oder Tadel aus; sie nimmt den jungen Leuten die Lust an den Dichtungen, indem sie ihnen nur das schalste Zeug zu kosten gibt und die herrlichsten Gedichte Goethes beiseite schafft. Schon mit den alten Dichtern wird ein ähnlicher Betrug ausgeführt. Die hübschen Liebeslieder des Horaz werden unterdrückt, während aus dem Vergil die lebernsten Nachahmungen griechischer Poesie aufgetischt werden. Und wenn's gilt, das bißchen Französisch zu üben, so treibt die Prüderie noch tollere Streiche; durch Fénélons „Télémaque" wird den Mädchen der Geschmack an der französischen Litteratur für lange Zeit verdorben und die Jungen erhalten durch die „Henriade" die Vorstellung, daß Voltaire ein unerträglich langweiliger und talentloser Patron war, was doch kaum der Wahrheit entspricht.

So hat die Prüderie ihre eigenen Klassiker und weiß dieselben geschickt bis in die Hausbibliothek einzuschmuggeln. Nun ist es aber eine merkwürdige Erscheinung, daß es bei allen Völkern keinen einzigen großen Dichter gegeben hat, an welchem

die Prüderie nicht zu mäkeln hatte. Goethe und Schiller,
Cervantes und Ariosto, Molière und Shakespeare werden den
Jünglingen aus der Hand genommen, weil Madame Prüderie
mit ihnen nicht immer fertig werden kann. Die Jünglinge
aber sind allezeit schlauer, als ihre Lehrer, sie lesen die gefähr=
lichen Bücher heimlich, und die alte Lust an der verbotenen
Frucht läßt sie in all dieser Fülle von Poesie oft gerade das auf=
suchen, worauf sie die Prüderie durch ihren Zorn aufmerksam
gemacht hat.

So lehrt erst die Prüderie auf den Schmutz der Stoffe
achten, aus denen etwa große Dichter die schönsten Gestalten
geschaffen haben. Die reine Frucht geht in Fäulnis über, sobald
die Prüderie sie berührt hat.

Und so sehr versteht sie die ödesten Schriften als klassisch
anzupreisen, die herrlichsten Dichter dagegen zu verdächtigen,
daß unreife Menschen schließlich alles für ein Werk des echten
Genius halten, was nach Fäulnis schmeckt, und so aus Haß
gegen die Prüderie zur Schmutzlitteratur greifen. Die Prüderie,
welche die jungen Leute von Goethe und Shakespeare fern=
hält, treibt sie dem Pariser Kokottengeschmack und seinen deut=
schen Bekennern in die Arme.

Nun wäre ja selbst die gesteigerte Wohlanständigkeit dort
hoch zu achten, wo sie eine natürliche Äußerung des Volks=
charakters ist; so ist sie gewiß in Nordeuropa echter als
im Süden. Aber die Prüderie in der Auswahl derjenigen
Bücher, welche den Schülern in die Hand gegeben werden und
welche auf dem Tische in der guten Stube liegen, widerspricht
gar zu sehr der Gleichgültigkeit, mit welcher im Schlafzimmer
vor dem Einschlummern das Leichteste und Leichtfertigste ge=
lesen wird. Und überdies ist der Lesestoff der reichsten Haus=
bibliothek wohl nicht so groß, wie die Masse des „Gedruckten",
das die täglich erscheinende Zeitung ins Haus liefert; und die

Zeitung hat weder Beruf noch Neigung, der Prüderie zu dienen.

Die Zeitung will vor allem dem geistigen Bedürfnis der Leute entgegenkommen, die sich der Schule entwachsen wähnen und doch keine Lust haben, sich in ein Buch zu vertiefen. Diese Kreise hassen das Hergebrachte in der Litteratur, sie schreien nach frischer Nahrung, nach dem lebendigen Stoff, der sie umgibt. Das Lebendige, Realistische, das die Prüderie so tödlich haßt, das verlangt der Bezahler von seiner Zeitung. Die Prüderie verhüllt ihr Antlitz vor dem Geheimnis der Lebensschöpfung; die Zeitung bringt mit Vorliebe Nachrichten über vornehme oder außerordentliche Geburtsfälle. Die Prüderie weiß nicht, daß es sittlich verkommene Menschen auf Gottes schöner Welt gibt; die Zeitung bringt täglich ihre krassen Berichte über tierisch verwilderte Scheusale.

In denselben Familien also, wo darüber gewacht wird, daß die Kinder nur ja nicht zu früh den „Faust" oder die „Räuber" lesen, weil darin das Geschlechtsleben mit kräftigen Worten gepackt wird, treiben sich die Zeitungsblätter auf allen Tischen umher und geben in den Abteilungen für den Feuilletonroman, für den Stadtklatsch und für die Gerichtsverhandlungen alltäglich der lasterhaftesten Neugierde mehr Nahrung, als es die Dichter in ihren übermütigsten Stunden je vermöchten.

Hier ist weder von den nichtswürdigen Blättern die Rede, welche den Schmutz jedem andern Stoffe vorziehen, noch von den unverantwortlichen Leistungen im Inseratenteile, sondern nur von den Berichten, welche jede Zeitung bieten muß, wenn sie ihren Zweck erfüllen soll.

Wir stehen da vor der Erscheinung, daß die Prüderie den Dichtern verbietet, von Dingen zu reden, welche uns jeder beliebige „Reporter" breit erzählen darf. Der edelste Wein wird von unserm Tisch verbannt, weil er einige Tropfen Alkohol enthält, aber in Fusel sich bis zum Ekel zu betrinken, dagegen wird nichts eingewendet.

Die durch alle Tagesblätter beleidigte Prüderie hält sich nun an den Wochenblättern schadlos, an den illustrierten Unterhaltungs- und Belehrungsschriften, in denen oft derselbe Schriftsteller, der in der Zeitung ungestraft vom Baume der Erkenntnis genascht haben darf, die kindlichste Unwissenheit zur Schau tragen soll. Wo im Journal kaum eine Straßengeburt das Bedürfnis nach „Sensation" befriedigen kann, da soll die Unterhaltungsschrift heimlich den Storch ein Kindlein bringen lassen; wo die Zeitung in stenographischen Berichten alltäglich die Äußerungen bestialischer Verbrecher mitteilt, da soll die Unterhaltungsschrift freundlich lächelnd darauf bestehen, daß dies die beste der Welten und daß sie von lauter guten Menschen bewohnt sei.

Es ist schwer zu sagen, warum gerade die Wochenblätter so streng auf die Befolgung der prüden Übereinkunft halten sollen, während die Tagesblätter von derselben Sitte für frei erklärt werden. Will etwa auch die Prüderie nur einmal in der Woche ruhen? Sollen der Wahrheit sechs Tage in der Woche zur Verfügung stehen und der geheuchelten Wohlanständigkeit nur einer?

So teilt sich nach dem Maßstabe der Prüderie gemessen die Lektüre unsrer Familien in drei Gruppen. Die meisten Wochenblätter und dazu einige Monatsschriften stehen unter dem strengen Gesetz der Prüderie; sie sollen krampfhaft an einem falschen Idealismus festhalten und sich als allgemeine Leserin eine alternde Prüde vorstellen, die all die Dinge nicht nennen hören will, die sie einstens erlebt hat. Die zweite Gruppe sind die erbitterten Feinde der Prüderie: es sind die schmutzigen Bände der Hintertreppenlitteratur einerseits, die Zeitungen anderseits, die beide ohne künstlerische Zwecke den derben Realismus des Lebens in die verschlossensten Häuser leiten; der Unterschied ist hierbei nur der, daß die bessern Blätter mit ihrer Ware einen ehrlichen Handel treiben, während die eklen Romanfabrikanten ihren Sudel mit falschen Etiketten versehen. Die dritte Gruppe endlich bilden die Dichter, welche nun einmal nach altem Brauche angeschafft werden und welche merkwürdigerweise, soweit ihr Auge reicht, noch niemals ein Feigenblatt gesehen haben. Man könnte vielleicht Dichter ausfindig machen, welche Madame Prüderie nicht zu oft durch derbe Äußerungen über das Geschlechtsleben in Verzweiflung brachten. Aber einen echten Dichter, der die verlogene alte Jungfer nicht wenigstens durch einen Kernspruch voll Saft und Kraft, durch eine lebendige, nackte Sprache geärgert hätte, einen solchen wird man vom maßvollen Sophokles bis zum weisen Goethe vergebens suchen.

Der glückliche Sophokles! Zu seiner Zeit lebte Madame Prüderie noch nicht, das Feigenblatt war noch nicht zu ihrer symbolischen Lieblingspflanze ernannt worden. Heute aber, wo die Feigenblätter unsere Statuen bis zur Nasenspitze hinauf zu überwuchern suchen, heute ist das Nackte nicht mehr das Natürliche. Die Prüderie hat es verschuldet, wenn Fanatiker der Wahrheit und übermütige Cyniker sich unter der Fahne des sogenannten Naturalismus zusammenthun, und nach dem Nackten wie nach etwas Besondrem rufen. So essen Leute, die es vergeblich mit der unnatürlichen Pflanzenkost versucht haben, am Ende rohes Fleisch am liebsten.

Der Sieg wird nicht dem naturalistischen, sondern dem natürlichen Dichter gehören. Er ist durch seine sieghafte, friedliche Heiterkeit der Prüderie gefährlicher als ihre eifrigen cynischen Gegner.

Denn darauf beruht ja zumeist die Macht der Prüderie: sie ist häßlich und krank und haßt darum wie die Sünde die schöne gesunde Natur. Um sie nun bei allen gewissenhaften Menschen verdächtig zu machen, zeigt man sie ihnen in den Verzerrungen, welche die Natur in den Augen der Cyniker annimmt, zeigt sie ihnen in den Krankheitserscheinungen, welche parasitisch am heilsten Körper auftreten können. Und die gewissenhaften Eltern und Gouvernanten, welche ihre eigene frische Jugend vergessen haben, lassen sich foppen, lassen sich einreden, die Natur sei der Naturalismus, und darum gemein, widerlich und unanständig. Da treten aber die Dichter hervor, zeigen die wahre Natur, wie sie gesund und schön und lustig ist, und die Prüderie muß weichen.

Litterarische Moden.

I.

Was ist die Mode? Wie entsteht sie? Worauf beruht ihre furchtbare Macht?

Die Mode ist nichts weiter als der allgemeine menschliche Nachahmungstrieb, der in Sachen des Geschmacks statt des Urteils thätig ist. Man glaube ja nicht, daß die Mode bloß Kleider und Möbel beherrscht. Unser Geschmack für Dinge, die wir ganz und gar nach unserm Behagen frei zu wählen glauben, ist der Mode ebenso unterworfen wie der Schnitt eines Damenkleides. Der Raucher muß es sich von der Mode vorschreiben lassen, ob ihm frische oder abgelagerte Zigarren besser duften, der Feinschmecker überläßt es nicht den Nervenenden seines Gaumens, sondern der Mode, ob er den Wein kühler oder wärmer trinken, ob er den Spargel zu Anfang oder zu Ende der Mahlzeit essen soll; sogar der arme Leib des Kranken erhält die Arznei, die ihn heilen soll, nicht ohne den Rat der Mode. Da ist es gewiß kein Wunder, wenn auch unser Bedürfnis nach geistiger Nahrung, Erquickung oder Erhebung sich häufig nach einer Mode richtet, welche von geheimnisvollen Kräften, unabhängig von uns, erfunden und plötzlich zum Gesetze gemacht wird.

Unsere Damen (für Trachten und Bücher sind sie ja das entscheidende Publikum geworden) verlangen ein neues Buch nicht viel anders, als sie ein neues Kleid bestellen. Stoff und Form wird in beiden Fällen von der eigensinnigen Mode vorgeschrieben.

„Wir wollen so aussehen, wie alle Welt aussieht; und wir wollen lesen, was alle Welt liest."

Erlaubt ist, was gefällt; geboten ist, was allgemein gefällt. Was gefällt aber allgemein? Natürlich das, was gerade Mode ist.

„Wenn nun aber immer dasjenige Mode wird, was allgemein gefällt, wie rettet sich der Verstand aus dem entsetzlichen Kreislauf der Gedanken?"

So dürften sich angstvoll die Leute fragen, welche jede Mode aus vollem Bewußtsein mitmachen. Noch sicherer unterwirft sich ihr begreiflicherweise die große Menge, welche trägt oder liest, was der Schneider oder der Buchhändler lobt.

Es ist nun seltsam, aber auch die Rebellen, welche einer neuen Modetyrannei Widerstand zu leisten versuchen, werden unterjocht. Und die Bedauernswerten, welche sich umsonst auf das Naturrecht eines gesunden Menschenverstandes berufen wollen, haben von ihrer Unterwerfung nicht einmal den Vorteil, daß die Mode ihnen verzeiht. Es geht ihnen, wie andern Selbstdenkern, welche den neuen Herrscher zu spät anerkennen. Sie werden bei Hofe nicht gefördert; sie hinken ewig hinter andern her. Dazu kommt, daß sie, weil sie der Mode nur widerwillig gehorchen, keine Freude an dem neuen Kleide oder dem neuen Buche haben.

Ich begleitete vor Jahr und Tag eine Frau, die plötzlich vor einem Buchladen stehen blieb. Sie wollte ein Buch kaufen. „Nur nicht den neuesten Ebers!" rief ich ihr nach; sie hatte sich bis jetzt gegen die ägyptische Mode gesträubt. Sie blieb lange; als sie endlich heraustrat, hielt sie den ältesten jener ägyptischen Romane in der Hand. „Es war nichts andres zu haben als Ebers," sagte sie verlegen, trotzdem im Schaufenster allein zwischen hundert Schriftstellern die Wahl frei stand. Und als sie den Band ausgelesen, da fand sich's, daß alle ihre Freundinnen den Inhalt längst wieder vergessen hatten, daß sie also mit ihnen wieder nicht auf gleicher Höhe war.

Schneider und Buchhändler können gewöhnlich selbst nicht sagen, durch welche Umstände gerade dieser Stoff, gerade diese Form in die Mode kam. „Ich erwachte eines Morgens und war berühmt," sagte Lord Byron; da hatte er eine litterarische Mode erfunden.

Daß der Zufall in der litterarischen Modenwelt eine so große Rolle spielt, ist ein wahres Glück. Die Tyrannei der Mode wäre noch unerträglicher, wenn z. B. ein einziger leistungs=fähiger Buchfabrikant sie zum Gegenstande seiner geschäftlichen Spekulation machen könnte, wie etwa ein Tuchfabrikant Kamm=garnstoffe einführt und zur Mode erhebt.

Ebenso günstig ist es für die Schriftstellerwelt, daß es nie=mals überall und gleichmäßig dieselbe Mode gibt. Vielleicht kündigt sich die Mode von 1887 schon im Herbste des Jahres 86 in irgend einer absonderlichen Tracht an, die sich keck bei einem Sommerfeste anstaunen läßt. Glücklich der Schneider, der unter all diesen ausschweifenden Gewandphantasien die Mode des künftigen Jahres heraus erkennt! Und glücklich der Ver=leger, der die künftige litterarische Mode aus dem Chaos der gegenwärtigen Bestrebungen herausfindet.

Nicht so schwer ist es, die Mode von heute und die von gestern voneinander zu unterscheiden.

Die letzte alles überflutende litterarische Mode war der historische Roman. Sie wird in den anspruchslosen Ständen immer noch getragen, aber die tonangebenden Kreise haben sich von ihr abgewendet. Der historische Roman wuchert in den Niederungen noch fort, wenn auch auf den Höhen der Gesellschaft schon eine ganz andere Mode thront, der Naturalismus, welcher die Fabriksmarke Zola trägt. Der Gipfelpunkt scheint zwar schon überschritten zu sein, aber immer noch vertragen sich Ponnylocken mit dem wildflatternden, wenn auch mitunter falschen Haare dieser jüngsten Muse.

Es kann kein Zweifel darüber sein, daß irgendwo unter den Schülern oder unter den Gegnern des Naturalismus bereits die Mode der Zukunft heraufdämmert. Wer aber nicht Geschäftsmann ist, dem braucht diese Frage vorläufig keine Sorge zu machen. Was immer auch die neue Herrin empfehlen wird, das werden wir mit Begeisterung lesen. Und unser einziger Trost in dieser Knechtschaft ist der, daß in dem ewigen Wechsel mitunter auch das Edelste und Beste Mode zu werden vermag.

II.

Das Nebeneinanderbestehen von Moden, welche ihrer Blüte nach verschiedenen Zeiten angehören, kann nicht überraschen. Im Gebirge tragen die Bauern vielfach die Tracht, welche bei unsern Großvätern modern war; und wie mit dem Gewandschnitt verhält es sich mit den geistigen Fortschritten der Menschheit.

Die Zeitgenossen, selbst die Mitglieder einer und derselben Stadt und sogar einer und derselben Gesellschaft, stehen selten auf gleichem Standpunkt, wenn sie sich überhaupt über ihre Beziehung zu den wichtigsten Dingen klar werden. In Religion und Wissenschaft mögen ihnen gewisse oberste Grundsätze gemeinsam sein; doch in ihrer Weltanschauung huldigen sie einander widersprechenden Lehren. Der eine trägt geistig noch die Mode des Aufklärungszeitalters und glaubt alles mit Voltaires witzigen Einfällen erklären zu können; der zweite hat die Mode Darwin im Kopfe und hantiert mit unendlichen Zeiträumen wie mit Rechenpfennigen; der dritte endlich will das Welträtsel vielleicht in der Manier des zwanzigsten Jahrhunderts lösen, wenn er die Ziffernreihen der Statistik sammelt. Denn nicht nur die junge Welt, welche Sinn für Kunst und Litteratur hat, nimmt die Befehle der Mode entgegen, auch die Männer und Greise, welche sich Philosophen nennen lassen, sind ihr tributpflichtig.

Wenn nun die Menschen in ihren erhabensten Gedanken von vergangenen, gegenwärtigen und zukünftigen Moden gelenkt werden, so ist es begreiflich, daß sie auch in dem, was sie lesen, nicht einem einzigen Modegeschlechte angehören. So wie unsre Bühnen neben den unnatürlichen Plauderstücken der neuesten Mode auch noch einzelne Schicksalstragödien (Mode von 1817) aufführen und selbst für die skandinavischen Bahnbrecher (vielleicht die Mode von 19 . .) Platz haben, so stehen und liegen in den wohlfeilen Leihbibliotheken, aus denen die lesewütige Menge ihre Nahrung schöpft, die litterarischen Moden von vielen Geschlechtern nebeneinander, geduldig und ruhig, wie begrabene Menschen auf dem Friedhof.

Und das Nebeneinander von feindlichen Moden gilt nicht nur für unsre kleine Gegenwart; überall und immer finden wir in der Litteraturgeschichte, daß gleichzeitig mit den Büchern der herrschenden Mode auch Schöpfungen eines veralteten und eines erwachenden Geschmacks Erfolge haben. Nehmen wir zum Beispiel das denkwürdige Jahr, in welchem der junge Goethe zuerst vor das große Publikum trat, das Jahr 1773. Den herrschenden Geschmack vertrat damals in Süddeutschland Wieland, in Norddeutschland Nicolai; für das Urteil der Besten im ganzen Volk aber war Lessing bestimmend. Alle drei Männer brachten im Jahr 1773 ihren Lesern wertvolle Gaben. Aber zu gleicher Zeit erschien erst Klopstocks „Messias" vollständig, dessen erster Teil die Mode der letzten Generation gewesen war, und zu gleicher Zeit „Werthers Leiden", welche für Jahre hinaus eine bis zur Schwärmerei getriebene neue Mode bilden sollten. Wieland, der Liebling der damaligen Mode, war von Klopstock abgefallen und wurde nun von Goethe parodiert. Die herrschende litterarische Mode konnte nicht verhindern, daß Klopstock sein Werk vollendete, Goethe das seinige begann.

Heutzutage sind die Gegensätze nicht so groß wie damals,

wo die moderne Poesie eben erst durch die Kritik über die alte
Nachahmung siegte. Heutzutage kämpfen fast nur nahe Ver=
wandte um den Vorrang. Doch selbst innerhalb der einzelnen
Modegebiete waltet noch das Nebeneinander der Gattungen, die
nacheinander beliebt waren. So zeigt der historische Roman,
der bis vor kurzem der Alleinherrscher im Reiche der schönen
Litteratur zu sein schien, in seinen beliebtesten Gattungen alle
Unterarten, die sich allmählich aus ihm entwickelt haben. Er
behandelte ursprünglich die Geschichte des eignen Landes, bald
altdeutsche Helden, bald die Könige und Kaiser des vorigen
Jahrhunderts; beide Schablonen werden noch heute benutzt,
wenn auch für die heidnische Zeit mehr das christliche Mittelalter
und für das achtzehnte Jahrhundert die letzten großen Kriege
getreten sind. Sonst ist alles wieder beim alten und neben
Ägypten und dem kaiserlichen Rom ist die ältere Mode des
heimatlichen historischen Romans bestehen geblieben; daß Luise
Mühlbach heute den falschen Namen Gregor Samarow führt,
thut wenig zur Sache.

Diese Umstände haben den großen Vorteil, daß der harm=
lose Volksgenosse, der sich bei der Wahl seiner Bücher sonst
völlig unter das Joch der Mode beugen müßte, doch nicht ganz
von aller Verantwortung frei wird. Es gibt niemals eine aus=
schließliche Mode; die Wahl ist bis zu einem gewissen Grade
frei. Je nach seinem Bildungsgrade und seiner Unabhängigkeit
wird der einzelne sich entweder zum Heerbanne der Hauptmode
gesellen oder als Nachzügler bei der verblaßten Fahne der
letzten Mode stehen bleiben, oder er wird gar dem neu auf=
gehenden Lichte entgegenjubeln und durch seine Stimme den
Ruf nach einem neuen Ideal, einer neuen Mode verstärken.

Ob das noch unbekannte neue Gestirn Ideal oder Mode, ob
das eine Sonne oder ein Komet ist, kann die erste Erscheinung
nicht erraten lassen. Wenn aber die letzte Mode als Mode,

b. h. als etwas Vergängliches erkannt worden ist, dann wäre es doch wohl die Pflicht jedes Besonnenen, sich lieber dem neuen Gestirn zuzuwenden, welches doch vielleicht halten kann, was — jeder Anfang verspricht.

Wenn die Zeitgenossen eine neue Richtung der Litteratur „modern" nennen, so wollen sie oft damit sagen, daß diese Richtung mit aller Vergangenheit gebrochen habe und für unabsehbare Zeit das dichterische Schaffen beeinflussen werde. In Wirklichkeit stellt sich fast immer heraus, daß eben nur Mode war, was modern hieß. Man hatte in den Schnitt vom vorigen Jahr einen Zwickel mehr hineingenäht, um ihn übers Jahr wieder aufzutrennen.

Wer aber selbst nicht wagt, zwischen den kämpfenden Moden zu wählen, der ist am besten daran, denn er kann als Bücher-Reaktionär bei den Großen unter den Dichtern bleiben, die so Herrliches geschaffen haben, daß sie nie oder immer Mode sein konnten.

III.

Unsere Hausbibliothek soll nur solche Bücher enthalten, welche ohne Nachlassen des Genusses zwei oder dreimal gelesen werden können. Dieser Regel widerspricht ihrem eigensten Wesen nach die Mode, als welche dem Publikum die Erscheinungen des Tages für den Tag aufdrängt. Wohl kann die Mode sich auch einmal auf kurze Zeit für das Bleibende begeistern, weil sie mit den Gegenständen ihrer Verehrung immer wechseln muß und so in ihrer Verzweiflung nach Neuem auch einmal flüchtig das Gute berühren muß. Aber auch dann liebt die Mode das Schöne nicht, wie es geliebt werden muß, sondern begnügt sich mit demselben flüchtigen Kuß, der gestern dem Widerlichen zu teil wurde und den morgen das Alberne empfängt. Wer also diejenigen Bücher kauft, welche die Mode zu lesen gebietet, handelt wie ein Knabe, der die schmutzigen Tropfen der zerplatzten Seifenblasen sammelt, oder wie ein Geck, der seine eroberten Kotillonorden aufbewahrt, um einst bestürzt vor den Katakomben seiner Geschmacksverirrungen zu stehen.

Seit einem Menschenalter wird der Schönheitssinn von einem falschen historischen Sinn geleitet. Unsere Möbeltischler, unsere Damenschneider schielen nach dem Professor der Geschichte; und die Poeten wollen nicht unwissender erscheinen, als die „Kunsthandwerker" und die „Kostümzeichner". Sie sitzen fleißig in den großen Bibliotheken und schlagen hundert Bücher nach, um ihr Liebespärchen hundert Worte historisch echt sprechen zu lassen. Der historische Roman erfreut sich einer immer noch steigenden Überproduktion; wer der Mode folgen will, kann bereits eine geräumige Stube zur Decke hinauf mit den Helden von Rhamses an bis zum unglücklichen König Ludwig von Bayern füllen. Über die Verballhornungen Napoleons, Friedrichs und Josefs durch die Mühlbach lacht heute, zehn Jahre nach ihrem Tode, alle Welt; über die Historien aus Ägypten, Hellas und Rom lachen leider bislang nur die Auguren und — die Propheten.

Natürlich darf das Kind nicht mit dem Bade ausgeschüttet und dem Romane mit historischem Stoff nicht jede Berechtigung abgesprochen werden. Für die Träger der Satire war von jeher der Held aus fernem Lande oder aus ferner Zeit der willkommenste; und daß auf die vaterländische Vergangenheit eine dichterische Behandlung anwendbar ist, das beweisen die edelsten Schöpfungen des deutschen Dramas. Wenn also die stetig wachsende Makulaturmasse des historischen Romans für den Litteraturfreund ein Greuel ist, so liegt das weniger an der Gattung, als an der leidigen Thatsache, daß die Allherrscherin Mode alle Zwölftel- und Dutzendtalente der Fabrikation dieser „Branche" zugeführt hat.

Die Einteilung der historischen Romane in vaterländische und in fremde ist nicht so ganz äußerlich, wie es scheinen könnte. Abgesehen von dem Reiz der satirischen Darstellung bietet die römische, orientalische und so weitere Welt einen schönen Gegensatz zu dem Ideal unserer Heimat, während die Vergangenheit des eigenen Volkes dem wirklichen Dichter Vorstellungen gibt, in denen sich sein Ideal unvermischter und stärker offenbart als in den Menschen der Gegenwart. Die Erinnerung an das historische Drama zeigt uns auch, was das Hauptgebrechen des historischen Dutzendromanes ist. Im Drama zwingt den Dichter das eherne Gesetz dieser Gattung, wenigstens menschenähnliche Geschöpfe zu erfinden, denn die Leute auf der Bühne müssen doch reden und sich bewegen; nun wäre das Gesetz der Romantechnik im Grunde nicht minder streng, da es aber hergebracht ist, daß ein Erzähler seine Seiten nach Gutdünken auch mit Beschreibungen, mit Betrachtungen, mit wissenschaftlichen Vorträgen und sogar mit Noten füllen darf, so treten im Roman gewöhnlich historische Masken an Stelle der handelnden Personen.

Mit dem einheimischen historischen Romane ist eine Aussöhnung leichter möglich, weil es doch wenigstens einige gelungene Werke dieser Art gibt. Wir haben nicht wie die Engländer einen unerschöpflichen Fabulanten wie Walter Scott zu bewundern, aber wir dürfen den einen Band von Viktor Scheffel, „Ekkehard", kühnlich auf unser Bücherbrett stellen und auch Gustav Freitags „Ahnen" mögen einzelnen Bänden zuliebe vollständig dastehen. Damit muß nun freilich unser Stolz befriedigt sein; denn was sonst noch um die alte deutsche Zeit herumgedichtet wird, das findet sein Sinnbild in den Werken von Felix Dahn, den Träger einer Fahne mit dem merkwürdigen heraldischen Thier: der Kopf ist vom deutschen Reichsadler, die Flügel von einer Gans, der Schweif von einem gerupften feisten Hahn und der Rumpf verhüllt von dem Schlafrock eines Professors.

Es ist bezeichnend für diese Richtung, daß sie aus dem Stoffkreis der sogenannten Völkerwanderung nicht herausgelangen kann, also aus einer Zeit, über deren Geschichte die Forscher selbst im unklaren sind, während der schlichte Leser selbst bei guter Schulbildung kein Bild mitbringt und keins fortträgt. Und für diese Erzählungen von sehr zweifelhafter Geschichtstreue wird nicht etwa bloß unsere Aufmerksamkeit, sondern sogar unsere Pietät in Anspruch genommen. Wir sollen Ehrfurcht empfinden für Götter, welche nach einem isländischen Muster für uns zurechtgezimmert werden; für eine künstliche, altertümliche Sprache, welche die Leute im Romane alltäglich sprechen müssen, weil sie als die Liturgie feierlicher Handlungen sich in einigen Fetzen erhalten hat; wir sollen Thränen der Rührung vergießen über soziale Einrichtungen, deren Bestehen sich durch nichts beweisen läßt.

Man kennt die Schnurre von dem Ungarn, der einem entschlossenen Maler den Auftrag gibt, den verstorbenen Vater zu malen. Als Modell erhält der Maler nur den Rock und die Stiefel des Toten, sowie die Mitteilung, daß der Verstorbene einen Schnurrbart getragen habe. Natürlich konnte das Bild nicht ganz ähnlich werden. Als es aber fertig war, stand der Ungar doch tief betrübt davor und rief weinend: „Armes Vatter, wie hast du dir verändert!" Auch unsere poetischen Geschichtsmaler begnügen sich im wesentlichen mit dem Rocke, dem Bart und den Stiefeln der alten Deutschen.

Für die Maskerade in historisch-ausländischem Kostüm ist es nicht möglich, ein patriotisches Mäntelchen umzuhängen. Hier entscheidet der Zufall der Kenntnis. Wer als Gymnasiallehrer die griechischen Schriftsteller erklären mußte, der führt uns ins alte Athen, wer auf der Schulbank tüchtig im Lateinischen war, beschreibt Rom, wer die Hieroglyphen enträtseln half, der dichtet ägyptische Romane, und wer sich mit Untersuchungen über die Hottentottensprache abgibt, wird uns nächstens die Kulturgeschichte der Hottentotten in Form von Poesie spielend beibringen. Denn unerläßlich für diese Gattung, deren Hauptführer Georg Ebers ist, scheint der Nutzen, die Belehrung zu sein. Was hilft es, daß seit hundert Jahren alle guten Geister uns beschwören, in der Kunst keinen Nutzen zu suchen; unsere Bücherkäufer sind nur dann zufrieden, wenn sie aus ihrem

Dichter auch etwas lernen können, sowie der Bauer die Apollo=
bildsäule erst dann begriff, als er sie für einen Kleiderständer
hielt.

Wenn der Nutzen, den solche historische Romane für unsere
Bildung haben, wirklich ein nachhaltiger wäre, so hätten wir
doch immer noch keine Ursache, sie unter den poetischen Werken
unserer Büchersammlung aufzustellen. Und unter den Büchern
ernsthafter historischer Wissenschaft dürften sie sich doch wieder
seltsam ausnehmen; denn der ernsthafte Historiker würde lachen
über die Armut, die hier alle ihre kleinen Schätze im Schaufenster
ordnet, um einen guten Eindruck zu machen. Man kann keinen
römischen Roman aufschlagen, in welchem nicht dieselben sati=
rischen Schilderungen des Petronius benützt wären; wie das
alte Suppenfleisch des Gasthauses mit immer neuen Tunken,
so begegnet uns eine und dieselbe Notiz überall und nicht immer
unsere Eßlust reizend.

Und noch schlimmer als um die Lehrkraft dieser Moderomane
steht es um ihre nachhaltige Poesie. Das bischen Handlung,
welches beim ersten Lesen noch dürftig die Spannung erhalten
und den Käufer bis zur letzten Seite treiben muß, damit er
von dem nächsten Buche neue Anregung erwartet, das bischen
Handlung ist so dünn und fadenscheinig, daß das Gewebe wie
ein richtiger Maskenanzug nur zu einmaligem Gebrauche geeignet
ist. Beim zweiten Lesen lacht man über die Abenteuer, wie
die gefoppten Kinder, wenn sie älter geworden sind, über Knecht
Ruprecht.

IV.

Jede litterarische Mode sendet ihre Ableger in unsre Theater. Das hat teils seine psychologischen, teils seine kaufmännischen Gründe, wobei ich die Psychologie den Verfassern der Stücke, die Berechnung den Theaterleitern zuschreiben möchte. Sowie unsere Modepuppen männlichen und weiblichen Geschlechts in's Theater laufen, um dem Liebhaber und der Liebhaberin den neuesten Kleiderschnitt abzusehen, so können die Gründlinge im Parterre alle litterarischen Moden vor den Rampen mitmachen, ohne zu Hause jemals ein Buch in die Hand zu nehmen.

Es war also zu erwarten, daß die Theater sich mit gewohnter Bereitwilligkeit des ägyptischen Romanes bemächtigen würden; er stellt ja an Schneider und Dekorationsmaler die höchsten Aufgaben und kommt den populär-wissenschaftlichen Neigungen des Publikums freundlich entgegen. Zuerst wurde die furchtbar rührende „Uarda" von Ebers auf die Bühne gebracht.

Es mußten freilich viele Menschen gemeinsam ans Werk gehen, damit es gelang. In einem Titel von 12 enggedruckten Zeilen zählte der Theaterzettel all die Herren auf, welche sich vereinigt haben, eine Pharaonenmumie wieder zu beleben, nachdem diese drei Jahrtausende in ihrem Pyramidengrabe geruht hatte. Da wird der immerhin geistvolle und jedenfalls gelehrte

Georg Ebers als erster in einem Atem genannt mit einem Herrn Karl Ludwig, der die Bühnenbearbeitung angefertigt hat, und mit den Herren Kapell=, Ballet= und Maschinenmeistern, mit dem „Obergarderobier" und dem Inspektor, welche die Um=wandlung zu einem „Ausstattungsstücke" vollendet haben.

Die Mühe der Direktion des Viktoria=Theaters und ihrer Kräfte blieb nicht unbelohnt. Einige der prächtigen Deko=rationen, namentlich die Veranda des Königspalastes und ein Hafenplatz am Nil riefen laute Bewunderung hervor, die Ballet=mädchen schrieben mit ihren Armen und Beinen ihre beliebtesten Hieroglyphen in die Luft und machten ganz offen für die Schönheiten des altägyptischen Kostüms Propaganda; die hübschen Massenaufzüge, in welchen einzelne strebsame Statisten wie im Veitstanze meiningerten, gefielen außerordentlich, und wenn auch die alten Götter noch so bedenklich auf ihren Sänf=ten wackelten, so war es doch nett von ihnen, sich so gut=mütig auslachen zu lassen. „Uarda" hatte also einen ziemlichen Erfolg.

Allerdings gelang es dem Bühnenbearbeiter durchaus nicht, an die gehobene Stimmung auch nur zu erinnern, mit welcher anfangs die duftigsten Professorenfrauen den Ebersschen Roman lasen, an die gehobene Stimmung, in welcher bessere Nähmäd=chen auf dem Lande ihn immer noch lesen. Die ergreifendsten Momente, so die Liebeserklärung Uardas, so die Enthüllungen der Zauberin wurden mit einer ungemischten Heiterkeit auf=genommen, die jedem andern Schauspiele, als eben einem Ausstattungsstück, den Garaus gemacht hätte. Wenn der Be=arbeiter im guten Glauben an die Bedeutung des Originals an seine Arbeit ging, dann muß ihn die lustige Stimmung nicht wenig erschreckt haben. Junge schwärmerische Mädchen kommen oft in eine ähnliche Lage. Sie sind von einem Dichter hin=gerissen, sie lesen die schönsten Stellen einem erfahrenen

Freunde mit lauter Stimme vor und ernten ein herzliches Gelächter.

Der erfahrene Freund lacht vielleicht nur, um die Schwärmerei des Backfischchens zu heilen. Wenn aber ein tausendköpfiges Publikum lacht, so verfolgt es keinen Erziehungszweck. Es übt die Kritik, welche im einsamen Stübchen dem Buche gegenüber sich nicht hervorwagte.

Für die unbeabsichtigte Wirkung war nicht nur die triviale Sprache, für die zum Teil der Bearbeiter haftet, sondern auch der Stoff selbst verantwortlich zu machen.

Die altägyptische Geschichte ist uns fremd; dramatisch bewegen kann aber nur das Verwandte, Vertraute. Man vergleiche einmal unser unvollkommenes Wissen von dem Boudoir einer alten Pharaonentochter mit unserer verhältnismäßig genauen Kenntnis vom Leben z. B. der Messalina, um den Abstand zu erkennen, den ein Pharaonenstück selbst von den immer noch exotischen Römerstücken trennt. Von einer vornehmen Römerin der Kaiserzeit wissen wir sehr genau, wie sie sprach und aussah, schlief und ging, aß und trank, liebte und raste, wir können die Lebensweise einer Römerin der höchsten Stände so sicher verfolgen, als ob wir mit ihr gelebt hätten. Von all dem wissen wir vorläufig noch nichts bezüglich der ägyptischen Damen. Ungeachtet unserer devotesten Hochachtung vor dem Scharfsinn der Ägyptologen wissen wir von ihren Damen doch nur, wie sie im Tode aussahen. Die Ägypter trieben nicht umsonst den Kultus des Todes so weit. Die Wissenschaft von ihnen ist recht eigentlich eine tote Wissenschaft, das Lateinische und das Griechische sind lebende Sprachen im Vergleiche zu den Hieroglyphen.

Georg Ebers hat die Schwierigkeit, uns Lebende von Toten zu unterhalten, in witziger und schlauer Weise besiegt. Von der falschen Voraussetzung ausgehend, daß die Menschen zu allen Zeiten dieselben Gedanken und Gefühle hatten, steckt er in die barocken Gewänder seiner Ägypter moderne Menschen mit modernen Kämpfen und Zielen. Sein außerordentlicher Erfolg ist auf diese Täuschung begründet.

Mögen wir auch zu manchen gewagten Sentimentalitäten, welche geraden Weges aus einem deutschen Mädchenpensionat nach Theben übersiedelt sind, bedenklich den Kopf schütteln, mag so mancher Erklärungsversuch um seiner horrenden Gelehrsamkeit willen unsern Spott herausfordern, wir folgen dem Dichter doch, der mit Geist und Geschmack die aus der Schule her bekannten Fetzen ägyptischer Wissenschaft zu einem anheimelnden Bilde vereinigt. Es ist ein litterarischer Spaß, den Dichter zu belauschen, wie er aus drei gegebenen Punkten ein Antlitz zu bilden versteht, wie er die vielen Sächelchen aus Museen und Malermappen spielend zu scheinbar lebendigen Gruppen vereinigt, wie er unsere eigenste Weltanschauung hinter neckisch altertümliche Formen der Sprache verbirgt. Ebers braucht viel Raum und viel Worte, um seine Absicht unauffällig auszuführen. Er muß ununterbrochen die Phantasie des Lesers anregen, sich selbst das Bild auszumalen, welches er ja doch selbst nicht mit plastischen Augen sieht.

Alle seine Bemühungen würden scheitern, wollte er uns wirklich mitten unter seine Helden stellen, wollte er — was ja dasselbe ist — seine Helden leibhaftig auf die Bühne bringen. Im Romane konnte er sich damit begnügen, verblasene Zeichnungen zu liefern, auf der Bühne verlangen wir ganze Menschen, deren Thun und Treiben bis auf ihr Grüßen, bis auf ihr Lachen und bis auf ihr Träumen, uns geläufig ist. Bevor unser Publikum im ägyptischen Leben nicht so heimisch ist, wie die wenigen Fachgelehrten es zu sein glauben, wird von einer tragischen Wirkung altägyptischer Bühnenhelden nicht die Rede sein können.

Mit dem Bearbeiter der „Uarda" jedoch kann man natürlich nicht streng ins Gericht gehen. Der eilige Herr hat es zu seiner Aufgabe gemacht, den Hauptinhalt des Romans einigen Personen in den Mund zu legen, die er zu diesem Zwecke in acht verschiedenen Bildern zusammenkommen läßt. Ich weiß nicht, ob dieser Inhalt auch für solche verständlich ist, die das Buch nicht vorher gelesen haben; jedenfalls haben diese den Vorteil, sich nicht über die plumpe Hand ärgern zu müssen, welche die Fäden der Ebers'schen Intrigue willkürlich zerreißt. Aus dem großen Könige Ramses, der bei Ebers unser Interesse fesselt, ist ein guter Komödienvater geworden, der im letzten Akte erscheint, um die Hände der Liebenden in einanderzulegen; der geistig bedeutende Kirchenfürst Ameni wird zum gemeinen Schleicher; der ideale Pentaur zum lyrischen Liebhaber und die glatte Sprache des Romans zu einem geistlosen Gerede. Und wie das hastet, um in drei Stunden zu Ende zu kommen! Da liegen zwischen zwei Akten einige Romankapitel, deren wichtiger Inhalt rasch mitgeteilt und abgespielt werden muß. Also her mit den Thatsachen! Der Autor erscheint wie eine Zeitungs= frau, die ein Dutzend neuer Blätter auf den Tisch wirft, aus welchen die gefälligen Schauspieler dem Publikum das Wich= tigste mitteilen. Selbst wenn die Liebenden zusammenkommen, haben sie immer erst einen Sack voll Neuigkeiten auszutauschen, bevor sie sich den Ausbrüchen ihrer Leidenschaft hingeben können.

Im Romane schreitet einmal wie ein Schatten die Gestalt des biblischen Moses vorbei und der Bühnenbearbeiter hat es sich natürlicherweise nicht nehmen lassen, den markigen Juden= häuptling auf die Bühne zu bringen. Moses auf der Bühne! Es mußte viel Wasser den Nil hinunterfließen, es mußten größere Männer als Herr Karl Ludwig für die Freiheit des Menschengeistes kämpfen, bevor dieser es wagen durfte, eine biblische (freilich nur alttestamentarische) Persönlichkeit vor die

Rampen zu bringen. Dieser Herr Moses war eigentlich sehr drollig. Vielleicht kam das daher, daß man sich den genialen Mann, der als Befreier und Gründer des Judentums auftreten will, als einen Helden in üppigster Manneskraft vorstellte, und nicht als einen Greis, der dem Pentaur nicht einmal zu helfen weiß.

Bei diesem Bearbeiter, der den Ebersschen Stoff mit einer gewissen Freiheit behandelte, hinderte der Stoff allein einen starken Eindruck. Wo aber der Dramaturg so bescheiden war, Ebers mit seinen eigenen Worten auf die Bühne zu bringen, da war der Erfolg noch um vieles kläglicher.

Die von Herrn Ottomeyer besorgte Bearbeitung des Ebersschen Romans „Die Schwestern" wurde ohne Unterbrechung zu Ende gespielt. Sogar der Applaus, der sonst für alle Betheiligten eine angenehme Unterbrechung bedeutet, blieb aus. Der Erfolg war schlimmer als ein Durchfall; das Stück konnte nicht leben und nicht sterben und bot dem Publikum weder eine spannende Handlung, noch diejenige Pracht der Dekorationen und Kostüme, welche man im Viktoria-Theater vom Drama verlangt. Namentlich den Kostümen fehlte jener graziöse, modernisirende, meinetwegen parodirende Geschmack, mit welchem die Franzosen die echten Gewandstücke der Ägypter, Inder oder Japaner unserer oder doch ihrer Vorstellung vom Schönen zu nähern wissen. Die Herren Ägypter sahen alle aus wie die verrücktesten Exemplare einer Käfersammlung und die Damen wie wohlerhaltene, festgeschnürte Mumien. Auch der Versuch, das übliche Ballet durch eine Pantomime zu ersetzen, uns durch Tänzer und Tänzerinnen die Geheimnisse der Isis entschleiern zu lassen, fiel recht kläglich aus.

Das alles hätte unser Vergnügen kaum gestört, wenn die Handlung des Stückes nur hätte zu fesseln vermögen, nur halbwegs so zu fesseln, wie die unzähligen Verehrer des Dichters

von dem Romane sich angeblich hingerissen fühlen. Was jedoch
der Roman noch immerhin an spannenden Elementen bietet, das
hat der Bühnenbearbeiter teils entstellt, teils übersehen, vor
allem aber nicht für die Bedürfnisse des Theaters umzuformen
verstanden. Und was trotz alledem an Handlung noch übrig
blieb, das schien in verdächtiger Weise mit den gewaltsamen
Erfindungen unserer traurigsten Romanlitteratur verwandt zu
sein. Man denke einmal von den Personen das ägyptische
Kostüm, das sie im Maskenscherze angelegt haben, hinweg, und
man wird staunen über die groben Mittel, über die Häufung
von Gift, Mord, Entführung und anderen Unglücksfällen,
durch welche Ebers seine Arbeit vorwärts bringt. Die zum
Teil hübschen Charakterstudien aus der Pharaonenfamilie —
die freilich ein wenig stark an Franz Moor, Messalina, Offen=
bachs Menelaus und andere Schöpfungen der neueren Dichtung
erinnern — sind im Theaterstück ganz fortgeblieben; für psycho=
logische Feinheit hatte der Bearbeiter entweder keinen Raum
oder kein Verständnis.

Dasselbe Publikum, welches auf die Bücher seines Ebers
schwört oder geschworen hat, will seine Lieblingsgestalten nicht
verkörpert vor sich sehn. Das ist eine poetische Gerechtigkeit,
um deren willen den lüsternen Bearbeitern viel vergeben werden
muß. Die harmlosesten Verehrer haben es empfunden, daß
die Handlung erst auf der Bühne in ihrer verletzenden Nackt=
heit dasteht, im Romane selbst aber sich in der Flut wässeriger
Redensarten ganz angenehm hinunterspült. Für die Sprache der
handelnden Personen jedoch — und die unnatürliche Sprache
des Stückes hat den Mißerfolg der „Schwestern" entschieden —
ist Ebers fast allein verantwortlich zu machen.

Auch hier täuscht sich leicht der Leser des Romans zu gunsten
des Autors. Wer einige hundert Seiten lang die Leute wie
gute Deutsche aus unsern Tagen reden sieht, der vergißt am

Ende Zeit und Ort der Handlung und paßt seine Vorstellung von den Menschen ihrer internationalen Sprache an. Nun steht aber so ein geehrter Mörder im buntesten ägyptischen Nationalkostüm auf der Bühne, lehnt sich rechts an eine Dattelpalme, blickt links mit den Gefühlen von Uhlands Hirtenknaben nach den Apisgräbern, man erwartet, fremdartige Gedanken in fremdartiger Sprache von ihm zu hören, da öffnete der Unglückliche den Mund: er ist ein Berliner Droschkenkutscher, der sich als ägyptischer Ringkämpfer verkleidet hat. Und wenn die schöne Klea darüber in den Ruf „Allmächtiger Gott" ausbricht, so sehe ich gar nicht ein, warum ihr der Vergnügungsreisende Publius Cornelius Scipio nicht mit einem uns ebenso verständlichen „Ach Herrjeses" antworten könnte.

So rächte sich wieder einmal der Eifer unserer Theaterdirektoren; sie haben es nicht gern, wenn das Publikum sich anders als durch Theaterbillete geistige Genüsse verschafft, und suchen darum für jede Mode die bühnengerechte Form zu finden.

Sie möchten alles, was schön und gut heißt, für ihre Requisitenkammer aufkaufen: alle Künste und Wissenschaften und die Religion dazu. Sie gewinnen fast immer; nicht aber ihre Opfer. Wenn Ebers einen Gewinnanteil erhalten hat, so hat er ihn teuer bezahlen müssen.

„Was wirkt die Bühne?"

I.

Unter den verschiedenen Dichtungsarten war bald diese, bald jene die Herrscherin, alle übrigen entthronend. Eine Zeitlang ging alles im Heldengedicht auf, bald darauf waren lyrische Gedichte Mode und jetzt muß man Romane schreiben, um gelesen zu werden. Aber über oder doch neben den andern Gattungen hat unveränderlich das Theater seine Macht über die Menge bewahrt. Und gerade diese Macht ist unzählige Male im Laufe der Jahrhunderte bekrittelt und bekämpft, also auch ebenso oft verteidigt worden. Und da die Verteidigung fast immer den Waffen des Gegners entsprach, so war sie natürlich auch nicht immer der Kritik unserer Tage entsprechend.

Unter diesen Ehrenrettungen des Theaters ist keine dem Titel nach bekannter als Schillers Abhandlung „Die Schaubühne als eine moralische Anstalt betrachtet". Diese Schrift hat der erst 25 jährige Dichter, der damals gern der Lessing der Mannheimer Nationalbühne geworden wäre, zuerst unter der kräftigen Überschrift veröffentlicht: „Was kann eine gute stehende Schaubühne eigentlich wirken?" und im Texte lautet die Frage noch kürzer: „Was wirkt die Bühne?"

Schiller stand damals noch nicht so fest auf den Schultern Lessings, wie er wohl meinte: im Eifer, die Bedeutung des Theaters auch den unkünstlerischen Mannheimern zu erweisen, stellte er sich auf den Standpunkt der Nützlichkeit und lobte die Bühne um zweifelhafter Vorzüge willen. Sein Aufsatz hat trotzdem für die Theatergeschichte seine Bedeutung, die deutschen Komödianten haben ihm viel zu danken, wir aber dürfen wohl noch hundert Jahre mit dem Hute in der Hand vor den 25 jährigen Schiller hintreten und, auf Schillers sämtliche Werke die Hand legend, unsere abweichende Meinung aussprechen.

Schiller weist der Schaubühne ihren Platz zwischen der Religion und dem Gesetze an. Die Gerichtsbarkeit der Bühne fange da an, wo das Gebiet der weltlichen Gesetze endige. Tausend Laster, welche die Staatsgewalt ungestraft duldet, straft die Schaubühne; aber auch tausend Tugenden, von denen das Gesetz schweigen muß, werden in den Theaterstücken empfohlen. Während in solcher Weise die Tragödien wirken, hält das Lustspiel den Thoren einen Spiegel vor und beschämt sie mit heilsamem Spott. Aber der Nutzen des Theaters soll noch weiter gehen; wir lernen, wenn wir schon nicht selbst gebessert werden, wenigstens die andern ungebesserten Menschen kennen, mit denen wir verkehren müssen, wir erfahren die Ungewißheit des Schicksals und werden gerechter gegen die Unglücklichen. Und das ist noch nicht alles. „Nicht weniger ließen sich von der Schaubühne aus die Meinungen der Nation über Regierung und Regenten zurechtweisen . . . Sogar Industrie und Erfindungsgeist könnten und würden vor dem Schauplatze Feuer fangen, wenn die Dichter es der Mühe wert hielten, Patrioten zu sein, und der Staat sich herablassen wollte, sie zu hören." Man muß den so viel spätern Briefwechsel zwischen Schiller und Goethe nachlesen, um zu fühlen, wie hoch sich der reife Schiller selbst über den Standpunkt seiner Jugend erhoben hat.

In unsern Tagen hätte sich Schiller nicht mehr über Vernachlässigung des Theaters zu beklagen. Jede deutsche Stadt von der Bedeutung Mannheims besitzt mindestens eine „stehende" Bühne; fleißige Schauspieler, welche übrigens oft in sehr geordneten bürgerlichen Umständen leben, spielen jeden Abend die beliebtesten Tragödien und Lustspiele; ja, die neueste Richtung der Oper bemüht sich, die Ähnlichkeit zwischen Religion und Kunst recht augenfällig zu machen. Und in jeder Stadt von der Bedeutung Mannheims gibt es mindestens zwei Dramaturgen, welche gewöhnlich Theaterrecensenten geheißen werden und welche ja wohl gewiß darüber wachen, daß die ihrem Urteil unterworfene Schaubühne eine moralische Anstalt bleibe. Am herrlichsten müssen nun gar die Verhältnisse in den großen Hauptstädten liegen, z. B. in Berlin, wo zehn bis zwanzig stehende Bühnen die Menschen zu bessern bemüht sind und wo fünfzig bis hundert junge und alte Lessinge über die moralischen Anstalten wachen.

Da darf wohl die alte Schillersche Frage wieder aufgeworfen werden: „Wie wirken diese Bühnen?"

Die Wirkung der Tragödien wollen wir nicht überschätzen; denn was man heutzutage ein Trauerspiel zu nennen beliebt, ist doch gewöhnlich nur ein Lustspiel mit traurigem Ausgang. Aber auch in den seltenen Fällen, wo einmal das große riesige Schicksal, welches den Menschen erhebt, wenn es den Menschen zermalmt, über die Bühne schreitet, auch dann weigern sich die Zuschauer, an Laster und an Tugenden zu denken. Die Erörterung, ob das Kostüm der Zeit richtig getroffen war, scheint unsern gelehrten und ungelehrten Zeitgenossen viel wichtiger, als der Inhalt des Stückes. In diesen großen Stücken, im „Julius Cäsar", im „Wallenstein", wirkt die Bühne wie eine Schneiderausstellung; man will stilvoll eingerichtete Säle und ebenso gekleidete Massen sehen, sonst geht man überhaupt nicht hinein, und auf ein leeres Haus kann selbst die „Antigone" des Sophokles nicht läuternd wirken.

Eine größere Macht könnten wohl die Lustspiele ausüben, weil die Leute sich gern dazu einladen lassen, einander auszulachen. Nur daß die Lustspieldichter nicht den Mut besitzen, die Thorheiten der Menschen bei ihren Ochsenhörnern zu fassen, sondern sich vielmehr begnügen, durch komische Prügelscenen wie bei den Kunstreitern das bißchen Gelächter zu erbetteln. Nicht Aristophanes und Molière, nein, der Clown ist ihr Vorbild. Darum ist unser Lustspiel nicht imstande, unsrer Zeit einen Spiegel vorzuhalten; ja, es macht unsere Bühnen durch seine Rohheit geradezu zu einer unmoralischen Anstalt. Freilich nennt man gewöhnlich nur eine bestimmte Gattung zotiger französischer Possen unsittlich; wem aber an der Herzensbildung seines Volkes gelegen ist, der weiß, daß ein Berliner Machwerk wie „Der jüngste Lieutenant" um seiner Schlechtigkeit willen unanständiger ist, als die tollste Pariser Arbeit.

Schiller rühmt ferner als nützliche Wirkung der Bühne, daß wir durch die Theaterstücke an Menschenkenntnis zunehmen, demütiger und milder werden; auch davon wissen die Zuschauer, wenn sie das Haus verlassen, selten etwas zu erzählen. Und so bleibt denn von allen geträumten Vorzügen nur der Vorteil für politische Unterweisung, für Industrie und Erfindungsgeist übrig, wobei Schiller die patriotischen Dramen der jüngsten Zeit und das große italienische Ballet „Excelsior" voraus geahnt zu haben scheint.

Wir dürfen uns nicht scheuen, es auszusprechen, daß Schillers Beantwortung seiner Frage von der Schaubühne Dinge verlangt, die sie schlechterdings nicht leisten kann. Aber nicht darum handelt sich es hier, auf die Veredlung hinzuweisen, welche Schillers ästhetische Anschauungen im Laufe seines Lebens

erfuhren, auch darum nicht, die Bühne noch heute gegen An=
griffe zu verteidigen, welche ihre Berechtigung überhaupt in
Zweifel ziehen; nein, des Dichters Frage muß von Zeit zu
Zeit wieder hinausgerufen werden, damit das Publikum sich
auf sich selber besinnt und erfährt, mit wie hohem Ernste der
Idealist Schiller eine Anstalt betrachtet hat, welche nun, und
zumeist in den großen Städten, zu einem Vergnügungslokale
herabgesunken ist.

Was kann unter solchen Umständen die Bühne noch wirken?
Was soll die Bühne? Und wer kann etwas zu ihrer Hebung
thun?

II.

Der neuern Gesetzgebung gegenüber, welche Theaterunternehmungen mit Wirtshäusern und Vergnügungslokalen fast auf eine gleiche Stufe gestellt hat, wäre die Schillersche Verteidigung allerdings noch gültig: daß nämlich die Schaubühne wesentlich eine moralische Anstalt sei. Aber gegen die Puritaner, welche die Kunst wie jedes andere Vergnügen verbannen wollen, ist sie unwirksam.

Das Theater ist und bleibt ein Unternehmen der Kunst, von welcher man nicht unmittelbare Erziehungsresultate erwarten darf. Und so wenig eine arme Mutter recht hat, wenn sie ihrer schönen Tochter vorwirft, daß sie trotz ihrer Schönheit ebensoviel esse und sonst koste, wie die übrigen häßlichen Kinder, so wenig darf die Gesellschaft von der Kunst blos deshalb, weil sie schön ist, auch noch andere Vorteile beanspruchen. Die Verteidiger des Theaters begehen immer denselben Fehler, daß sie sich zu tief auf den Standpunkt der Gegner herablassen. Wir sind von einer Rose entzückt; da kommt ein nüchterner Mensch des Weges und fordert uns auf, den Rosenstock aus der Erde zu reißen und statt seiner Kartoffeln zu pflanzen. Nun sollten wir einfach erwidern: „Der Duft der Rose erfreut uns; und Freude ist fürs Leben ebenso notwendig wie Kartoffeln." Wir versuchen aber, dem Gegner zu folgen und möchten beweisen, daß man auch aus Rosenblättern einen genießbaren Salat bereiten könne. Da kann denn auch der Erfolg nicht ausbleiben, daß wir nämlich weder den Gegner noch uns selbst überzeugen.

Ein Prinz von Conti, der vor zweihundert Jahren eine Schmähschrift gegen das Theater herausgab, hat solchen Theaterfreunden darin schon endgültig geantwortet: „Man findet es nur noch in den poetischen Handbüchern, daß die Belehrung der Zweck des dramatischen Gedichtes sei. Das liegt nunmehr in Wahrheit weder in der Absicht der Dichter, noch in der der Zuschauer.... Die Poeten glauben, nachdem sie ihr ganzes Werk mit der Schilderung der schrankenlosen Leidenschaft gefüllt haben, das Ihrige gethan zu haben, wenn sie einen alten König, der gewöhnlich von einem sehr schlechten Schauspieler dargestellt wird, dessen Rolle unangenehm und dessen Verse langweilig und wohl auch schlecht sind, eine moralische Rede halten lassen."

Und schon Prinz Conti fügt in dieser Schrift hinzu, daß die Zuschauer, wenn sie das Theater verlassen, an ganz andere Dinge denken, als an die moralische Tendenz des Stückes.

Nicht unmittelbar soll die Kunst den Menschen bessern; sie kann ihn nur veredeln und ihn zum Feind alles Häßlichen machen. Diese Thätigkeit ist übrigens für die Moral auch nicht verloren. Um bei dem früheren Bilde von der Rose zu bleiben: auch der Rosenduft ernährt den Körper nicht; aber der tiefe Athemzug, zu welchem das Einhauchen des Geruches zwingt, kommt doch auch der Ernährung zu gute. So zwingt auch uns die leidenschaftlich bewegte Welt des idealen Schauspiels, mitten im erstickenden Alltagsleben ab und zu einen tieferen frischen Athemzug zu thun und gibt uns so neue Kraft über die kleinlichen Vorurteile der Umgebung hinweg das ewig Menschliche zu schauen und zu würdigen. Kein Mensch wird von einem Trauerspiel „Medea" die Wirkung verlangen, daß es die Eltern größere Liebe zu ihren Kindern lehre; und selbst das Mitleid mit der Mörderin, das doch gewiß etwas Gutes ist, kann niemals die wichtigste Wirkung des Stückes sein; ganz allein die Erschütterung der tiefsten Strömungen der Menschenseele, die von einem mächtigen Kunstgenuß gereinigt wird, wie die Luft von einem Gewitter, ganz allein diese Erschütterung ist die Absicht des dramatischen Dichters.

Damit, daß wir von dem Theater nicht Besserung und Belehrung, sondern eine reine künstlerische Erhebung verlangen, haben wir begreiflicherweise unsere Ansprüche nicht herabgemindert, sondern gesteigert. Denn die Forderung nach künstlerischem Wesen ist strenger und unumgänglicher, als die nach moralischer Würde. Ohne künstlerische Höhe kann die Tragödie uns wohl Furcht und Mitleid einflößen, aber jene edle Reinigung bleibt aus; so kann nach einem heißen Sommertage wohl ein Sturmwind den Staub emportreiben, aber die Erlösung von der bedrückenden Schwüle bleibt aus, wenn nicht Donner und Blitz dazwischen fahren. Und so kann zwar auch das Lustspiel und die Posse den Zuschauer erheitern; fehlt aber ihrem Humor die Weihe der Kunst, so hört man nur ein rohes Lachen, bei welchem das Herz sich nicht erfrischt.

Und nun: wessen Aufgabe ist es, die Schaubühne auf eine Höhe zu bringen, auf welcher eine weite, segensreiche künstlerische Wirkung fähig ist?

Der nächste dazu wäre natürlich der Schauspieldirektor, dem ja die Bestimmung über die aufzuführenden Stücke allein zukommt. Und wenn von allen Seiten die Klagen über das Elend unseres Schauspielwesens ertönen, so fehlt es nicht an Anklagen gegen den Direktor, der mit seiner Geldgier, seiner Geschmacklosigkeit und seiner Sucht nach Neuigkeiten alles verschuldet haben soll.

Der Direktor aber wirft sich kräftig in die Stellung eines unschuldig Angeklagten und spricht:

"Meine Begier nach neuem wird mir vom Publikum aufgezwungen, welches die Klassiker wohl aufgeführt sehen will, aber dann nicht ins Theater geht; denn Schiller und Goethe haben nicht mehr den Reiz der Neuheit. Meine Geschmacklosigkeit ist die Geschmacklosigkeit des Publikums, welches bei mir immer dasjenige findet, was es verlangt; ich bin gar nicht gern geschmacklos, denn das Schöne ist einfacher und darum wohlfeiler herzustellen, sowie mir denn auch die alten Klassiker lieber sind, als die lebenden Herrn Verfasser mit ihren Tantièmen-Ansprüchen. Und was meinen Geiz anbetrifft, so bitte ich wieder das Publikum verantwortlich zu machen. Die Leute verlangen, daß ich mein Geld für Nebendinge ausgebe, für Kleidung und Dekoration, ich muß also auf jede Weise trachten, mein Kunstinstitut vor dem Zusammenbruch zu bewahren."

Und der Theaterdichter, der ja auch der nächste dazu ist, schiebt vollends die ganze Verantwortung dem Publikum zu: "Ich habe ihnen Tragödien gegeben; aber sie sagten, davon hätte Shakespeare genug geschrieben. Ich habe mit dem emsigsten Fleiß an vornehmen Lustspielen gefeilt, aber sie haben sich darüber beklagt, daß sie zu genau aufpassen müssen, um mich zu verstehen. Da schreibe ich denn die Possen, die sie verlangen; sie lachen und nennen mich zum Danke einen berühmten Mann."

Dieser Direktor und dieser Dichter wissen freilich nicht, daß sie eher ihre Bühne schließen und ihr Tintenfaß ausgießen sollten, als sich in dieser Weise zum Kammerdiener des Publikums zu machen; aber wenn sie selbst auch nicht freigesprochen werden können, so bleibt doch das Publikum als der Hauptschuldige bestehen.

Das Publikum, d. h. wir, die einzelnen Menschen, welche

dieselbe Nation ausmachen, die gerade nach Reform schreit, das Publikum zieht die Kunst zu sich herab, weil es die Wirkung der Kunst vollständig umgekehrt hat. Aus einer Stätte der Erhebung ist die Schaubühne eine Stätte der Erholung geworden; nicht in schweren Zeiten, um sich vom Irdischen zu entlasten, suchen die Leute das Theater auf, sondern an Festtagen, wenn sie recht satt sind nach einem guten Essen und lachend verdauen möchten. Und selbst für den bessern Teil der Zuschauer ist die Bühne etwas zu alltägliches geworden; das Theater wirkt auf sie überhaupt nicht mehr stark genug, weil sie abgestumpft sind.

Um die Wirkung der Bühne zu erproben, muß man beobachten, wie ein unverdorbener Jüngling erfaßt wird, wenn er zum erstenmal im Leben die ernsten Gestalten der großen Dichter an sich vorüberschreiten sieht. Ähnlich mögen die Griechen dem selteneren Schauspiel ihrer Bühne gegenübergestanden haben.

Nur wer unserm Publikum die Unerfahrenheit und die Frische der Jugend einzuflößen verstände, nur der vermöchte die alte Wirkung der Bühne wieder zu retten.

Der Schillerpreis.

Im Gegensatz zu Frankreich, wo die staatliche Centralisation und die öffentliche Eitelkeit von der Wiege bis zum Grabe mit Preisen und andern öffentlichen Konkursen das Volk erzieht, haben es in Deutschland solche Wettkämpfe nie zu einiger Bedeutung bringen können; vielleicht deshalb, weil man die Ausschreibungen Privatleuten überließ. Genug, man spricht bei uns mit geringer Achtung von den meisten Urteilen, die von Kommissionen gefällt wurden, und Preisstücke vollends begegnen beim Publikum einem für die Preisrichter nicht eben ehrenvollen Mißtrauen.

Der Mann in öffentlicher Stellung, der das Amt eines Preisrichters übernimmt, weiß im voraus, daß er für seine qualvolle Arbeit wenig Dank ernten wird. Und der Unglückliche, der als Sieger aus der Schlacht hervorgeht, wird demselben Mißtrauen begegnen, wie der Musterknabe der deutschen Schulen.

Der Schillerpreis bildet eine Ausnahme. In den litterarischen Kreisen aller deutschen Litteraturmittelpunkte — also in allen Städten von 10,000 Einwohnern an — wird alle drei Jahre wochenlang die nahende Entscheidung besprochen und nach gefälltem Spruch drängt es fast jeden Litteraten, mündlich oder schriftlich seine unmaßgebliche Ansicht über die Weisheit der Kommission zum Besten zu geben. Auch das weitere Publikum interessiert sich für die Frage und die liebenswürdige Dame, welche mich einmal fragte: „Warum bekam Donna Diana nicht den Schillerpreis? Es ist ein reizendes Stück! Von wem ist es denn nur?" — diese kunstfreundliche Dame beweist doch, wie weit die Kreise sind, innerhalb deren man sich um die Erteilung des Schillerpreises bekümmert.

Es ist schwer zu sagen, was vor allem diesem Preise einen so hohen Rang in der öffentlichen Meinung verliehen hat.

Der Name des Dichters allein kann es nicht sein, denn weder die laut ausgetrommelte Unterstützung durch die Schillerstiftung, noch die Mitgliedschaft zu Goethes Hochstift gehört zu den wünschenswertesten Zielen deutschen Strebens.

Auch die Person des Stifters ist zur Erklärung allein nicht genügend; sie steht zu der deutschen Dichtkunst wie die Friedrichs des Großen in einem mehr passiven Verhältnis. Sie wird auch späterhin vom deutschen Epos viel zu leiden haben. Der König von Preußen hat die Verantwortung für seine Stiftung seinen Beamten übertragen.

Das preußische Unterrichtsministerium wählt die Mitglieder der Kommission; wenn nun die Zusammensetzung auch manchen Angriffen ausgesetzt ist, so bleibt doch immer eine so große Summe von Wissen und Geschmack in ihr vereinigt, daß man die hohe Achtung vor dem Schillerpreise wohl mit Recht hauptsächlich auf die Bedeutung einzelner Kommissionsmitglieder zurückführen kann.

Die Mitglieder sind jedoch am Tage nach der Urteilsverkündigung die Meistbefehdeten der deutschen Gelehrtenrepublik. Die tausend Herren und Damen, welche im Laufe des letzten Trienniums ein bis zehn Stücke verfaßten, sind alle sehr ungehalten darüber, daß sie den Preis nicht alle erhalten haben; wenn nun gar der Preis wegen angeblichen Mangels an guten Werken gar nicht zur Verteilung kam, wie oft geschah, so kann die Kommission nicht einmal auf einen Offizial-Verteidiger, eben den Sieger selbst, rechnen. Und doch verdient der traurige Ausspruch der Herren Beachtung.

Wenn man die Frage persönlich stellt, so ist man leicht geneigt, der harten Kommission Unrecht zu geben. Fast keiner der als Gegenstand der letzten Berathungen ins Publikum gedrungenen Namen scheint mir im Allgemeinen eines Preises unwürdig. Es waren Dichter, denen die Ehre eines Preises wohl zu gönnen gewesen wäre, — unbeschadet der Kritik, welche die Erhebung des Einen bei den betriebsamen Freunden des Anderen hervorgerufen hätte. Aber so liegt die Frage für die Kommissionsmitglieder nicht.

Das Statut des Schillerpreises besagt nicht, daß alle drei Jahre das verhältnismäßig beste Drama gekrönt werden müsse; die bisherige Übung hat überdies Zurücklegung des Preises aus Mangel an tadellosen Objekten gebilligt, die Erteilung hebt darum das Preisstück nicht als das verhältnismäßig beste, sondern als ein absolut gutes heraus. So ist die Kommission durch die bisherigen Präzedenzfälle unfreiwillig zu der Auffassung gedrängt worden, ihre Ehrengabe gebühre nicht dem verdächtigten Würdigsten, sondern einfach einem Würdigen. Und wenn auch im praktischen Leben der Einäugige unter Blinden König wird, so wäre es im Reiche der Kunst doch bedauerlich, wollte der Richter gegenüber dem einäugigen König ein Auge zudrücken.

In dieser Lage hat die Kommission nur ihre Pflicht gethan. So lange die Zuerkennung des Schillerpreises von Staatswegen bedeutet, daß der Sieger ein durchaus lobenswertes Stück geschrieben habe, so lange muß der Richter äußerst vor-

sichtig sein, wenn nicht die Absicht der Stiftung in ihr Gegen=
teil verkehrt und der gute Geschmack irre geleitet werden soll.
Das ist ja der Unterschied zwischen den alltäglichen Sachen des
Bedürfnisses und den Schöpfungen der Kunst, daß wir uns
bei den ersten fast immer, bei den letzten niemals mit dem
Verhältnismäßigen begnügen müssen. Wenn ich eine Wohnung
suche und keine ganz entsprechende finde, so wähle ich schließ=
lich, um nicht auf der Straße liegen zu müssen, unter allen
Übeln das kleinste. Wenn ich aber in dieser Wohnung ein
Ölgemälde aufstellen will und kann mir keines erwerben, das
meinem Geschmack völlig entspricht, so verzichte ich eben auf
den Schmuck. Daß die meisten Menschen umgekehrt handeln
und in ihre prächtigen Wohnungen die erste beste bemalte Lein=
wand hinhängen, bloß weil sie ungefähr die entsprechende
Größe hat, ändert nichts an der Wahrheit des Gesagten.

Und diese durch das Statut gebotene Strenge hat auch
ihre gute Seite. Die Tageskritik — worunter ich auch die
Besprechungen der Wochen= und Monatsschriften rechne — ist
niemals unerbittlich genug für die Schwächen der Künstler
und Dichter. Hundert Gründe wirken zusammen, um den
Kritiker im einzelnen Falle milde zu stimmen, mag er auch
im Allgemeinen weise wie Daniel und streng wie Jesaias sein.
Der eifervolle Gott des alten Testaments hängt sich den Mantel
der wechselseitigen Nächstenliebe um, sobald er unter die Rezen=
senten geht. Und während zur Blütezeit Schillers kaum ein
gutes deutsches Drama auf jedes zweite Jahr kam, wird jetzt
alle Monat etwas Gutes gepriesen.

Da wäre es denn ganz erfreulich, daß in jedem dritten
Jahr eine unpersönliche Kommission erscheint und sagt:

„Verehrtes Publikum, deine Rezensenten sind alle mitein=
ander gutmütige Geschöpfe, welche rücksichtsvoll zögern, einen
Esel einen Esel zu nennen, welche mit Ausdrücken wie „hübsches

Talent" so freigebig sind, daß sie dann der Gerechtigkeit zu liebe ein wirklich hübsches Talent gleich ein „großes Talent", ein großes Talent gleich ein „Genie" heißen müssen. Erfahre denn, verehrtes Publikum, daß in den letzten drei Jahren, in welchen deine Rezensenten über dreißig Stück mit Wärme gelobt haben, kein einziges, sage: kein einziges ein uneingeschränktes Lob verdient."

Dieses ist der ideelle Wert einer Nichterteilung des Schillerpreises. Der Gewinn wäre für das Publikum und für die Dichter ein sehr großer, wenn beide Parteien in sich gehen und anspruchsvoller gegeneinander werden wollten.

Wir wollen verstorbene Preisrichter und totgeborene Preisgekrönte nicht bei ihren Namen nennen. Aber, Hand aufs Herz, was ist nicht schon unter dem Zeichen Schillers gesündigt worden. Völlig nichtige, lehrerhafte Jambenübungen mit verteilten Rollen hat man nach langem Zögern nicht etwa für das verhältnismäßige Recht, sondern für das Gute ausgerufen. Und nach dem Entsetzen über solche Lorbeern haben berufene Dichter wieder auf den Lohn warten müssen, weil sie nur verhältnismäßig waren.

So oft nach Ablauf von drei Jahren der Preis gar nicht zur Verteilung kommt, ertönt ein Klageruf, wie in der großen Hungersnot.

Die Nichterteilung des Preises ist auch ein Urteil.

Leider begnügen sich jedoch namentlich die Dichter damit, den Unverstand der Kommission in mehr oder weniger plastischen Ausdrücken zu beklagen und der ideelle Wert einer Nichterteilung wird dadurch zu nichte.

Ich bilde mir ein, daß nicht nur die litterarischen Dramatiker, sondern auch die praktischen Bühnenlieferanten bei ihrer Arbeit häufiger nach dem Schillerpreise schielen und dadurch strenger gegen sich werden würden, wenn unter den Werken

eines Trienniums das verhältnismäßig Beste zum Preise ge=
gelangen müßte. Käme noch die Bestimmung dazu, daß kein
Autor in einem bestimmten Zeitraum — etwa unmittelbar
nacheinander — wiederholt gekrönt werden dürfte, so würde
sich bald eine bunte Reihe von preisgekrönten Dramatikern
zusammenfinden, welche man gern von den Bühnenlieferanten
unterscheiden würde und welche — nach dem beschwerlichen
Grundsatze: noblesse oblige — vielleicht dauernd für eine
vornehmere Art gewonnen wären.

Freilich dürfte dadurch der Wert des Schillerpreises ein
wenig geringer werden. Damit aber niemand über die ver=
änderte Sachlage im Zweifel sein, damit der nächste Schiller=
preis nicht durch die bisherige Übung falsch gedeutet werden
könne, müßte die verhältnismäßige Bedeutung des Preises
offiziell ausgesprochen werden. Hiermit habe ich den Vorschlag
ausgesprochen, der nach meiner Meinung die Kommission und
die unzufriedenen Dichter gleicher Weise befriedigen müßte.

Auf welchem Wege eine solche authentische Interpretation
der Schrift möglich sei, darüber habe ich kein Urteil. Niemand
hätte ja ein Recht, dem Stifter selbst eine Änderung seiner
Absicht vorzuschlagen; aber es will mir doch scheinen, als ob
gerade die Krönung des verhältnismäßig Besten der Grundge=
danke seiner schönen Stiftung war.

Wir freuen uns vorläufig, daß auf den Namen des großen
Dichters der deutschen Freiheit und Einheit eine Institution
besteht, die in dem zerklüfteten litterarischen Deutschland allge=
meines Ansehen genießt und wirklich äußere Ehre zu erteilen
vermag, wir freuen uns, daß in jedem dritten Jahre eine
kleine Bewegung entsteht, welche nur unter einigen vorlauten
Preisbewerbern häßliche Züge zu Tage bringt, sonst aber
durch ihr ganzes Wesen einen reinen Charakter trägt. Der
Ernst, mit welchem die Erteilung des Schillerpreises erwartet

zu werden pflegt, ist schon ein Gewinn, mag dann ein Sieger aus dem Streite hervorgehen oder nicht.

Durch den festgesetzten Zwang einer Erneuerung jedoch würde allmählich eine alte Garde von anständigen Dramatikern geschaffen werden können, deren Ansehen ohne Rücksicht auf den Zulauf des Publikums fest stände. Und vielleicht würden die geehrten Zeitgenossen dann doch Jacobsohn und Anzengruber, Lubliner und Wildenbruch nicht in demselben Atem nennen.

Ein anderer Vorschlag.

Es ist keine dauernde Ehre und ganz und gar kein Vergnügen, Preisrichter zu sein. Deshalb handelte vor einigen Jahren eine große Hofbühne sehr weise, als sie dieses Amt indirekt einem Manne übertrug, der wie kein anderer im stande sein mußte, diese Last zu andern Lasten zu tragen, einem Manne, der durch seine tägliche Berührung mit zahlungsfähigen Kunstkennern seinen eigenen Geschmack an dem der Menge läutern konnte, einem Manne endlich, der dem Verdachte so fern wie möglich stand, als könnte er sich in irgend eine ästhetisch=wissenschaftliche Schrulle verrennen; mit einem wenn auch langen Worte: dem Theaterkassierer.

So ein Theaterkassierer gehört in jeder Stadt zu den bekanntesten Persönlichkeiten. Wer hätte nicht einmal im Jahre die schwere Pflicht, für seine Frau, für seine Schwiegermutter, für seine Tochter, für seine Freundin, oder gar für die lieben Verwandten vom Lande „gute Plätze" zu einer außerordentlichen Vorstellung zu verschaffen? Wer lernt da den Theaterkassierer nicht kennen! Oder glaubt ihn doch kennen gelernt zu haben.

Denn was das Publikum so aus dem Schalter herausblicken sieht, das ist doch nur die schlechtere Hälfte des Allmächtigen, sein inferiorer Teil, würde ich sagen, müßte ich nicht Mißverständnisse fürchten. Dieser äußere Kassierer, der Kassierer des Publikums, ist gewöhnlich sehr selbstbewußt. Unhöflich, wenn die Geschäfte schlecht gehen, göttlich grob, wenn ein ausverkauftes Haus zu erwarten ist.

In kleinen Städten und auf Dörfern, wo der richtige Schmierenkassierer mit der stets geizigen Gattin des Direktors oftmals identisch ist, macht dieses Amt wohlwollender; die Naturalleistungen der Besucher, das Obst und die Eier, können nicht so knurrig hingenommen werden, wie bares Geld. Aber welch eine Geltung besitzt der Kassierer schon in der wohlhabenden Provinzhauptstadt. Hier ist er grob, hier darf er's sein. Teuer müssen die Theaterhabitués seine Freundschaft erkaufen. Es soll Fälle gegeben haben, in denen der Kassierer vom Direktor sein Amt pachtete und die Pachtsumme aus den reichlich fließenden außerordentlichen Einnahmen desselben bestritten wurde. Doch das alles geht nur den Kassierer als Erscheinung an. Wir aber wollen nicht vom Kassierer im Verhältnis zu seinem Chef reden, sondern vom Kassierer als Ding an sich.

Als solches ist der Theaterkassierer thatsächlich der einflußreichste Mensch in jeglichem Theaterverbande. Diese Wahrheit äußert sich mit rührender Unbefangenheit gerade bei den kleinsten Truppen, in der sogenannten Schmiere. Hier steht — wie schon erwähnt — der Kassierer dem Direktor häufig verwandtschaftlich sehr nahe, und da braucht er nicht erst lange Umwege, um seine Ansicht von dem Repertoir der Woche zur Herrschaft zu bringen. So lange der Geldmensch jedem Mitgliede der Bande 2—1 Mark als Resultat der „Teilung" in die Hand drücken kann, so lange ist das betreffende Stück

ein gutes. Basta. Gesprochen wird über ein so selbstver=
ständliches Ding gar nicht erst.

Der Kassierer des ständigen städtischen Theaters hat eine
nicht minder gewichtige Stimme bei der Wahl der Stücke,
aber er muß sich hierbei die Demütigung gefallen lassen, daß
ein anderer als er, der Direktor selbst, dem Namen nach die
Entscheidung fällt. Täglich zur bestimmten Zeit findet sich
der Herr Kassierer bei seinem Direktor ein und erstattet seinen
genauen Bericht über Anzahl und Gattung der abgesetzten
Billete, über die Ziffer der Freikarten und über die Gesamt=
summe der Einnahme.

Arme deutsche Dichter, die ihr euer trauriges Leben zur
Hälfte verbraucht habt, bevor es euch gelungen ist, eure schwer
geborene Tragödie bis zum Fegefeuer der ersten Vorstellung
zu schleppen! Arme deutsche Dichter, welche ihr in dem süßen
Gefühle eines scheinbaren Triumphes schwelgt, welche ihr von
einem „nicht allzu zahlreichen, aber distinguierten" Publikum
mit jubelndem Beifall ausgezeichnet worden seid, und welche
ihr nach der zweiten Vorstellung zu eurem Schrecken erfahren
müßt, daß eure „Irma von Thule" (oder wie die Tragödie
sonst heißen mag) vom Zettel abgesetzt worden ist. Arme
Dichter! Ihr verfallt natürlich einem leichten Verfolgungswahn.
Ihr klagt den Intendanten, den Polizeipräsidenten, ihr klagt
die erste Liebhaberin und den Intriganten an, deren Kabalen
ihr in eurem Unglück wittert, — ihr beschwört den Direktor,
euch den Grund für eure vermeintliche Verfolgung einzuge=
stehen. Der Direktor zuckt die Achseln. Soll er euch sagen,
daß sein Kassierer mit einer einfachen Ziffer eure Tragödie
vernichtet hat?

Ganz anders, ganz anders liegen die Sachen natürlich bei
den großen Kunstinstituten, bei den subventionierten Hoftheatern

der Residenzen. Die königlichen oder fürstlichen Bühnen von seinem Kassierer abhängig? Ein lächerlicher Einfall!

Die Möglichkeit verbietet sich schon durch die Unendlichkeit, welche einen kleinen Theaterkassierer von dem Herrn Intendanten, Exzellenz, scheidet. Als ob der Herr Intendant auch nur Zeit hätte, im Laufe eines Jahres nur ein' Wort mit einem der Kassierer zu wechseln! Nein, unnahbar thront seine Exzellenz im eleganten Büreau und sinnt, unterstützt von seinen getreuen Räten, über die Zukunft und die Ideale der deutschen Schauspielkunst nach. Mit keinem Laute darf ein so unbedeutender Unterbeamte, wie ein Kassierer ist, die weihevolle Stille dieses Raumes stören.

Höchstens die schriftlichen Kassenrapporte, welche die Verwaltung gar säuberlich und übersichtlich zu Nutz und Frommen des Chefs zusammengestellt hat, werden allwöchentlich mit innerem Widerstreben entgegengenommen und eingesehen. Natürlich muß ein verantwortlicher Chef dieselben bei seinem Repertoir-Entwurf zu Rate ziehen. Und wenn sie schließlich bei der Auswahl den Ausschlag geben, so liegt dies gewiß nur daran, daß die Zahlen der Kassenrapporte sehr bestimmte und unveränderliche Größen sind, während die Ideale des deutschen Theaters trotz aller Geistesarbeit des Chefs mit seinen Räten noch immer zu schwankend sind, um schon in dieser Woche Einfluß auf das Repertoir nehmen zu dürfen.

So waren bisher die thatsächlichen Zustände. Das Urteil des Theaterkassierers war die oberste Instanz für alle Kunstfragen, die mit dem Theater zusammenhingen, — nur eines fehlte dem Kassierer noch, die Anerkennung als erste Macht durch ein Kollegium von hinreichender moralischer Kraft. Die Vorgänge an jenem Hoftheater haben den thatsächlichen Zuständen endlich ihre rechtliche Geltung verschafft, sie haben dem bislang nur durch sein Kassenbuch, also durch brutale

Gewalt, herrschenden Kassierer die Huldigung einer hochmögenden Gesellschaft von Schriftstellern, Intendanten und Schauspielern eingebracht.

Die Geschichte wäre gar nicht komisch, wenn man sie ernst nehmen wollte. Aber wer wird es ernst nehmen wollen, wenn wieder einmal durch das Ergebnis einer Preisausschreibung ein bedeutender Dichter ein bischen in tiefster Seele verletzt wird? Warum hat er sich auch um den Preis mit beworben?

Wenn man die damaligen Vorgänge alles verwirrenden Beiwerks entkleidet, so bleibt ein Ding übrig, welches in der Logik ein circulus viciosus heißt, im gewöhnlichen Leben aber mit einem bedeutend deutscheren Wort bezeichnet zu werden pflegt. Das Statut bestimmte nämlich ungefähr, daß bei der Erteilung der Preise das Urteil des Publikums — das sollte wohl heißen: die Aufnahme, welche die Stücke bei demselben fanden — berücksichtigt werden sollte.

Wenn diese Bestimmung einen wirklichen Sinn haben sollte, so konnte es nur dieser sein: Die Preisrichter sollten nicht die Wirkung des gelesenen, sondern die des aufgeführten Dramas ihrem Urteile zu Grunde legen. Denn so lange überhaupt Preisrichter sich vereinigen, um aus einer Gruppe von Kunstwerken eines als das wertvollste zu bezeichnen, so lange muß die Fiktion aufrecht erhalten werden, daß in dem bestimmten Fache bei diesen Preisrichtern mehr Weisheit vorhanden sei, als bei tausend anderen Menschen.

Eine Nation von bildungsfrohen Kritikern — wie sie z. B. im kleinen das Berliner Thiergartenviertel mit seinen 3000 Premiere-Besuchern höchst lehrreich darstellt — brauchte keine Preisausschreibung und keine Jury. Wenn nun deutsche Regierungen dennoch von Zeit zu Zeit für das beste Drama und Ähnliches Preise aussetzen zu müssen glauben, so sprechen sie damit ihre Überzeugung aus, daß das deutsche Volk im all=

gemeinen noch nicht den Höhepunkt des Geheimratsviertels erreicht hat, d. h. daß unser Volk in seiner Eigenschaft als Publikum nicht ausreichende Bürgschaft für ein gediegenes Urteil leiste, d. h. daß es um unser gewöhnliches Theaterrepertoir schlimm bestellt sei. Die Aufgabe der Herren Preisrichter kann darum nur darin bestehen, daß sie aus dem Gedränge der Bühnenmanuskripte mit feinerem Kennerblick das Beste auszuwählen verstehen, daß sie gegenüber dem sonst unfehlbaren Kassenrapport — auch einmal den Standpunkt des leidenden Dramas vertreten.

Und nun ereignete sich das Wunderliche. Die Stimmen vereinigen sich auf das neue Werk eines der besten und vornehmsten Dramatiker unserer Tage, auf Adolf Wilbrandt. Sein Schauspiel wird zur Aufführung gebracht, die dortige Kritik ist nicht ganz einig über Wert und Unwert der Dichtung; darauf treten die Preisrichter, welche erst vor wenigen Wochen den Preis zuerkannt haben, abermals zusammen, der Kassierer erscheint vor ihnen, sagt seine Ziffern her und schüttelt den Kopf. Und die Herren Preisrichter kommen nach einiger Überlegung zu der Überzeugung, daß es doch nichts sei mit dem freien Gewissensurteil. Der Theaterbesuch und sein klingendes Resultat, das sich in klaren Zahlen ausdrücken läßt, das ist doch ein handgreiflicher Standpunkt, von welchem aus man deutlich vor sich blickt, weit hinaus bis — bis zum Jahresbudget.

Das Verdikt der Preisrichter soll ja wohl ein Stück als dasjenige bezeichnen, das den Herren Theaterdirektoren besonders ans Herz gelegt werden könne. Der klassische Wahrspruch der geehrten Jury aber sagt durch den Mund von einem Dutzend bedeutender Bühnenkenner:

„Dasjenige Stück soll von nun an am häufigsten gegeben werden, welches — am häufigsten gegeben wird. Wenn es aber aufhört, am häufigsten gegeben zu werden, dieweil es nicht mehr so zahlreich besucht wird, so braucht es nicht mehr so häufig gegeben zu werden." O weise Daniele!

Die Regierungen sollten aus diesem allerliebsten Resultate eine Lehre ziehen. Was braucht es fortan noch der Schriftsteller und Intendanten? Man entsende die ältesten Theaterkassierer in die Preisrichter-Kollegien und die Wahrheit wird kurz und bündig ans Licht kommen. Man ernenne zu Intendanten Kassierer, zu Lektoren Kassierer, zu Censoren Kassierer. (Letzteres wäre vielleicht wirklich nicht so übel.)

Und wenn die Zeit erfüllet sein wird, dann enthüllt sich vielleicht noch der Theaterkassierer als das alleinseligmachende Prinzip der deutschen Schaubühne, er macht dann nicht nur die Leiter des Theaters überflüssig, er ersetzt auch die Dichter und fertigt nach den Lehren seines Kassenbuches Stücke an, welche wenige Schauspieler beschäftigen, also ein geringes Spielhonorar beanspruchen, keinen Dekorationsaufwand und keinen Kostümwechsel nötig machen und dennoch die Schauspielhäuser bis zum letzten Plätzchen füllen in dreihundert auf einander folgenden Vorstellungen.

Die Zeit ist nicht mehr fern.

Hinter den Kulissen.

Trotz der Erfindung des Operngucters ist die Schwärmerei für die Herrlichkeiten der Bühnenwelt noch immer im Wachsen begriffen; man sieht durch das Glas deutlicher als früher das Wackeln der Papierkrone, die Schaumgoldflitter auf den Taftkleidern der Königin, die kirschrote Schminke auf ihren Wangen, den schwarzen Strich unter ihren Augen; dennoch vereinigen sich nach jeder Theatervorstellung die meisten Zuhörer in dem Wunsche, zu den Auserwählten zu gehören und auch einmal das Wesen hinter den Kulissen ansehen zu können.

Mann und Weib, alt und jung, vornehm und gering lauert auf den Augenblick, um durch die Spalte einer versteckten Thür zwischen die schmierigen Leinwandfetzen der Dekorationen schlüpfen und dort einem erhitzten Künstler die von Fettschminke glänzende Hand schütteln zu können. Diese Anziehungskraft der Kulisse hat schon manche schöne Wirkung ausgeübt, ihr verdanken wir es, daß der Schauspieler heute nicht mehr einen unehrlichen Beruf ausübt, daß er sogar in der heutigen Gesellschaft oft genug eine über seinen Horizont gehende Stellung einnimmt; ihr verdanken wir die zahlreichen Dichtungen —

von Goethes „Wilhelm Meister" bis auf den „Grünen Heinrich" Gottfried Kellers — in denen die Poeten ihr persönliches Verhältnis zur Kulissenwelt geschildert haben. Und da der Reiz, welchen die Kulisse ausübt, schließlich mit dazu hilft, um viele Theater mit Zuschauern zu füllen, die Bühnen aber trotz alledem zu den wichtigsten Kunstschöpfungen eines Volkes gehören, darum sei der Kulisse der Schaden, den sie stiften wird, gleich zur Hälfte verziehen.

Die Gefahr ist eine doppelte, je nachdem die Opfer der Kulisse ihr nur für einige Zeit oder für ihr ganzes Leben verfallen: die ersten, indem sie die Frucht ihres Berufes, ihr Vermögen, ihre Muße und ihren Namen auf den unersättlichen Altar legen, die zweiten, indem sie in ihrem Fanatismus hinter den Kulissen selbst ihren Beruf suchen und ihn finden als Schauspieler, Lampenanzünder, Kulissenschieber oder Einsager.

Die sogenannten Theaternarren, deren Leidenschaft neben ihrem sonstigen bürgerlichen oder adeligen Beruf hergeht, sind durchaus nicht zu bedauern; denn sie finden ihren Lohn für jeden Einsatz, den sie gewagt haben.

Wer in der Jugend seines Herzens wirklich die Kunst hinter den Kulissen suchte, der wird im Verkehr namentlich mit den jüngern Kräften oft hochfliegenden Plänen und aufmerksamen Schülern begegnen, denen nichts lieber ist, als ein kluges Gespräch mit gutgelaunten erfahrenen Bühnenfreunden.

Wer unter dem Komödiantenvolk nur Genossen von leichtsinnigen und schlimmern Streichen wittert, wird seine Rechnung auch nicht ohne den Wirt machen.

Und endlich sorgt die drollige Gesellschaft dafür, daß auch derjenige auf seine Kosten kommt, der sich aus Eitelkeit zur Klette berühmter Schauspieler macht. Die öffentliche Stimmung, die gedruckte wie geplauderte, spricht gern von Bühnenmenschen, und wer immer in ihrer Gesellschaft gesehen wird, gelangt so allmählich von selber zu der Ehre, unter den bekannten Persönlichkeiten genannt zu werden, welche etwa dem berühmten X. die letzte Ehre erwiesen haben.

Dieser ziemlich allgemeinen Regel gegenüber hat es wenig zu bedeuten, wenn ab und zu ein unbesonnener Kulissenanbeter zu Schaden kommt; auch die Verunglückten haben mit ihrem Ruin gewöhnlich nur einige Zeit gesteigerten Lebens bezahlt und darum nicht das Recht, fremde Leute anzuklagen. Selbst wenn einmal ein ungeratener Sohn seinen Eltern durchgeht, um sein bewundertes Gretchen in irgend einer Provinzstadt spielen zu sehen; wenn ein junger Beamter mit einer Schuldenlast ins Leben tritt, weil er durch die Masse der geworfenen Blumen alle Nebenbuhler aus dem Felde schlagen wollte; wenn ein Offizier seine Laufbahn verlassen muß, weil er die Rechnung eines großartig gelungenen Abschiedsessens für die gefeierte Sängerin Z. nicht bezahlen kann: immer folgt doch die Reue einem Vergnügen, welches darum kein geringeres war, weil es nicht allen Leuten beneidenswert erscheint.

Nein, man kann den Kulissenbummler um seines sonderbaren Geschmackes willen vielleicht auslachen; einen ernsthaften Grund zu einer Anklage gegen das Treiben der Schauspielerwelt bietet er aber nicht; auch dann nicht, wenn er einmal zufällig ausgeplündert worden sein sollte. Beutelschneider sind unter den Herren und Damen vom Theater nicht häufiger als in andern Ständen; und für die Leichtigkeit, mit welcher im Umgang mit Künstlern mitunter ein Vermögen zerbröckelt wird, trifft den einzelnen kaum eine Schuld.

Die alten Herren, seien sie Minister oder Zimmerleute, welche ihr bischen Zeit und Geld mit den Herrschaften vom Theater teilen, sind eben noch glücklich daran.

Aber die armen Falter, welche sich an dem Lichte der Lampen die Flügel verbrennen! Die armen jungen Leute, welche ihre Freude am Theaterspiel mit Begabung verwechseln und aus Liebe zu irgend einer elenden Komödiantin für Lebenszeit elende Komödianten werden!

Um ihretwillen kann man nicht oft genug die Schminke abwischen, welche das Leben hinter den Kulissen für jugendliche Einbildungskraft so verlockend macht. Jeder ernste und erfahrene Künstler wird es mir bestätigen: wenn es einen Ort auf Erden gibt, wo der Jüngling oder das begeisterte junge Mädchen sicher ist, vorzeitig seine Kraft, sein Feuer, seine Begeisterung, kurz was man auf deutsch seinen Idealismus nennt, einzubüßen, so ist es das Leben zwischen den bunten engen Kulissen eines kleinen Theaters. Von Hoftheatern brauche ich ja glücklicherweise nicht zu reden, weil dieselben begeisterten jungen Leuten, die sich noch keine Empfehlung verdient haben, bekanntlich verschlossen sind.

Wenn sich doch der schöne Idealismus wie Geld oder wie Kehricht sammeln ließe! Aus der Summe des Idealismus, der an den Leinwandzacken und Versatzstücken, an den Schminknäpfen und Hasenpfoten, in den falschen Rüstungen und Geschmeiden hängen geblieben ist, ließe sich ein Schatz aufspeichern, groß genug, um unsre ideallose Zeit für ein ganzes Menschenalter aufs neue zu versorgen. Aber der Idealismus ist unersetzbar wie das Leben. Die Kulissen sind nur ein großer Friedhof und mancher altgewordene deutsche Komödiant wird witzig vor lauter Bitterkeit, wenn er sich der holden Frühlingszeit erinnert, da er noch an den grünen Wald aus zerrissener Leinwand glaubte und an das Diadem von Blech und farbigem Glas, unter welchem die Königin sein Herz gefangen nahm.

Freilich, die Kulisse muß beleuchtet sein, soll ihre wunderbare Luftspiegelung bemerkbar werden.

Auf einer Studentenreise lernte ich die Mitglieder einer wandernden Truppe, einer sogenannten „Schmiere", genauer kennen. Ihr Liebhaber, im Leben ein hübscher, offener Jüngling, auf den Brettern ein unleidlicher Stotterer, klagte mir nach einer Probe beim Glase Bier sein Leid. Er sei ein Kaufmannssohn aus der Nachbarschaft, habe sich übereilt und könne nun von der Gesellschaft nicht mehr loskommen, wo er seit acht Tagen kaum zehn Kreuzer verdient und abscheuliche Genossen gefunden habe. Die Primadonna der Truppe, der zu Liebe er seinem Vater davongelaufen, sei einäugig und um die Hälfte älter als er; der Ton bei der Probe sei wieder schlimmer als unter Fuhr= knechten gewesen. Und mit jugendlichem Eifer berieten wir einen Plan, ihn aus seiner Umgebung zu erlösen.

An demselben Abend wurde „die Regimentstochter" gespielt, freilich ohne Orchester und Chor. Und als die Primadonna beim Scheine von sieben Petroleumlampen ihr „Heil dir, mein Vaterland!" gesungen hatte und die ganze Kegelbahn (der Zu= schauerraum) Beifall klatschte, da trat der Liebhaber zu mir hinter die Kulissen und rief:

„Sie ist göttlich! Sie ist verkörperte Kunst! Für sie laß ich mein Leben!"

Luise.

Er war zweiundzwanzig Jahre alt. Er war schlecht genug, in dem bürgerlichen Berufe eines Kunstweinfabrikanten nicht sein Genügen zu finden, nicht aber so schlecht, daß er deshalb gleich an die Börse oder unter die bösen Journalisten gegangen wäre. Nein, er besaß noch etwas von dem edlen Idealismus des achtzehnten Jahrhunderts, er wurde ein deutscher Komödiant.

Selbstverständlich war er verliebt und auch seine Geliebte hatte es satt, sich bei Tage von den Kindern ihrer Herrschaft quälen und abends von der Herrschaft selbst schelten zu lassen. Sie hieß Luise und glaubte an ihn. Sie wollte in „Kabale und Liebe" mit ihm spielen und sterben und nannte ihn darum Ferdinand. Eigentlich hieß er Aloys.

Ich will nicht erzählen, wie er seit dem Tage seiner freien Berufswahl, also nun seit zwei Jahren, in sieben Städten und neunundzwanzig Dörfern mimte, während Luise nur auf sein festes Engagement wartete, um in seine Arme zu fliegen. Genug, augenblicklich war er erster Liebhaber in W... unter dem bekannten Direktor S...

Er war schon der Verzweiflung nahe gewesen, als er noch in höchster Not diese Stellung fand. Im Monat Mai hören die Wintertheater zu spielen auf, und viele Tausende deutscher Komödianten stehen brotlos auf der unfreundlichen Straße oder in dem überfüllten Vorzimmer eines Theateragenten. Das Leben der vacirenden Schauspieler ist nicht lustig „im wunderschönen Monat Mai". Also Ferdinand war glücklich, „für fünfzig Mark monatlich" ein Künstler des Direktors S. zu sein, er durfte hoffen, im Laufe des Sommers seine dringendsten Gläubiger — auf den Winter vertrösten zu können, seine Garderobe in Stand zu setzen und seiner geliebten Luise einige ihrer luxuriösen Launen zu befriedigen.

Vier Wochen später war Luise für zwanzig Mark monatlich die erste Liebhaberin in der Truppe des Direktors S...

Direktor S... selbst — das „alte Meerschwein" war der einzige druckfähige unter den vielen Beinamen, die er führte, — konnte unter der damals drohenden Gesetzgebung ein sehr nützliches Mitglied der menschlichen Gesellschaft werden. Wie das Lazaretpferd der Tierarzneischule alle erdenklichen Pferdekrankheiten auf einem Bilde vereinigt, so war S... aus allen gesetzlichen Gründen der Direktor, wie er nicht sein soll. Man brauchte nur die aktengemäße Biographie des alten Meerschweins an alle Bürgermeister und Polizeigewaltigen zu senden, um ihnen alle möglichen Fälle mitzuteilen, in denen einem Bewerber wegen finanzieller, artistischer und moralischer Gebrechen das Theatergewerbe zu verbieten sei.

Seine starke Seite waren die Finanzen. Er hatte zwar fünfmal ehrlichen Bankerott gemacht und einmal einen betrügerischen, er hatte zwar niemals soviel bares Geld, um seine Zeche zu bezahlen, seine Dekorationen und Garderobestücke waren zwar gleichzeitig an mehrere Kunstfreunde verpfändet, aber das hinderte ihn nicht, seiner Gesellschaft ein wahrer Vater zu sein. Wenn die Frau Direktor des Sonntags an der Kasse recht viel eingenommen hatte, so konnte mitunter

die drittletzte Monatsgage erkämpfen, wer Mut und kräftige
Arme hatte. Auch verbürgte sich das Meerschwein sehr bereit-
willig für die Mitglieder seiner Gesellschaft. Er löste seine
Bürgschaft freilich niemals ein, aber er hielt doch soweit auf
Ordnung, daß er dem säumigen Schauspieler regelmäßig einen
Abzug an der Gage notirte. Nach besonders glänzenden Einnahmen kam es sogar vor, daß S... seiner Bande ein Fäß-
chen Bier ponirte. Also: die Finanzgebahrung des Meerschweins
bildete die lichte Seite seines Charakters.

Etwas bedenklicher stand es um seine artistische und litterarische
Bildung. Das alte Meerschwein gehörte eben auch der alten
Schule an.

Er konnte zwar merkwürdig gut lesen, wenn auch mit einem
starken schwäbischen Dialekt. Er war in seiner Jugend selbst
Schauspieler gewesen und hatte beim Einstudieren seiner Rollen
das Lesen fast von selbst gelernt. Aber mit dem Schreiben
ging es nur schwach. Es war ihm ganz gleichgiltig, ob er
Wallenstein mit oder ohne „h" schrieb. Von der deutschen
Litteratur wußte er nur das Eine mit Bestimmtheit, daß
Schiller mit seinen „Karlsschülern" volle Häuser mache.
Von seinen Künstlern verlangte er darum auch nicht zu viel
Wissenschaft. Die Frau Direktor, welche für ihn die Theater-
zettel schreiben mußte, verachtete ihn auch gründlich und weinte,
so oft sie zuviel getrunken hatte, darüber, daß das Schicksal
sie an einem Mann gekettet, der sie nicht verstand.

Ließ also schon seine Zuverläßigkeit in orthographischen
und in idealen Fragen manches zu wünschen übrig, so war
er in moralischer Hinsicht in der That unmöglich. Daß er
persönlich ein abgefeimter Spitzbube war, ging vielleicht
niemanden was an. Daß er sich seiner Gemahlinnen — er
hatte jetzt die vierte — mit einer Derbheit zu entledigen pflegte,
die seiner Aufrichtigkeit alle Ehre machte, war nur eine Eigenart

des Egoismus, die er mit andern genialen Menschen teilte. Aber er trieb es in allen Dingen zu toll. Er duldete und begünstigte unter seinen Künstlern und Künstlerinnen Sitten, welche selbst freidenkende Männer nicht geradezu billigen konnten. Auch seine Unterwürfigkeit gegen den hohen Adel und das p. t. Publikum ging vielleicht zu weit. Wenn er gerade in mittleren Städten Vorstellungen gab, in denen der Verkehr von Garnisonen und Geschäftsreisenden den Geschmack an hauptstädtischen Vergnügungen geweckt hatte, so bot er seinem Parterre nicht nur die unübersetzbarsten Produkte der Pariser Vorstadtbühne, sondern zwang seine tief empörten Künstlerinnen sogar, in mimoplastischen Gruppen von hellenischer Freiheit mitzuwirken. Es läßt sich nicht leugnen, daß Direktor S... sehr böse werden konnte, wenn Luise die jugendliche Naive, den Enthusiasmus nicht gleich zu würdigen wußte, den sie in einem solchen antikisierenden Kunstwerke als jüngste der Grazien erregt hatte. Und wenn ich bedenke, daß ich von dem Meerschwein noch andere Dinge weiß, die ich hier nicht erzählen kann, so muß ich bekennen: Direktor S... war wirklich kein ganz anständiger Mensch.

Niemand in dem guten Städtchen W... aber war deshalb böse auf ihn. Man hatte doch endlich wieder einmal ein Theater im Ort, und konnte sich dem seltenen Genuß ganz hingeben. Da W... von der Kultur noch nicht im mindesten beleckt war, verzichtete das Meerschwein gern auf die Entfaltung seiner mimoplastischen Talente und auf die Vorführung der teuren Operetten; er überließ seinen Helden und Intriguanten das Feld, und seit sechs Wochen erschütterten Schiller, die Birchpfeifer und Shakespeare die Gemüter der schönen W...-erinnen. Die Vorstellungen waren erbärmlich, die Einnahmen bettelhaft, wenn wir Residenzler sie mit unsern Maßstäben messen würden, aber man maß eben nicht mit unsern Maßstäben. Die kleine Gesellschaft spielte flott darauf los, und unter denkwürdigen Eifersüchteleien, himmelstürmenden Plänen, unvergeßlichen Rollenstreitigkeiten, tosenden Triumphen, unter Thränen der Not und der Begeisterung, unter dem Lachen der Jugend und der Verzweiflung ging das unstäte Zigeunerleben fort, aus dessen Tiefen das deutsche Theater erwachsen ist und sich immer wieder neu rekrutiert.

Eines Tages wurde dem Direktor mitgeteilt, daß sittlichere Gesetze in Aussicht stünden. Man werde ihm von jetzt ab auf die Finger sehen und wahrscheinlich bald die Konzession entziehen müssen. Das alte Meerschwein ging zwei Tage ernster als gewöhnlich umher. Am dritten verschwand es, der schnellste seiner Gläubiger entführte das Inventar, die Frau Direktor mußte ins Krankenhaus gebracht werden, die Gesellschaft lag auf der Straße. Man kann nicht einmal „auf Teilung" spielen, wenn man keine Kostüme, keine Soufflierbücher und keine Rollen hat. Und das Unglück mußte gerade im Frühling hereinbrechen, wo keine, gar keine Aussicht auf Hülfe war.

Luise äußerte über ihr Fortkommen Gedanken, welche ihrem Ferdinand nicht gefielen. Er machte ihr den Vorschlag, mit ihm zusammen zu sterben.

Doch bevor sie noch antworten konnte, erzählte er wieder von einem glänzenden Antrage; beim Abschied versprach er ihr ewige Treue. Er würde sie heiraten, wenn er erst vom Wiener Burgtheater das Dekret in der Tasche hätte.

Der ehemalige Direktor S... hat inzwischen in Berlin ein Bierlokal mit Damenbedienung eröffnet. Es geht ihm gut. Luise steht wieder in seinem Dienst.

Ein sehr beliebtes Getränk dieser Kneipe wird von den Stammgästen Luisenlimonade genannt.

Die Zubereitung ist einfach: eine halbe Zitrone, sehr viel Zucker, zwei Teile Arrac, ein Teil Wasser.

Helle geworden in Berlin.

Beim Mittagessen hatte das Pärchen, das den heitersten Wiener Julisonntag zu einem Ausfluge auf den Semmering benützte, den freundlichen Berliner kennen gelernt, einen dicklichen Mann mit der Kartoffelnase des Kladderadatsch-Kopfes und begehrlichen Augen hinter feierlichen, in Gold gefaßten Brillengläsern.

Am späten Abend, als man zusammen nach Wien zurückfuhr, stellte er sich als der Geheimrat Lehmann vor, dem die gelesenste Zeitung und das besuchteste Theater von Berlin gehörte. Er hatte inzwischen die ganze Lebensgeschichte der jungen Leute kennen gelernt, die einander „Du" und Ludwig und Fanny nannten.

Ludwig Laczi erteilte Privatunterricht in der deutschen, ungarischen, italienischen und lateinischen Sprache. Er war zwar fast in keiner davon recht fest, aber er setzte mit Recht voraus, daß derjenige noch weniger verstand, der bei ihm Unterricht nehmen wollte. Außerdem wartete er auf die Aufführung seiner Tragödie „Helena".

Sie war leider in antiken Trimetern abgefaßt, sonst hätte das Burgtheater sie längst aufgeführt, und er hätte seine

Geliebte geheiratet. Fanny Fernhofer und Frau Wolter waren beide über die antiken Trimeter unglücklich.

Frau Wolter sollte die „Helena" spielen.

Fanny Fernhofer aber war vorläufig nur in engsten Kreisen als Talent bekannt. Sie lebte im Hause ihrer einzigen Verwandten, einer geizigen Tante: sie glaubte an Laczi, bildete sich zur dramatischen Sängerin aus und hatte immer eine Düte mit verzuckerten Früchten in der Tasche. Daß sie ihren Ludwig mit seinem pechschwarzen Schnurrbart und seiner lederbraunen Hautfarbe schön fand, war Geschmacksache. Sie selbst war jedenfalls hübscher. Ihre kleine volle Gestalt in dem dunkelblauen Kattunkleide, ihr fein gerötetes Gesichtchen unter dem breiten, formlosen „Landpartie-Strohhut" mußte einem jeden gefallen. Auch der Berliner Geheimrat wurde nicht müde, ihr in die ungeduldigen braunen Augen zu schauen.

Gegen Mitternacht erst trennte man sich mit so herzlichen Händedrücken, als ob man noch mehr von des Geheimrats Wein getrunken hätte.

Laczi wollte den Kunstfreund in seine Wohnung schleppen und ihm ein paar Seiten Trimeter vorlesen. Da aber Fanny dazu ein halbes Pfund „Zuckerln" gebraucht hätte und kein Zuckerbäckerladen mehr offen war, wurde der Plan wieder aufgegeben.

„Sie müssen nach Berlin kommen!" hatte der einflußreiche Mann wohl ein dutzendmal zu Fanny gesagt.

Und auf ihren Schwur, ihr Schicksal nicht von dem Laczis zu trennen, hatte er endlich gebrummt:

„So kommen Sie beide nach Berlin! Ich will Sie beide machen! Mit Fräulein Fanny wird's leicht gehen! Die ist helle!"

* * *

Seit Ende August war das Pärchen wirklich in Berlin und suchte den Geheimrat Lehmann. Die geringe Barschaft war beinahe aufgezehrt, bevor sie herausbrachten, daß Lehmann ein reicher Kommissionsrat war, der sich mit seinem Gelde an einem großen Wochenblatte und einem Operettentheater beteiligte. Augenblicklich war Lehmann irgendwo an der Nordsee.

Laczi wollte sofort wieder nach Hause fahren. Fanny aber verlor ihr Vertrauen nicht. Sie hatte sich zu dem dunkelblauen Kleide einen Rubens-Hut von gleicher Farbe gekauft, strich vergnügt durch die elegantesten Straßen und suchte mit strahlenden Augen in den Auslagen die Stoffe aus, mit denen sie sich im Winter kleiden wollte. Einen meergrünen Plüsch in einem großen Schaufenster der Leipzigerstraße betrachtete sie schon als ihr Eigentum.

Heimlich machte sie bei Theateragenten und den wenigen in der Stadt verbliebenen Direktoren ihre Besuche. Sie verließ die Herren jedesmal in bester Stimmung, so viel Schmeichelhaftes wurde ihr über ihr Bühnengesicht und über ihre drollige Sprache gesagt. Eine Stellung fand sie nicht.

Einem alten Sänger von der Hofoper durfte sie Arien aus dem „Orpheus" von Gluck vorsingen. Es war die einzige Partie, welche sie vollständig studiert hatte. Auch besaß sie für die Oper ein sehr kleidsames Kostüm, in welchem sie gar nicht klein und vor allem gar nicht unbedeutend aussah.

Sie setzte häufig zu tief ein. Na, das thaten andere auch.

Ihre Stimme war nicht groß genug. Du lieber Himmel, und die Patti?

Aber ihre Gestalt war nicht groß genug. Da war freilich alles umsonst.

Laczi lebte seit ihrer Ankunft von früh bis abend im Café Kaiserhof. Er haßte Berlin. Im Café hatte er Wiener

Blätter, Wiener Gebäck, Wiener Kellner. So saß er denn täglich hinter der großen Spiegelscheibe dem Reichskanzler=palais schräge gegenüber und verfluchte seine Übereilung. Jetzt hatte er nicht mehr so viel im Vermögen, um für sich und Fanny die Rückreise bezahlen zu können. Das Leben in Berlin war zwar nicht teuer, die beiden möblierten Stuben bei Frau Dräsicke draußen vor dem Rosenthaler Thor waren sogar spott=billig; und doch rann das Geld wie Wasser fort. Fanny brauchte Stiefel, Handschuhe und einen Sonnenschirm; die „Helena" mußte zweimal abgeschrieben werden, und jedesmal, wenn er die Handschrift an eine Bühne abschickte, mußte ja doch eine Flasche Wein getrunken werden.

Im Leben eines Künstler ist das nicht anders. Wer nicht mehr selber an seine Zukunft glaubt, der ist verloren. Wer an seine Zukunft glaubt, der ist seines Erfolges sicher. Wer aber seines Erfolges sicher ist, kann den Sieg ebenso gut heute, wie später einmal, mit einem edlen Tropfen feiern.

Herr Barnow, sein Stubennachbar bei Frau Dräsicke, war sein einziger Freund. Barnow hatte Medizin studiert, aber niemals Geld genug gesessen, um die Staatsprüfungen abzu=zulegen. Jetzt war er 40 Jahre alt, ernährte sich mit Korre=spondenzen für kleine Provinzblätter und gab immer noch die Hoffnung nicht auf, so viel zu ersparen, daß er Doktor und Arzt werden konnte.

Barnow ging dem Pärchen mit Rat und That an die Hand. Er wies die billigsten Gasthäuser nach, bürgte bei Frau Dräsicke für Kaffee, Butterbrot und Bier, und stellte für alle Fälle seine ganze Hausapotheke zur Verfügung. Er und Laczi blieben fast den ganzen Tag beisammen, weil der alte stud. med. die Gewohnheit hatte, seine Korrespondenzen an einem kleinen Tische im Café Kaiserhof zu schreiben.

Als gegen Ende September das letzte Goldstück Laczis

gewechselt war und der Zahlkellner des Café bereits acht
kleine Schwarze zu fordern hatte, überließ Barnow dem Dichter
ohne viel Worte zu machen, zwei seiner kleinsten Blätter;
eines erschien im Riesengebirge, das andere in Thüringen.

„Sie zahlen nicht viel und nicht pünktlich, manchesmal
auch gar nicht," sagte er trocken. „Aber es ist doch immer
ein Anfang."

Nach acht Tagen hatte Laczi beide Zeitungen wieder ver=
loren; der ersten hatte er einen liberalen Artikel abgeschrieben,
trotzdem es ein ultramontanes Blättchen war, und der zweiten
gegenüber hatte er ein neues Stück unerwähnt gelassen, weil
er — aus Geldmangel — nicht im Theater gewesen.

Laczi freute sich eigentlich, als er von dieser unwürdigen
Beschäftigung wieder erlöst war. Seine Ungeschicklichkeit war
nur ein Zeichen seiner höheren idealeren Sendung. Der
Dichter der „Helena" war für die Tretmühle der Journalistik
nicht geschaffen. Er erzählte dem Freunde beinahe höhnisch
sein Unglück.

„Sie sind nicht helle genug für Berlin," sagte Barnow
verdrießlich, als er den letzten Fall vernahm. „Da habe ich
zwei Korrespondenzen eingebüßt und Sie haben nicht einmal
einen Vorteil davon."

„Nicht helle genug! Schon wieder das verdammte Wort!
Geh'n's, lieber Barnow! Ich will ja gern hell werden! Was
ist's denn damit? Heißt es so viel wie klug?"

„Das ist nicht zu erklären, Herr Laczi! Der klügste Mensch
ist ein Narr, wenn er nicht helle ist. Schlau, gerieben, das
ist noch nicht das Rechte. Fräulein Fernhofer ist helle, Sie
sind es eben noch nicht."

An dem Tage, da Laczi dem Zahlkellner zwanzig kleine
Schwarze schuldig wurde, begegnete Fanny Fernhofer dem
Kommissionsrat Lehmann plötzlich vor dem Laden eines

Juweliers. Lehmann zeigte sich als Mann von Wort. Er kaufte seinem Schützling auf der Stelle einen silbernen Glücks= reif mit einem vergoldeten Schweinchen und führte ihn dann zu „seinem" Direktor. Fanny sollte Probe singen. Der Kommissionsrat lachte laut, der Direktor lächelte, als sie auch hier eine Arie von Gluck vorschlug.

Am folgenden Morgen schon erhielt sie durch den Theater= diener die Parte der Aurora aus „Orpheus in der Unterwelt" zugeschickt. Nach drei Tagen war sie mit dem Studium, nach acht Tagen mit dem kurzen Kostüm fertig. Sie trat auf und gefiel.

„Die Offiziere waren entzückt," sagte der Kommissionsrat mit Kennermiene. Und Fanny Fernhofer wurde engagiert. Sie bezog eine hübsche Wohnung, man geizte nicht mit Vorschüssen.

Nun war die Reihe an Laczi, durch den Kommissionsrat sein Glück zu machen. Das ging aber bei ihm nicht so schnell wie bei der jungen Dame. Zweimal ließ Herr Lehmann sich verleugnen; und als er den Dichter endlich empfing, rief er ihm gleich ärgerlich entgegen:

„Was wollen Sie denn noch mehr? Ihre Fanny ist glänzend untergebracht und wird sogar schon undankbar gegen mich."

Laczi schilderte jedoch so treuherzig den Bombenerfolg, den „Helena" haben müßte, daß der Kommissionsrat neugierig wurde. Er versprach, das Manuskript lesen zu lassen. Es selbst zu lesen, lehnte er mit ironischem Danke ab.

Als Laczi nach einigen Wochen wieder Zutritt erlangte, empfing ihn Lehmann mit dem heitersten Lachen.

„Ganz wie die Fernhofer," rief er, „die auch mit ihrem alten Gluck aufkommen wollte. Geben Sie den Plan auf, fürs Theater zu schreiben! Die Worte sind zu lang, die Verse sind zu lang, jeder Akt und das Ganze ist zu lang. Unsinn! Kommen Sie mir nicht wieder mit solchen Tragödien! Im übrigen will ich sehen, was ich für Sie thun kann. Mein Wochenblatt bringt ein Bild von der Fernhofer. Sie hat sich dazu erst photographieren lassen müssen. Schreiben Sie dazu die Biographie; Sie kennen sie doch genauer als die andern!"

Laczi schrieb die Biographie, für welche ihm (samt Überschrift) 124 Zeilen zur Verfügung standen. Vierzehn davon waren dem genialen Tragödiendichter gewidmet, welcher den Liebling des Publikums bei seinen ersten Schritten auf den Brettern, welche u. s. w., geleitet hatte.

Der Artikel that seine Schuldigkeit. Laczi erhielt ein Goldstück und hübsche Züge aus dem Leben der Gefeierten gingen durch die ganze Presse.

Während Fanny Fernhofer rasch in der Gunst des Publikums und des Direktors stieg, kämpfte Laczi mit bitterlicher Not. Er war oft genug der Gast seiner Geliebten; doch war er zu stolz, um sich von ihr ernsthaft unterstützen zu lassen.

Er hatte freien Eintritt in ihr Operettentheater und durfte für Lehmanns Wochenblatt ab und zu kleine Notizen über Lehmanns Bühne schreiben. Auch gab man ihm im Winter eine ungarische Novelle, die das Blatt um ein Geringes erworben hatte, zum Übersetzen. Das war sein ganzes Einkommen; Frau Dräsicke und der Zahlkellner mußten manche kleine Mahlzeit, Barnow mußte manchen Thaler borgen, wenn Laczi sich noch über Wasser halten sollte. Barnow warf ihm oft freundschaftlich seinen Müßiggang vor. Laczi erwiderte, er studiere Berlin.

Laczi hatte seine „Helena" noch von sechs Bühnen zurückerhalten, hatte sich zweimal mit Fanny entzweit, sich einmal mit ihr versöhnt, als der Sommer wieder kam und die Theater geschlossen wurden. Der Dichter der „Helena" erfuhr von Freunden, daß Lehmann und die Fernhofer sich in demselben Nordseebade erholten.

In dem Babekoſtüme, welches angeblich Aufſehen machte, erkannte Laczi leider das antike Männergewand, welches für die erſte Aufführung des Gluck'ſchen Orpheus beſtimmt geweſen war. Er zeichnete aus Racheluſt eine Karikatur auf das Marmortiſchchen im Café und begann über die Möglichkeit nachzuſinnen, wie er Fanny und Berlin verlaſſen könnte. Der Zahlkellner war ſchon ſchwierig geworden und wiſchte die Karikatur mißbilligend vom Marmor weg.

Und ſchon war es Herbſt geworden. Laczi hatte ſein letztes Buch beim Antiquar verkauft, hatte ſeine Uhr verſetzt und brütete verzweiflungsvoll über dem unklaren Gedanken, ſeine „Helena" irgendwo zu verpfänden. Natürlich ſaß er im Café Kaiſerhof; es war Eſſenszeit.

Da hielt eine offene Droſchke vor dem Eingang. Fanny Fernhofer winkte ihm ungeduldig, herauszukommen.

„Haſt Du Deine „Helena" bei Dir?"

Errötend geſtand es Laczi ein.

„So komm' gleich mit! Der Direktor wartet."

Auf dem Wege gab ſie eine kurze Erklärung. Man befand ſich in Verlegenheit um ein neues Zugſtück für die Weihnachtszeit. Da war dem Direktor eine Balletmuſik eingefallen, welche das Theater vor Jahren einem hungernden und inzwiſchen auch verhungerten Muſiker abgekauft hatte. Der urſprüngliche Titel lautete: „La France"; das war jetzt unpopulär. Der Kapellmeiſter hatte die Muſik durchgeſehen und ſich bereit erklärt, einige Nummern hinzuzukomponieren; der Regiſſeur hatte aus dem Vorrat von Dekorationen und Koſtümen die griechiſcheſten ausgeſucht; das neue Werk ſollte „Helena" heißen. Wenn eine Stunde lang Text dazu geſprochen wurde, ſo füllte das Ballet den Abend; und wenn die Fernhofer als Helena auftrat und ſang, ſo war der Erfolg ſicher.

Man wollte die Stunde Text von einem wohlfeilen Ge-

legenheitsdichter schreiben lassen; aber Fanny hatte sich bei
Zeiten ihres treulosen Freundes erinnert.

Im Bureau des Theaters saßen der Direktor, der Regisseur,
der Kommissionsrat und der Schneider. Als Laczi eintrat, rief
Lehmann:

„Schnell! Lesen Sie uns Ihre langen Verse vor! Aber
nur die Hauptsache! Wir können nur ein Viertel gebrauchen."

Der erste Akt, „Der Raub der Helena", fand einigen Beifall.

„Hundert Zeilen sind zu verwenden," sagte der Regisseur,
„wenn Sie aus jedem ein überflüssiges Wort streichen."

„Eigentlich ist es schade drum," meinte der Direktor, „es
sind so komische Verse. Man würde viel lachen."

„Diese italienischen Fischerknaben werden neue Hosen
brauchen," rief der Schneider. „Doch das ist nicht teuer.
Glanzkattun!"

Lehmann nickte beifällig, und der zweite Akt, „Die Be=
lagerung Trojas", wurde vorgelesen. Er gefiel dem Schneider.
Aber der Direktor rief ärgerlich:

„Machen Sie da 'nen dicken Strich durch. Wir behalten
nur die eine Geschichte, wo der Mann den Tod von dem
Dingsda beschreibt."

„Den Tod des Achilleus?"

„Nein, von dem andern, von dem mit dem Hundenamen!
Haben wir genug römische Kostüme für die Schlacht?"

Der dritte Akt, „Kassandra", mißfiel allgemein.

„Da hilft nur eins," entschied der Regisseur. „Kassandra
tanzt die Geschichte Griechenlands mit lebenden Bildern. Zu
dem hübschen Walzer müssen Kouplets gesungen werden."

Laczi fühlte, wie ihm der Schweiß durch die Poren drang.
Er biß in seinen Schnurrbart und fragte endlich:

„Unter welchen Bedingungen . . . . ?"

„Sie bekommen 2 Prozent von der Gesamteinnahme!"

„Nun, so mag Kassandra in drei Teufels Namen tanzen!"

Die Stimmung der Gesellschaft wurde behaglicher. Der vierte Akt „Die Zerstörung von Ilion", erntete reiches Lob. Dem Dichter wurden zweihundert Verse bewilligt. Nur mußte er versprechen, den Monolog der Helena, der anfing: „Fremd kehr' ich aus der freundgeword'nen Ferne heim", in schlichtere und kürzere Zeilen zu bringen. Und gereimt sollte die Stelle sein, wegen der melobramatischen Begleitung. Für 2 Prozent konnte man Reime verlangen.

Der letzte Akt, „Das Gericht", trug einen vollen Sieg davon. Helena wurde als Gefangene nach Sparta gebracht. Ihrer Schönheit aber huldigten ihre Wächter und ihre Richter, die Schatten der erschlagenen Griechen und selbst die Götter; mit Blumen geschmückt, wurde sie zu einem thronartigen Altar geführt und dort von den Witwen, welche der lange Krieg geschaffen, ermordet.

„Die Witwen sind sehr gut!" rief der Schneider. „Graue Gaze. Natürlich darf Helena nicht ermordet werden. Apotheose muß sein!"

„Natürlich Apotheose," brummte der Direktor. „Wozu hätten wir denn das teure elektrische Licht?"

Laczi wagte nicht zu widersprechen.

„Und wie bringen wir die Weihnachtsbäume an?" fragte plötzlich der Regisseur.

Laczis leberbraunes Gesicht färbte sich rot. Er schlug mit der Faust auf den Beratungstisch und schrie:

„Ich dulde keine Weihnachtsbäume in meiner „Helena"! Es ist zu viel, ich..."

Doch Fanny unterbrach ihn:

„Sei doch nicht so ungemütlich!"

Alle redeten ihm zu, und er gab seine Zustimmung zu

den schneebedeckten Tannenbäumen, welche den Rahmen zur Apotheose bilden sollten.

Kurz vor Weihnachten wurde das Ballet „Helena" zum ersten Male aufgeführt. Auf dem gewaltigen Theaterzettel stand Laczis Name neben dem des Kapellmeisters und des Regisseurs. Wie der verhungerte Komponist geheißen hatte, wußte niemand mehr.

Der Erfolg war vollständig.

Anfangs Februar trat Laczi, der längst nicht mehr bei Frau Dräsicke wohnte und dessen neuer Zobelpelz allgemeine Achtung einflößen mußte, ins Café Kaiserhof; der Zahlkellner grüßte ihn mit intimer Unterwürfigkeit. An dem Marmortischchen neben dem Eckfenster schrieb Barnow einen politischen Artikel.

„'n Tag, lieber Freund," sprach Laczi. „Wir feiern heute nach dem Theater die fünfzigste Aufführung meiner „Helena". Ich komme eigens her, um Sie einzuladen."

„Ich danke ihnen bestens, Herr Laczi, ich habe keine Zeit. Auch passe ich kaum in so berühmte Gesellschaft. Es geht Ihnen gut? Sie haben sich rasch verändert."

„Was!?" rief Laczi und schlug den Zobelpelz auseinander. „Ich bin helle geworden in Berlin!"

Menschenausstellungen.

I.
Im zoologischen Garten.

Menschenausstellungen gelten gerade in der besten europäischen Gesellschaft nicht für unanständig. Die schönsten und vornehmsten Damen der Hauptstädte verschmähen es nicht, sich mit ihrem kostbarsten Schmuck zu behängen und bei einer ersten Vorstellung im Theater ohne Gage mitzuspielen. Und bei einem großen öffentlichen Balle ist die Menschenausstellung mit solchen Freiheiten verbunden, daß manch ein Wilder sich über die Nachsicht der betreffenden Gatten und Väter mit Recht wundern würde.

Afrikareisende erzählen wenigstens, daß die Negerweiber um so verhüllter erscheinen, je größer die Zahl der Zuschauer ist. Bei uns gestattet die Sitte das Umgekehrte.

Es gibt auch Menschen, welche sich nicht freiwillig oder doch nicht zu ihrem Vergnügen der öffentlichen Besichtigung preisgeben, Menschen, welche eine Absonderlichkeit an sich tragen, Riesen und Zwerge, welche wie Kälber mit zwei Köpfen oder wie ungeheure Birnen von der Menge gern angegafft werden.

Solche Abnormitäten sind fast so traurig daran, wie die Hofnarren des Mittelalters. Aber sie sind doch unter uns civilisierten und humanen Europäern nicht verraten und verkauft; sie sind unter uns aufgewachsen, freilich entweder zu viel oder zu wenig, sie kennen unsre Gesetze und Sitten, sie dürfen mit ihrem Mieter einen auch für sie vorteilhaften Vertrag schließen, kurz, sie sind eben so human und civilisiert wie wir andern und verstehen es oft vortrefflich, den Kampf ums Dasein mit den gewöhnlichen Menschen auszufechten.

Seit einigen Jahren hat die fortschreitende Gründlichkeit und Güte unsres Geschlechtes eine neue Form der Menschenausstellungen erfunden. Ein weltbekannter Tierhändler hat mit seinem Geschäft in Löwen, Affen und Schlangen noch einen Nebenzweig verbunden: die Einfuhr von wilden Völkerschaften.

Eine Anzahl von Männern, Frauen und Kindern aus Feuerland, Grönland, Centralafrika oder dem fernsten Asien wird durch die europäischen Großstädte geführt und zum Beispiel zu Berlin im zoologischen Garten, genau in der Mitte zwischen den Wohnungen der reißenden Tiere und der Wiederkäuer in ihrem sogenannten Urzustande gezeigt. Und niemand scheint ein Arg darin zu finden, daß in der großartigen Menagerie neben den merkwürdigsten Geschöpfen der Tierwelt, neben der rauschenden Musik, dem plätschernden Wasser und dem guten Bier auch noch fremdartig gefärbte lebendige Menschen zur Unterhaltung geboten werden. Vor hundert Jahren, als die Lehre von den allgemeinen Menschenrechten sich in der Form von Jean Jaques Rousseaus Kulturhaß zu entwickeln begann, hätte man es nicht so bald wagen dürfen, im Herzen Europas seltene Menschen neben seltenen Tieren der Schaulust preiszugeben. Damals war man geneigt, in dem nordischen Thrantrinker wie in dem südlichen Adamiten ein besseres Wesen zu erblicken, dem nachzueifern die Hauptaufgabe von Europas übertünchter Höflichkeit wäre.

Heutzutage hat eine schadenfrohe oder dünkelhafte Mißgestaltung Darwinistischer Lehren die nach unsern Begriffen ungebildeten Stämme dem Tierreich nahe gerückt, und man findet es in der Ordnung, wenn schwarze oder gelbe Menschenkinder zwischen Widerkäuern und Raubtieren ihren Platz finden. Die Annäherung an das Tierreich hat aber nicht etwa eine größere Liebe zu den Tieren, sondern nur eine größere Verachtung gegen die Naturmenschen zur Folge gehabt.

Unter der Weltanschauung, welche vor hundert Jahren die allgemeine war, führte die Kenntnis fremdartiger Menschen und Sitten zu einer großartigen Vorurteilslosigkeit, zu jener Unbefangenheit des Urteils, die dann in Wissenschaft und Poesie so herrliche Früchte gezeigt hat. Einer unsrer besten deutschen Schriftsteller, der leider fast gänzlich vergessene Georg Forster, hat seinen freien liebevollen Blick für die Schwächen seiner Umgebung den großen Reisen zu verdanken, die ihn in seiner Jugend die europäischen Zustände nur als eine zufällige Form menschlicher Sitten erkennen ließen.

Aber nicht jeder Bürgersmann kann eine Weltumsegelung unternehmen; da hat sich denn das Wunder ereignet, daß die Berge wirklich zu Mahomet kamen, weil Mahomet nicht zu allen Bergen reisen konnte.

Die Wirkung einer solchen Begegnung ist nicht immer dieselbe. Der Forscher, welcher das allgemein Menschliche auch unter den Höhlenbewohnern und unter schwarzen Fetischanbetern zu achten vermag, wird nach seiner Heimkehr vielleicht über manche Gebräuche seiner Provinz lächeln, dagegen über die verkehrten Anschauungen der angeblichen Wilden nicht lachen. Die Bekanntschaft mit vielerlei exotischen Völkern wird ihn freier und gerechter machen.

Der Pariser oder Berliner jedoch, der nie ernsthaft über das Weichbild seiner Weltstadt hinausgeblickt hat, wird vor so einer Menschenausstellung nur den äußerlichen Unterschied, das Kuriose und Lächerliche wahrnehmen und so von den Fremdlingen das einzige, das sie ihn unbewußt lehren könnten, nicht lernen: Humanismus. Das Wort bedeutet nämlich: Menschlichkeit; und es gibt sehr gelehrte Herren, die sich dieser Etymologie nicht mehr erinnern.

So weit geht die Sache uns an, die Besucher der Ausstellung. Wenn wir aber den Gedanken, daß alle Menschen der übrigen Natur gegenüber ein besonderes Ganze ausmachen, nicht preisgeben wollen, müssen wir auch die Gegenstände der Ausstellung, die fernen Völkerstämme, als fühlende Geschöpfe ansehen. Es mag ja auch unter ihnen viele Dickhäuter geben, welche sich die gute Kost, die vielen Cigarren und Groschen wohl bekommen lassen und vielleicht als afrikanische und asiatische Münchhausen in ihre Heimat zurückkehren werden.

Wenn sich aber unter diesen wildfremden Menschen, deren Sprache wir nicht verstehen, auch nur eine Seele finden sollte, welche das Entsetzliche fühlt, neben dem Seelöwen und dem Rhinozeros angestaunt zu werden, dann wäre dies Grund genug, uns allen die Freude an diesen Menschen=Karawanen zu verderben.

Man wende mir nicht ein, daß es freie Wahl der einzelnen war, die dem Führer nach Europa folgten. Die Frauen und Kinder mußten ohne Zweifel einem Befehle des Hausvaters Folge leisten; aber auch der selbständig verfügende Mann bereut vielleicht irgendwo auf der Reise seinen Entschluß, und ist nun nicht mehr im stande, gegen den Willen seines Herrn zurückzukehren.

Ja, seines Herrn! Der Wilde ist unter uns schlimmer daran, als der schwarze Sklave bei seinem Besitzer. Niemand versteht seine Klage, niemand kann und will ihm helfen, wenn ihm unrecht geschieht, niemand hat ein Interesse an seinem Wohlergehen. Der ärmste Negersklave wurde von rechtswegen ein freier Mann, wenn er den Boden eines modernen Staates betrat; der ausgestellte Wilde bleibt in der Fessel, denn der fremde Staat ist unfähig, ihm zu helfen. Der Schutzmann, der Richter versteht ihn nicht; die Staatsgewalt kann ihn totschlagen, wenn er sich gegen unsre Sitten auflehnt, sie kann ihm aber nicht einmal den Begriff beibringen, daß dies eine gesetzliche Strafe sei. Und wenn man so die völlige Rechtlosigkeit dieser armen Leute überlegt, kommt man am Ende freilich zu der Überzeugung, daß unter rechtlosen Bestien ihre Stelle ist — nur daß man für die Gesundheit von fremdländischen Tieren und selbst Pflanzen gewöhnlich mehr besorgt ist.

Was uns über das traurige Bild, welches unter solchem Gesichtspunkte eine Menschenausstellung bieten muß, zu trösten vermag, das ist ein gewisser humoristischer Zug, dessen das Verhältnis zwischen uns und den Wilden nicht entbehrt. Ich habe nämlich öfter bemerkt, daß die intelligenteren „Wilden" uns Europäer mit ebenso großem Vergnügen als Raritäten ansehen wie wir sie. Eine Katze, die schielend an ihrem Ebenbild im Spiegel vorüberfaucht, kann kein komischerer Anblick sein, als die gegenseitige Musterung zwischen Wilden und Civilisierten, wobei sich wohl beide Parteien für die besseren Menschen halten.

Besonders ein Fall ist mir in Erinnerung. Es war an einem Vormittag, die Jugend mehrerer Schulen betrachtete die Nubier. Die Schwarzen mußten vor den kleinen Mädchen ihre Tänze aufführen und dazu die beliebte Musik machen. Darauf stimmten die kleinen Mädchen zu ihrer „Erholung" eines der patriotischsten Lieder an. Ein prächtiger Nubier nickte recht befriedigt seinen Beifall und bat die Kinder durch Zeichen, im Singen fortzufahren; und eine halbe Stunde lang sangen ihm die deutschen Kinder unsre schönsten Melodien vor, während der „Wilde" nach dem Takte tanzte und sich freute, wie ein König, der er war. Als er müde wurde, wollte er dem begleitenden Lehrer zum Dank eine Cigarre überreichen; er war mit unsern Leistungen offenbar zufrieden.

II.
Im Theater.

So lange Menschen und Tiere in einem gewissen Naturzustande geblieben sind, werden sie zusammen in den zoologischen Gärten zur Schau gestellt. Hat aber die Abrichtung einigen Erfolg gehabt, so treten Tiere und Menschen getrennt auf den Bühnen auf, welche die kultivierte Welt bedeuten.

Über die abgerichteten Löwen, Gänse, Hyänen, Schweine, Seelöwen und Flöhe kann ich nicht aus eigener Anschauung urteilen; es war nicht schön, als man die Menschen durch den Naturzustand zu Bestien verwandeln wollte, aber es ist noch häßlicher, wenn man aus dem lieben Vieh die Karrikatur von Künstlern macht.

Die dressirten Menschen traten auch gleich an vornehmeren Bühnen auf, als Löwen und Flöhe. Sie wollten für voll genommen werden, wenn sie auch Zwerge waren. Neben den schauspielenden Zwergen zeigten sich als Folie mitunter Riesen; aber sie waren nicht bildungsfähiger als die alten Riesen der deutschen Sage. Dazu kamen echte oder angefärbte Musikbanden aus operettenfähigen Ländern: Zigeuner, Spanier, Russen, Chinesen.

Seit einigen Jahren begnügen sich diese Gäste nicht mehr damit, sich uns in ihren angeblichen häuslichen Gewohnheiten zu zeigen. Die Abrichtung ist vollendet; sie bringen ihre Theaterstücke mit und haben so eine neue dramatische Gattung: die unverständliche.

Das lehrreichste Beispiel boten vor einigen Jahren die Nigger, als sie uns „Onkel Toms Hütte" vorführten.

Wir sind allerdings so blasirt geworden, daß uns nicht einmal die Nigger aus unserm kritischen Gleichmut aufzustören vermochten. Ihre Engel und Teufel benahmen sich zwar etwas ungeschminkter als ihre Kollegen der weißen Rasse, ihre Tänze waren anständiger, ihr Glaube fester, ihre Thränen waren reichlicher, ihr Lachen bestialischer, aber die Grundzüge des Spiels verrieten zu sehr europäische Abstammung, als daß diese neueste invasione dei barbari Hoffnung hätte, in der Geschichte unseres Geschmacks Epoche zu machen.

Die Nigger sind wohlweislich erst jetzt zu uns gekommen. Im fünfzehnten Jahrhundert hätte man sie als Satanskinder verbrannt, im sechzehnten hätte man sie zu bekehren versucht, im siebzehnten hätte man sie für den Krieg verbraucht, im achtzehnten hätte man sie als edle, wenn auch schwarze Repräsentanten der Menschheit unter Umarmung erdrückt, heute bezahlt man ihnen Eintrittsgeld und betrachtet sie kritisch.

Alles in allem genommen muß ich gestehn, ich habe noch niemals im Laufe eines Abends soviel häßliche Gesichter gesehen, soviel widerliche Töne gehört und soviel alberne Reden vernommen, als an diesem denkwürdigen Sonnabend. Die Vorstellung, welche von dem bunten Durcheinander des Gesehenen am festesten haften blieb, war die des Veitstanzes, welchen die Nigger allerdings sehr stylvoll exekutiert hatten.

Es war ein schönes Ding um die Emanzipation der Neger. Im Kampfe galten alle Mittel. Jetzt aber, nachdem das Ziel erreicht ist, könnten die Waffen aus früherer Zeit endlich ruhen. Denn was die höchst traurige Handlung von Onkel Toms Hütte anbelangt, so zweifle ich sehr, daß sie auch nur

einen einzigen Berliner Plantagenbesitzer oder Sklavenhändler
bewegen werde, künftighin beim Einkaufe seiner jungen Schwarzen
die Mütter mit zu erstehen. Eine Tendenzdichtung, wie die
Erzählung der Beecher-Stowe verliert an dem Tage ihren
sachlichen Wert, an dem die verfochtene Sache gesiegt hat.
Und einen künstlerischen Wert hat das vielgenannte Buch nie=
mals besessen. Nur um der Keckheit willen, mit der so eine
internationale Bande auf einer Kunstbühne aufzutreten wagte,
verdient der Versuch eine kleine Erinnerung.

Die Sentimentalität, das europäische Element des Nigger=
stückes, erreichte mitunter einen so hohen Grad, daß die Menschen
aus reiner Weichheit wie Fliegen wegsterben. Vollends ver=
leidet ward uns die Sentimentalität durch einen Zug der
Frömmelei, den man am allerwenigsten von Amerika zu uns
importiren sollte. „Onkel Toms Hütte", das Schauspiel, be=
steht aus einer „bunten Reihe" von Szenen, die in sinniger
Abwechslung bald unglaublich brutal, bald weinerlich bigott
sind. So ist das Stück zu geschmacklos, um das bessere Publi=
kum nicht zu ärgern, und zu verlogen, um als Volksstück
fesseln zu können.

Nicht viel besser als um Moral und stofflichen Inhalt von
Onkel Toms Hütte stand es um den Humor des Stückes. Es
befinden sich bei der Truppe offenbar große komische Talente.
Mstrs. Rouse-Chloe mag eine afrikanische Frieb-Blumauer sein,
Miß Mary Bates eine amerikanische Goßmann, aber wir, die
Zuhörer, müßten afrikanisch-amerikanische Nerven besitzen, um
den empfangenen Eindruck als einen künstlerischen empfinden
zu können. Wir Europäer, nach Seume allerdings die schlechteren
Menschen, halten es für keinen guten Scherz, wenn die watsche=
ligen Negerkinder wie alte Scherben ausgekehrt, bei den Beinen
gepackt und von rohen Fäusten umhergeworfen werden, wir
lachen nicht, wenn uns beim Kreischen der komischen Alten die

Ohren gellen, wir halten es nicht für unumgänglich notwendig, daß eine Naive Purzelbäume schlägt.

Wir können nun einmal nicht aus uns heraus. Nicht einmal den Negern zu Liebe. Wir können die Quellen unsrer ererbten Bildung nicht verleugnen, und ebensowenig, als wir an Stelle der milonischen Venus als Ideal ein Negerweib, und sei es das schönste, zu setzen vermöchten, ebensowenig besitzen wir ein ausgebildetes Organ für afrikanischen Humor.

Die einzige Leistung, welche auch vom europäischen Standpunkte einen verdienten Erfolg hatte, war die eines Theaterkindes, der kleinen Tiny Withe. Im allgemeinen gibt es nichts Peinlicheres auf der Bühne, als den Anblick eines dressierten Kindes; wenn die kleinen Händchen so ungeschickt ihre konventionellen Bewegungen machen, so glaube ich immer noch die Schläge zu hören, unter denen sie zittern. Bei der kleinen Tiny Withe aber lag entweder eine unerhörte Begabung zu Grunde, oder die Dressur hatte hier das Größte erreicht: natürliche Freiheit. Außer diesem Kinde hatten sich auch die andern Fremden der Mühe unterzogen, ein bißchen Deutsch zu lernen; da der Grad der erreichten Vollkommenheit ein sehr ungleicher war, wurde die Vorstellung durch dieses höfliche Bestreben der Gäste nur noch buntscheckiger.

Das Urteil konnte lustiger und vielleicht ganz zu gunsten der schwarzen Künstler ausfallen, wenn wir hätten vergessen wollen, daß die Gesellschaft in einem Theater auftrat und ein Schauspiel aufzuführen vorgab, mit einem Worte, wenn wir den künstlerischen Maßstab beiseite ließen. Dann reihte sich das Auftreten der Neger eben als neuer Fortschritt der Vorführung der Nubier im zoologischen Garten an und nicht der Theaterkritiker, sondern der Ethnograph hätte über die fremdartige Erscheinung zu referieren.

Für diesen wäre es eine ebenso schwierige als lohnende

Aufgabe, in der Komik der Truppe die nationalen Elemente zu sondern. Dieses Gemisch von englischem Humor, amerikanischer Tollheit und afrikanischer Kinderei ist nicht so leicht zu entwirren; wie denn auch die Mitglieder der Gesellschaft kaum ohne Ausnahme echte Neger sein dürften, sondern vom reinsten Weiß bis zum herrlichsten Schwarz eine lange Reihe bilden.

Wir sind aber nicht alle Ethnographen. Ich wenigstens gestehe gern, daß ich keiner bin. Ich wundre mich immer darüber, wenn die Zaungäste im zoologischen Garten und die Theaterbesucher in den exotischen Vorstellungen so gelehrte Gesichter aufsetzen, als ob sie lauter kleine Virchows wären. Sie sprechen sogar untereinander von Schädelmessungen und sind nicht wenig stolz darauf, wenn das ernste Haupt der Ethnographen ihnen die Echtheit der Gäste bescheinigt hat.

So scheint es fast, als ob die Menschenausstellungen nur eine Erscheinungsform der großstädtischen Sucht wären, die Wissenschaft zu einem kleinen Späßchen zu benutzen. Es gibt ein Erkennungszeichen dafür.

Immer wenn wir mit Hülfe der Wissenschaft dumm gemacht werden sollen, wird dazu entsetzlich viel Musik gemacht. Und Menschenausstellungen ohne Musik sind unmöglich.

Die Kunst, in 24 Stunden ein schlechter Dichter zu werden.

Ich hatte mir die Sache eigentlich noch leichter vorgestellt. Ich hatte geglaubt, den schlechten Dichtern gäbe es Gott im Schlafe, sie brauchten überhaupt gar kein Studium, um ihrem Beruf mit Erfolg zu fröhnen. Es mag auch wohl einzelne solcher gottbegnadeten schlechten Dichter geben. In einer wissenschaftlichen Klassifizirung der sogenannten Minus= dichter würden sie die Gattung der Natur=Minusdichter aus= machen.

Aber nicht einem jeden wird es so leicht, daß er ein gänz= lich mißlungenes Gedicht schlankweg, einfach seinem Genius folgend, zu Stande zu bringen vermöchte. Die meisten be= sitzen wenig Anlage, Dichter im allgemeinen (also für gewöhn= lich schlechte Dichter) zu werden; da aber ihr Ehrgeiz sie in den Jahren zwischen 15 und 20 unwiderstehlich dahin drängt, so muß ihnen mit guten Handbüchern der „Poetik" unter die Arme gegriffen werden. Alle diese Handbücher, selbst diejenigen unserer besten Dichter und Kritiker, haben die Gabe, schlechte Dichter hervorzubringen; insbesondere erzeugen diejenigen Werke, welche im Speziellen die Technik einer besonderen

Dichtungsart darstellen, ein fröhliches Geschlecht schlechter Lyriker, Dramatiker und Romanschreiber.

Die angehenden schlechten Dichter haben aber allmählich ein gewisses Mißtrauen gegen ihre gründlicheren Hilfsbücher gefaßt. Sie haben einsehen gelernt, daß das anstrengende Studium mehrerer Monate, welches sie z. B. auf die didaktischen Schriften von Freytag und Gottschall verwandten, die Schlechtigkeit ihrer Gedichte nicht im Verhältnisse zu der ausgestandenen Mühe steigerte. Sie haben sich gefragt, ob für ihren bescheidenen Zweck nicht eine kürzere Lehrzeit geschaffen wäre. Und in diesem psychologischen Momente, in welchem zahlreiche Jünglinge schon Miene machten, das schwierige Handwerk eines schlechten Dichters aufzugeben, kam ihnen ein ungenannter Schöngeist mit einem Lehrbuch entgegen, welches die nötigsten Vorkenntnisse binnen wenigen Stunden dem Gedächtnisse einprägt.

Das lesenswerte und sicherlich fruchtbringende Büchlein, welches samt hochelegantem Einbändchen nur 50 Pfennig kostet, heißt: „Poetik, eine Anleitung zur Dichtkunst" und ist das 22. Bändchen einer „Miniatur=Bibliothek des Nützlichen und Angenehmen". (Leipzig, Verlag von Heinrich Matthes.)

Ich habe anfangs gezögert, ob ich den Verlag nennen und durch Anpreisung des Büchleins die Zahl meiner Rivalen vermehren helfen soll. Aber die bessere Natur hat gesiegt; alle meine Leser sollten das 22. Bändchen der Miniatur=Bibliothek kaufen und wenn darüber auch das Dichten noch wohlfeiler werden sollte.

Die Inhaltsangabe der übrigen Bändchen läßt schon den Geist dieses zeitgemäßen Unternehmens ahnen. Dem Gebiete des Nützlichen gehören wohl an: ein „Traumbuch", eine „Hellseherin", ein „Punktirbuch" — während die „Blumensprache", die „Polterabendszenen", ein „Fremdwörterbuch" und die „Geschäftstabellen" offenbar schon mehr angenehm sind. In einer so tiefsinnig angelegten Sammlung der wertvollsten Bücher durfte natürlich eine Poetik nicht fehlen.

Wer der Verfasser ist, erfahren wir leider nicht. Seine Lehren werden in den Schriften der Lebenden so vielfach befolgt, daß die Vermutung, welche ihn unter den Berufs-Schriftstellern sucht, leicht irre gehen kann. Jedenfalls hat er an den Gedichtsammlungen unserer beliebtesten Lyriker mitgearbeitet.

Ein besonderer Vorzug unseres Lehrmeisters besteht in einer gewissen Treuherzigkeit, mit der er seine oft kühnen Behauptungen hinstellt. Dieser sichere Glaube an den Wert der eigenen Lehrmeinungen wird nur auf gänzlich verkommene Menschen komisch wirken. Dem Schüler prägen sich die Sätze nur um so fester ein. Zum Beispiel:

„Die Vierzeile ist ursprünglich auch eine orientalische Dichtungsart. Die ganze Dichtung besteht nur aus neun Zeilen."

Kann man Wesen und Namen der „Vierzeile" kürzer und eindringlicher erklären? Ein anderer hätte vielleicht Zeit und Worte verschwendet, das versteckte mathematische Rätsel seiner Mitteilung aufzulösen; unser Anonymus geht ruhig lächelnd zu andern Dingen über.

Über die Prosodie muß ich stillschweigend hinweggehen, weil die in diesem Abschnitt gehäuften Kühnheiten doch nur uns gelehrten Mitdichtern imponiren können. Aber schon die „Lehre von dem Versmaße" beginnt hübsch in der trockenen Weise des Verfassers:

„Die Glieder eines Verses heißen Füße, weil sie gleich den Takten in der Musik durch den Taktschlag des Fußes oder der Hand angedeutet werden können."

Eine feine Andeutung, daß man diese Teile möglicherweise auch Hände nennen könnte, was ja bekanntlich sonst nur bei den schnellsten Virtuosen, den Vierhändigen, möglich ist.

Gleich darauf heißt es gemütvoll: „Die Silben eines Versfußes senken sich oder heben sich." Ich wünschte, alle meine Leser wären zu schlechten Dichtern ausgebildet, da sie sonst schwerlich die ganze traurige Tiefe dieses Satzes zu würdigen vermöchten. Es ist kein Wunder, wenn bei dieser unnatürlichen Bewegung der Silben schließlich ganze Verse seekrank werden.

Über eine neue Art von Cäsuren hinweg, welche (z. B. „Heldenver — dienst") ein Wort in der Mitte durchschneiden, gehen wir rasch zur Hauptsache über.

Was will der angehende schlechte Dichter? Ein Gedicht zu stande bringen. Und wie stellt er das an? Unsere Poetik sagt wörtlich:

„Um ein Gedicht zu stande zu bringen, können wir einen und denselben Vers gleichmäßig wiederholen, bis der gegebene Stoff sein Ende erreicht hat, oder u. s. w."

Ich kann das Mittel empfehlen. Nichts ist leichter. Ich habe selbst die längsten Gedichte zu stande gebracht, indem ich einen und denselben Vers gleichmäßig so lange wiederholte, bis mein Stoff sein Ende erreicht hatte. Die Gedichte waren etwas einförmig aber fehlerfrei.

Unsere Ausbeute aus des Verfassers Lehre von den gebräuchlichsten Versarten wäre sehr groß, wenn wir uns mit Kleinigkeiten abgeben wollten. Einzelnes blieb mir dunkel, so die Behauptung, der Pentameter habe vier Daktylen, Spondeen oder Trochäen, die in der ersten Hälfte unwillkürlich abwechseln. Neu war mir die Mitteilung, daß es männliche und weibliche Reime gäbe und daß „man diese beiden Reime übrigens heroische nennt". Noch überraschender mag für viele die Entdeckung sein, daß die Stanze, das Sonett, das Madrigal, die Ghasele, sowie

auch die oben erwähnte Vierzeile Versarten sind, welche die
Deutschen den Dichtungen der Alten nachgebildet haben. Man
sollte diese bisher so arg vernachlässigten griechischen Sonetten-
und Ghaselendichter doch endlich in den gelehrten Schulen
einführen!

Kurz und schlagend wird das Kapitel von den poetischen
„Figuren" abgethan. Hier ist der Anleiter zur Dichtkunst in
seinem Elemente. Auch ist er viel toleranter als andere Theore-
tiker. So gestattet er unter der Ausrede einer „Anastrophe" überall anstatt „Glas Wein" ruhig „Weinglas" zu sagen. Die Haus-
frauen, welche fortan ihren Gästen anstatt mit Wein wohlfeil
mit Anastrophen nnd Weingläsern den Durst stillen werden,
dürften für diese „Figur" schon recht dankbar sein. Aber auch
der dichtende Gatte wird von der Erlaubnis Nutzen ziehen,
wenn er statt „Seeschiff" künftighin „Seefisch", statt „Frauenzimmer" „Zimmerfrau" reimen darf.

Der Anonymus ist allerdings ein so strenger Fachmann,
daß er sofort Irrtümer begeht, sowie er sein eigentliches Gebiet,
das der Dichtkunst nnd Litteratur, verläßt. So passiert es ihm
in der Historie, daß er bei Gelegenheit einer Würdigung des
Nibelungenliedes die falsche Behauptung aufstellt: die Nibe-
lungen seien das „deutsche Grundvolk". Auch in der Musik-
geschichte scheint er nur Dilettant zu sein; wenigstens führt er
als Beispiel für „die große ernste Oper, wo alles gesungen,
nichts gesprochen wird", Mozarts „Don Juan", als Beispiel
für „die romantische Oper, wo Gesang mit gesprochenen Mono-
logen und Dialogen abwechselt", Richard Wagners „Fliegenden Holländer" an. Nein, unser Lehrer ist nur Litteratur-
historiker, aber als solcher ist er großartig. Man höre folgenden kritischen Satz über die Posse, dem ich einen besonderen Ab-
satz einräumen muß:

„Posse nennt man dasjenige Lustspiel, das ins Niedrigkomische gegangen ist: Lessings Minna von Barnfeld."

Durch diese wenigen Auszüge glaube ich die neue Poetik allen schlechten Dichtern und solchen, die es werden wollen, genugsam empfohlen zu haben. Ihre Brauchbarkeit für praktische Zwecke wird erhöht durch ein wirklich neues „Deutsches Reimlexikon".

Die Ansichten des Verfassers über den Reim sind äußerst strenge:

Der Wohllaut und die Dichtkunst unsrer Zeit („Wohllaut unsrer Zeit" ist übrigens schön gesagt) verlangt „reine Reime". Reime wie „können — stöhnen", „nähren — stören", können nur im allerhöchsten Notfalle angewendet werden. Folgende Blumenlese aus dem Reimlexikon wird beweisen, daß dieses ganze Lexikon nur für allerhöchste Notfälle eingerichtet ist, — und ein solches hat bisher nach dem Urteil aller Einsichtigen gefehlt. Also hören wir, wie wir reimen sollen: „machtlos — sorglos, Millionär — pekuniär — ordinär — Revolutionär (es liegt ein ganzes Sonett in diesen Reimen), unpäßlich — häßlich, spät — unstät, Pauke — Mauke, Geige — Anzeige, erblich — Fähndrich, Enterich — Wüterich, Oper — Schober, Gewühl — grün, Kultur — Ruhr" u. s. w. u. s. w.

Kein Scherz! Alles buchstäblich zu lesen im neuesten deutschen Reimlexikon.

Ich selbst werde von dem Büchlein wenig Gebrauch machen. Ich dichte seit früher Jugend ohne Anleitung schlecht. Wer aber überhaupt in der traurigen Lage ist, zu solchen gelehrten Werken seine Zuflucht zu nehmen, der wird gewiß das 50-Pfennig Büchlein nicht verachten. Man kann nicht schneller und nicht billiger ein schlechter Dichter werden.

Der landläufige Idealismus.

Wenn das Wort „Idealismus" von einem weltfremden Philosophen gebraucht wird, so hat es eine so tief= sinnige, ja abstruse Bedeutung, daß es schwer hielte sie zu verstehen, noch schwerer sie in schlichtem Deutsch zu erklären. Glücklicherweise ist das hier nicht nötig, wo uns der Begriff nur in dem landläufigen Sinne beschäftigen soll, den er im Munde des Volks angenommen hat. Nur ein rasches Bild soll uns in die Höhen blicken lassen, von denen der Idealismus auf die Erde herabgestiegen ist.

Wir stellen uns das Weltall für einen Augenblick wie einen dahinrasenden Eisenbahnzug vor; und die neuere Astronomie, welche das ganze Sonnensystem mit einer Schnelligkeit durch den Raum schießen läßt, mit der verglichen eine fliegende Ka= nonenkugel nur Schneckengang hat, die Astronomie wird an dem Bilde nichts auszusetzen finden.

Nun gibt es Leute, welche in der bewegenden Kraft der Lokomotive ein Mysterium sehen, sei es, daß sie vor dem Geiste des Erfinders, sei es, daß sie vor den unbekannten letzten Gründen der in der Maschine thätigen physikalischen Gesetze staunend stille stehen; diese Bewunderer sind die echten Idealisten.

Im Gegensatze zu ihnen stehen die meisten Menschen, welche sich die Bequemlichkeit und den Nutzen der Eisenbahn gern gefallen lassen, im übrigen aber nach den angewandten Naturgesetzen nicht weiter fragen, als etwaige Verbesserungen dies erfordern; es sind die Realisten, wohl auch Materialisten genannt.

Zwischen beiden Gruppen stehen die unverbesserlichen Neunmalklugen, welche es machen wie der Bauer, der zwischen den Rädern der Maschine immer wieder nach den Füßen der Pferde suchte, die doch nach seiner Meinung ziehen mußten. Es entspricht seiner Idee von einem schnell fahrenden Wagen, daß Pferde davor gespannt sind; von dieser Idee, von diesem Idealbilde geht er nicht ab, und weil er weder die Erklärungen des Erfinders versteht, noch die Gleichgültigkeit des gewöhnlichen Reisenden besitzt, so bleibt er hülflos neben dem Zuge stehen, den der Realist blindlings benutzt. Diese nachdenklichen Herren entsprechen ungefähr den Bekennern des landläufigen Idealismus.

Diese Menschen, welche sich selbst mit Auszeichnung Idealisten nennen, wollen den Weltlauf weder mit philosophischem Lachen noch mit geistloser Gier mitmachen, sie können die Zeit nicht begreifen und wollen ihr nicht huldigen, sie ordnen sie darum in ihrem Kopfe nach einem einfachen systematischen Bilde und verwechseln am Ende ihr Bild mit der Wirklichkeit, während die echten Idealisten nicht müde werden, aus den einzelnen Erscheinungen ähnliche Züge zu einem Porträt zu sammeln.

Sie suchen die ziehenden Pferde hinter der Maschine. Man könnte einwerfen, daß auch die echten Idealisten, welche Verstand hinter der Maschine suchen, ganz bauernmäßig, d. h. anthropomorphistisch verfahren. Nur daß die echten Idealisten nicht so verstockt sind, geradezu Pferdehufe oder eine persönliche Kraft zu sehen, wo keine ist; nur daß sie bescheidener sind und wenn sie das entsetzliche Ding von Maschine physikalisch und mechanisch verstanden, wenn sie die einzelnen Stahlglieder sogar mikroskopisch untersucht haben, doch vielleicht einmal das Mikroskop aus der Hand legen und zugeben: „Wir wissen nicht, was dieses entsetzliche Ding an sich ist!"

Und die Allereitelsten, die sogar auf ihre Unwissenheit stolz sind, wie die Schüler des Sokrates auf ihre zerrissenen Mäntel, fügen hinzu: „Mehr als wir schon wissen, wird niemals jemand wissen!"

So gibt es auf der Höhe der freien Weltanschauung einen Punkt, wo der Idealismus sich überschlägt und der echte vom unechten nur noch an der Ehrlichkeit des Trägers zu erkennen ist.

Das Volk, oder was dasselbe sagen will, die Sprache hat für die echten Idealisten ein Gefühl, welches aus Achtung und Verachtung kühnlich zusammengesetzt ist.

„Er ist ein Idealist!" sagt wohl der geriebene Geschäftsmann, wenn ein junger Anfänger sich aus Schüchternheit einen Vorteil hat entgehen lassen; und in dieser Bezeichnung liegt halb der Vorwurf der Dummheit, halb die Anerkennung der Anständigkeit. Wer den Ton vernimmt, in welchem praktische Leute den echten Idealisten verhöhnen, sollte ebenso glauben, daß die Bezeichnung im wesentlichen verächtlich gemeint ist; aber tief im Herzen des Materialisten sitzt der Neid auf die geistige Hoheit des stolzen Träumers, des echten Idealisten.

Der landläufige Idealist wird nicht offen verachtet, aber dafür auch nicht heimlich beneidet. Man durchschaut ihn zu leicht; man weiß, daß seine immer und unveränderlich jünglinghafte Beisterungsfähigkeit bloßer Schein ist gegenüber dem echten Idealismus. Man ahnt, daß sich hinter der unbewußten Heuchelei seines uneigennützigen Träumens zum mindesten die liebe Eitelkeit des landläufigen Herrn Idealisten verbirgt; man schmeichelt dieser Eitelkeit, indem man das Strohfeuer seiner Begeisterung mit Papierfetzen und leerem Stroh zu nähren vorgibt, aber man gesteht einander unter vier Augen ein, daß man privatim an das Ideal nicht glaubt, dem man vor tausend Zeugen Altäre baut.

Natürlich sind die Abarten des Idealisten im Leben nicht immer so streng geschieden, wie in dieser Untersuchung. Man hat die Sprache dazu mißbraucht, das Wort Idealismus, das eine Weltanschauung des Kopfes bezeichnet, zu einer Charakterfrage, zu einer Herzensangelegenheit zu machen, zu einer Angelegenheit des guten oder bösen Willens.

Man glaubt mit dem Ausruf: „Er ist ein Idealist!" gleichzeitig den mangelhaften Verstand zu tadeln und die gute Absicht zu loben. Und wie in der Sprache so berühren sich auch im Menschengewühle der echte und der landläufige Idealismus. Der Mann, der sein Volk mit einem Ruck vorwärts zu bringen fähig ist, kann sogar recht gut den hochfliegenden Idealismus mit dem rücksichtslosesten Realismus in seiner Person vereinen; und er wird achselzuckend auch die landläufigen Idealisten für seine Zwecke brauchen, weil ohne ihre Statistenrolle das Stück nicht ausgeführt werden könnte, sowie auch einst der neue griechische Gott nicht ohne Korybantenlärm vor der Wut der Zeit geschützt werden konnte.

So weit es sich um den Idealismus der Welterkenntnis handelt, so weit hat er allerdings herzlich wenig für das Weltleben gethan. Innerhalb der Erkenntnislehre kann der Streit mit Buchstaben ausgefochten werden; erst im Streit der Charaktere müssen die Lettern zu Kugeln umgegossen werden. Nicht einmal die durch Blutdurst besonders ausgezeichneten Glaubenskämpfe sind auf wirkliche Ideen zurückzuführen.

Die Bibel, welche die Schöpfung der Welt durch die Hände eines handgreiflichen Gottes beschreibt, steht auf dem Standpunkt des Materialismus. Der Forscher, der sich eher verbrennen läßt, als daß er den überirdischen Ursprung der heiligen Schrift zugibt, scheint weit eher ein Idealist zu sein.

Alle großen Umwälzungen sind von echten Idealisten angeregt und von landläufigen aufs äußerste gebracht und um ihr Verdienst betrogen worden. Was gut angefangen hatte, wurde schlimm durch sie; was schlimm begann, das führten sie zur Raserei. Wirklich Begeisterte mischten sich mit den landläufigen Idealisten zu den Kreuzzügen, zum Bauernkriege, zur großen französischen Revolution. Und auch die wichtigsten Bewegungen unsrer Zeit werden von denselben ungleichen Brüdern geführt.

Die Grenzlinie, welche den landläufigen Idealisten vom echten trennt, ist oft so dünn, daß sie im Gedränge zu verschwinden droht. Und doch gibt es ein Kennzeichen, woran man den Idealisten, selbst wenn sein geringer Verstand ihn zu der landläufigen Sippe zu verurteilen scheint, als einen echten erkennen darf: es ist der Bruderzug des Martyriums, der Opferfreudigkeit, welcher die Armen am Geiste und die Geisteshelden im wahren Idealismus vereinigen kann.

Es ist schon gesagt worden, daß der landläufige Idealismus nicht so uneigennützig ist, wie er sich den Anschein gibt. Eitelkeit und Beutelust bewegen manch einen zu dem Kreuzzug oder was sonst die Mode auf ihre welthistorische Liste setzt; die Fahne des Idealismus, welche oft von den echtesten Gläubigen in Gemeinschaft mit betrogenen Betrügern hochgehalten und bewacht wird, kann man wie das Schild eines Wirtshauses nur von außen sehen, nicht aber von innen, wo die Herangelockten und Gefesselten kaum mehr wissen, wo sie sich befinden.

Je tiefer in solcher Weise das Wort Idealismus gesunken ist, desto leichter wird sein Mißbrauch. Jeder Hosenträger=

fabrikant darf sich rühmen, mit seiner Erfindung den idealen Interessen der Menschheit zu dienen; und in demselben Reklamenstil nennen sich alle Leute, oder wenigstens alle Menschengruppen Idealisten, wenn sie bei der großen Masse etwas durchsetzen wollen. Von der überirdischen Bedeutung ist noch so viel Glanz für den irdischen Idealismus übrig geblieben, daß man sich öffentlich vor diesem Titel wie vor andern beugt, ohne zu untersuchen, ob er redlich oder unredlich erworben worden ist.

Der geistige Arbeiter aber, dem die Erfindung als Geschenk seines wissenschaftlichen Strebens gelungen ist, und der schlichte Mensch, der gedankenlos von der Erfindung Gebrauch macht, — sie lächeln beide über den landläufigen Idealisten, der zwischen den Rädern der Dampfmaschine nach Pferdehufen sucht, der auf das Ding, das seinem Idealbilde vom Wagen nicht entspricht, wacker schimpft, am Ende jedoch vorsichtig beiseite springt, sobald der Zug sich mit ruhiger Kraft in Bewegung setzt.

Das Virtuosentum in der Litteratur.

Das Virtuosentum in unsrer Schauspielkunst hat bereits seinen Rächer gefunden und das Virtuosentum in der Musik wird von ernsten Künstlern unablässig in Wort und That bekämpft. Aber das Virtuosentum, welches in den dienenden Leistungen der Komödianten und der ausführenden Musiker zuerst entdeckt und mit einem Namen belegt wurde, ist auch in den oberen Künsten möglich und in unsrer Zeit sind das Publikum und seine Bilder=, Buch= und Musikalien= händler darin einverstanden, daß unter der Herrschaft dieses Virtuosentums die Geschäfte am allerbesten blühen.

Es gibt Komponisten, welche nur Walzer erfinden können und von welchen die unzähligen Klavierspieler der alten und der neuen Welt nur Walzer verlangen; es gibt Maler, von denen nur Mondscheinlandschaften verkäuflich sind; und so gibt es auch Schriftsteller, welche unter allen Gattungen der Poesie nur eine einzige wählen, in dieser Gattung sich eine Abart, am liebsten eine Unterabart aussuchen, und diese Unterabart dann „mit allen Hilfsmitteln der modernen Technik" zu den höchsten Leistungen zwingen. Sie nehmen sich ein Beispiel an den Rübenzuckerfabrikanten, welche mit verbesserten

Maschinen der Rübe auch das letzte Körnchen ihres Zuckergehaltes auspressen, welche sich nicht darum kümmerten, wenn die Ware schließlich nach Rübe schmeckte, und welche schließlich jetzt an den Folgen der Überproduktion zu Grunde gehen. Bei den Dichtern bedeutet die Überproduktion den geistigen Bankrott.

Von Hause aus denkt freilich nicht leicht ein werdender Schriftsteller so gering von seinem Beruf, um sich gleich von Jugend auf für seine Spezialität vorzubilden. Dieses Ziel der Poetenschule bleibt der Zukunft vorbehalten.

Unter unsern Medizinern wird dieser Höhepunkt der Abrichtung mitunter schon erreicht. Da hören die besorgten Eltern, daß die „Carrière" schon überfüllt sei, daß aber diese oder jene Spezialität ein reiches Auskommen gewähre. Und so widmet sich schon der zwanzigjährige Jüngling einer Unterabteilung, welche goldene Früchte verspricht. Wenn dieser Zug erst auch in die Litteratur hineinkommt, dann können wir uns darauf gefaßt machen, daß hoffnungsvolle Jünglinge schon an ihrer Amme mit den Studien beginnen werden, die sie später in Bauernnovellen zu verwerten gedenken.

Vielleicht haben wir es nur der weit verbreiteten Abneigung der Herren Eltern gegen alle Dichterei zu danken, daß es noch nicht so weit ist. Der Gang der Ereignisse ist vorläufig anständiger. Der Anfänger pflegt zuerst Dichter im allgemeinen, Dichter überhaupt zu sein; er ist glücklicherweise zu eitel, um schon weise in der Beschränkung zu sein. Erst wenn ihm auf einem bestimmten Gebiete ein Erfolglein gelächelt hat, sieht er die Zukunft unter diesem Zeichen und treibt es auf dem Gebietlein zur Virtuosität.

Diese besteht nicht allein darin, daß ein Schriftsteller sich wie ein Handlungsreisender einen besondern Zweig der Litteratur für sein Poesie-Geschäft aussucht; er muß auch ein besonderes

Kunststück erlernt haben, er muß — um bei dem kommerziellen Bilde zu bleiben — ein Patent auf irgend eine neue Erfindung genommen oder das Patent eines Fremden für sich erworben haben. So haben wir unter unsern glücklichsten, d. h. beliebtesten Autoren einen, der unter allen historischen Romanen nur den ägyptischen anbaut, einen andern, der seine Leser immer wieder in die Zeit der Völkerwanderung führt; wir haben Lyriker, welche die passenden Verse zu den Geräten nach dem Geschmack des sechzehnten Jahrhunderts anfertigen; wir haben Theaterschriftsteller, welche die Witze nach dem Bedürfnis eines bestimmten Publikums in einer bestimmten Stadt auf Lager halten; wir haben Dialekt-Schriftsteller, welche zum bayrischen Schuhplattler sentimentale Possen schreiben, und andre, welche mit ihrer Sprache selber ihre heimatlichen Schnadahüpfln nachzuahmen suchen; und wie wir Romanschriftsteller für Rom, für Griechenland u. s. w. haben, so besitzen wir Novellisten für Berlin, für Wien, sowie Reise-Novellisten; es gibt Witzbolde für Politik und solche für städtische Angelegenheiten; ja es gibt sogar Schriftsteller, welche so sehr Virtuosen auf einer einzigen Saite sind, daß man nur eines ihrer Bücher ein wenig zu lesen braucht, um alle übrigen zu kennen. Von denen ganz zu schweigen, deren Werke man nur ein wenig zu kennen braucht, um keines mehr zu lesen.

Diese Virtuosität ist nicht zu verwechseln mit der Einseitigkeit, welche großen Talenten und selbst Geistern ersten Ranges anhaften kann. Sie mögen ihre Thätigkeit welchem Stoffe immer zuwenden, stets wird ihre eigentümliche Natur sich geltend machen. So bricht sich in Heinrich Heines Schriften der Cyniker immer Bahn, mag der Dichter seinen Liebesschmerzen die sanftesten Töne zu geben versuchen, mag er politische Artikel schreiben oder den Geheimnissen der deutschen Philosophie nachforschen. So läßt Paul Heyse den feinen psychologischen Zerglieberer von novellistischen Stimmungen auch dann erkennen, wenn er mit einem Drama vor uns tritt; aber gerade Paul Heyse ist ein stolzer Vertreter des Antivirtuosentums, wenn er — als Meister der deutschen Novelle von aller Welt anerkannt — seine ganze große Kraft der andern poetischen Gattung zuwendet.

Und ebensowenig darf das Virtuosentum unsrer litterarischen Spezialisten mit dem Wirken der größten Dichter verglichen werden, von denen manche allerdings auch ihre erstaunliche Fruchtbarkeit dem Eigensinne verdanken, mit dem sie entweder immer Dramen oder immer Fabeln schrieben. Bei den ersten Genies ist eine solche Einseitigkeit begreiflich. Was bei ihnen ein unbewußter Gebrauch ihrer stärksten Begabung war, das ist bei unsern Virtuosen ein klarbewußtes und ein wohlüberlegtes Geschäft.

Man vergleiche nur einmal die Entwickelung Schillers mit der unsrer Theaterschriftsteller, welche nach einem glücklichen Erfolge nicht müde werden, die Schablone dieses Erfolges auszunutzen. Auch in Schillers Werken spielen seine Tragödien die Hauptrolle; er ist trotz aller lyrischen Versuche, trotz historischer und philosophischer Forschungen doch immer ein Trauerspieldichter geblieben, als welcher er mit den Räubern zuerst siegreich aufgetreten war. Wie unerbittlich gegen sich selbst ringt dieser Geist aber mit jedem neuen Drama einem neuen höhern Ziele zu! Wie setzt er mit jeder neuen Dichtung sein Alles auf diese eine Karte! Wie verwirft er oft theoretisch und praktisch plötzlich seine bisherigen Erfolge, um eine schwierigere, nach seiner Meinung höhere Aufgabe zu lösen. Und wenn man diese Rastlosigkeit auch bedauern, wenn man die jugendliche Kraft der „Räuber" und „Kabale und Liebe" in der „Braut von Messina" vermissen mag, so ist Schiller doch gerade um seines hoheitsvollen Strebens willen erst recht ein Stolz unsrer Litteratur. Ihn konnte auch der lauteste Erfolg nicht zum Virtuosen machen.

Und Goethe vollends, in dessen sämtlichen Werken sich die Gesamtheit von Denken und Dichten seiner Zeit vereinigt, braucht den Virtuosen nur vorgehalten zu werden, damit sie in ihres nichts durchbohrendem Gefühle sich ihrer litterarischen Spezialitätenhandlung schämen.

Wie Goethe der ewige Repräsentant der Dichtkunst ist, so ist er auch das Vorbild für die gleichmäßige Entfaltung aller Kräfte. Wenn Felix Dahn durch ein Veilchen im Walde oder durch die Liebe vermeintlicher Geschwister oder durch den Selbstmord eines unglücklichen Liebhabers oder durch das Schicksal von Auswanderern angeregt würde, so hätte er bald über den ganzen Mischmasch eine altdeutsche Brühe oder Tunke gegossen und die Liebenden mitsamt dem Veilchen in Bärenfelle gesteckt, bis der neue Roman fertig für den Weihnachtstisch wäre. Goethe hat seine Eindrücke in ein Lied oder in ein Schauspiel oder in einen Roman oder in ein Epos niedergelegt; und es soll ihm ja das Verschiedenste recht gut gelungen sein. Nur Cotta war unzufrieden, wenn Goethe nicht bei den beliebtesten Formen blieb.

Es ist nicht zu verwundern, daß immer wieder an die Erfahrungen und Grundsätze des Kaufmanns erinnert wird. Ist doch das ganze Virtuosentum unsrer Litteratur nur eine mißbräuchliche Anwendung der Teilung der Arbeit, welche für die Industrie so großes geleistet hat. Eine Nähnadel läßt sich ja gewiß besser und — was die Hauptsache ist — billiger herstellen, wenn der erste Arbeiter den Stahl spitzt, der zweite ihn durchlocht, der dritte ihn glättet und der vierte ihn verpackt. Aber die Poesie ist kein Erzeugnis der Industrie oder sollte doch wenigstens nicht dafür gelten. Eine große Nationallitteratur kann nicht dadurch entstehen oder erhalten werden, daß die kleinen Talentchen sich, jedes für sich, eine Spezialität aussuchen und in ihr die beliebten Virtuosenstückchen ausführen. Eine Nationallitteratur muß entstehen, wie ein Kunstwerk Leben gewinnt. Ein jeder, der sich berufen fühlt, mitzuwirken an dem großen Bau, muß selber das Höchste im Auge haben, muß kühn und emsig streben, selber den Kranz am Dachbalken zu befestigen; und wenn dann der Einzelne wirklich nicht so weit gelangt, wenn Natur und Schicksal ihn zur Bescheidenheit zwingen und er schließlich nur einen kleinen Teil am großen Gebäude geschaffen hat, so ist sein Leben doch für den Monumentalbau der Litteratur wertvoller gewesen, als das blendende Wirken des Virtuosen, der — anstatt am großen Gemeinsamen zu wirken — sich ein rasch vergängliches Privathaus baut, innen eine öde Mietskaserne für das Publikum, außen eine falsche Fassade für die Eitelkeit des Besitzers.

Schillers Schädel.

Die exakte Wissenschaft unsrer unvergleichlichen Zeit hat wieder einmal ein Meisterstück geleistet; sie hat achtzig Jahre nach Schillers Tode durch Messungen und Berechnungen die starke Behauptung aufstellen dürfen, daß der in Weimar aufbewahrte Schädel Schillers nicht der richtige sei. Eine jede Zeitung, welcher an der Bildung ihrer Leser etwas gelegen ist, hat die große Entdeckung verkündet und Millionen von deutschen Verehrern des Dichters haben sie kopfschüttelnd in ihren Blättchen gelesen.

So eine Notiz wälzt sich durch die Blätter ohne Aufenthalt, sobald erst eine angesehene Zeitung sie des ersten Druckes für würdig gehalten hat. In diesem Falle wäre die erste Aufnahme wohl unterblieben, wenn der betreffende Redakteur die Vorgeschichte der ganzen Angelegenheit gekannt hätte. Er hätte dann gewußt, daß der rücksichtslose Hallenser Professor nur mit trockenen Ziffern umgab, was längst auf einem traurigen Blatte der deutschen Litteraturgeschichte verzeichnet stand. Aus Scham sprach man nicht gern davon.

Schiller war am 12. Mai 1805 mit einer häßlichen Würdelosigkeit begraben worden, für welche der kunstliebende Fürst und seine Beamten verantwortlich zu machen sind. Mit Goethe, den vielleicht die Hauptschuld trifft, zu rechten, wäre thöricht; denn es ist doch immer besser, daß Goethe war, der er war, als daß er im richtigen Augenblick das Amt eines Zeremonienmeisters übernommen hätte. Genug, Schiller wurde in finsterer Nacht, ohne Gefolge (außer den Leichenträgern und einigen wenigen persönlichen Freunden), ohne Sang und Klang in die Gruft gesenkt; gute Kinder scharren einen toten Kanarienvogel, der sie zeitlebens durch seinen Gesang ergötzt hat, mit größerer Andacht ein.

Als dann zwanzig Jahre später die Reue kam und der größte dramatische Dichter Deutschlands anständig beigesetzt werden sollte, fehlte natürlich eine Kleinigkeit: Schillers Gebeine; in dem Massengrabe, in welches sein Sarg versenkt worden war, lagen nur Gerippe und verfaulte Holzstücke durcheinander. Man half sich, wie man konnte. Unter den Schädeln, welche überhaupt in Frage kamen (denn die Schädel von Frauen, Greisen und Kindern konnten ohne weiteres wissenschaftlich ausgeschieden werden), wurde der rechte gesucht; und da ereignete sich das Merkwürdige, daß sämtliche Stimmen sich auf einen und denselben Schädel vereinigten. Die Urteilenden hatten alle Schiller persönlich gekannt, auch Goethe befand sich unter ihnen; und dieser Umstand sollte doch auch gegenüber der Untersuchung eines Professors aus dem Jahre 1883 schwer in die Wagschale fallen. Denn Goethe kannte die Kopfform Schillers nach zehnjähriger Freundschaft recht wohl, Goethe besaß den plastischen Sinn für solche Fragen und war überdies in der Schädellehre Fachmann, so gut wie irgend einer, da er doch sogar auf diesem Gebiete eine größere Entdeckung gemacht hat, als die: Schillers Schädel sei unecht.

Also, wie gesagt, die Entdeckung, welche übrigens nicht mit dem Brustton der Überzeugung vorgetragen wird, ist im Grunde

nichts weiter als eine genaue und durch moderne Wissenschaft=
lichkeit unterstützte Erzählung der Umstände, welche es ver=
anlaßt haben, daß niemand die Echtheit des historischen Schiller=
schädels beschwören kann. Man könnte nun billig nach dem
Grunde des ganzen Lärmens fragen, da doch die Wissenschaft
noch lange nicht so weit ist, als daß ihr an den urkundlich
beglaubigten Schädeln großer Männer besonders viel liegen
müßte. Aber selbst, wenn es dem neugierigen Professor ge=
lungen wäre, die Unechtheit des Schädels zu beweisen, müßten
wir sagen, daß das Ergebnis jener Forschung der Mühe nicht
wert war.

Sicherlich ist zwar der großartige Humor, mit welchem
Hamlet die Schädel in die Hand nimmt, nicht von jedermann
zu verlangen. Aber Wahrheit gegen sich selbst wenigstens
könnte man erwarten und diese würde zugestehen, daß die Ge=
fühle, mit welchen wir die Gebeine eines großen Mannes be=
trachten, mit der Verehrung für ihn nichts zu thun haben. Die
• Religion gibt darum nichts von ihrer Würde preis, wenn auch
einmal eine Heiligen=Reliquie als Tierknochen erkannt werden
sollte; und so wird sich der Weimarpilger, der wirklich mit
andächtiger Stimmung herantritt, nicht darum bekümmern, ob
unter dem Denkmal des großen Toten eine echte oder eine
falsche Reliquie liegt.

Daß es gerade der Schädel, die Gehirnhülle ist, um welche
der Streit sich dreht, scheint besonders wichtig zu sein. Aber
auch hierin gibt es eine Mode, welche mit dem jeweiligen
Stande der Wissenschaft wechselt. Als man noch die Nieren
für den Sitz der Seele hielt, untersuchte man wahrscheinlich
diese auf ihre Größe und Form; später war es bekanntlich
Sitte, das Herz hervorragender Menschen in besonderen Urnen
aufzubewahren; und jetzt sammelt man Schädel, weil das Ge=
hirn endlich als Denkorgan gefunden ist. Aber der Toten=

schädel spricht zu uns von ganz andern Dingen, als von den Gedanken, welche einstens in seinem Innern wogten und blitzten; der Totenschädel zeigt uns ein sehr ironisches Grinsen, das mit Pietät und Unsterblichkeit wenig zu thun hat.

Um die ganze Wertlosigkeit der so feierlich aufgeworfenen Frage nach der Echtheit des Schillerschädels zu empfinden, nehme man einmal an, der Dichter wäre nach antikem Brauche verbrannt und seine Asche nur wäre beigesetzt worden; und Schiller und Goethe, die in dem Deutschland des achtzehnten Jahrhunderts ein neues Griechentum träumten, hätten gegen dieses Ende gewiß keine Abneigung gehabt. Wenn nun Schillers Asche unter dem Denkstein läge, wären die Gefühle des frommen Besuchers andre als vor seinem Schädel? Sicherlich nicht! Und doch könnte nur ein närrischer Engländer — „Engländer" als populärer Begriff genommen — den Wunsch hegen, in seiner Raritäten= und Kuriositätensammlung neben dem Bleistift Mozarts, den Stiefeln Wallensteins und einem Fingerknochen Rafaels auch die Asche des Dichters zu besitzen.

Ich glaube, in diesem Worte dem Standpunkt der eifrigen Herren nahe gekommen zu sein. Eine Kuriosität ist Schillers Schädel, wenn man gewaltsam von dem Zauber der Weimarer Umgebung und Erinnerung absehen und die Gebeine an sich als wichtige Gegenstände betrachten will. Eine Kuriosität wird der Schädel, ob echt, ob unecht, sowie er eine eitle Litteratur hervorruft, die über dem Nebensächlichen den Kern vergißt. Die große Angelegenheit bleiben immer Schillers sämtliche Werke, welche in der Höhlung des echten Schädels geschaffen wurden, und so lange die uns nicht durch geschwätzige Aus= leger gefälscht werden, so lange kann es uns gleichgültig sein, ob in Weimar die richtigen Knochen gefunden wurden oder nicht. Wenn das pietätlos gesprochen ist, dann ist auch der Schmetterling pietätlos, weil er die Hülle, in welcher er seine

Verwandlung durchmachte, liegen läßt, anstatt das verwesende
Ding zeitlebens mit sich herumzuschleppen.

Man wird jetzt freilich von Jahr zu Jahr pietätsvoller, wenn
auch nicht gegen Schiller, so doch gegen Goethe. In dem
Museum, das Goethes Werke unter der Goethe-Litteratur begraben will, wird neben Goethes Hose und Stiefelknecht auch
Goethes Brille nicht fehlen. Es ist vielleicht noch dieselbe
Brille, durch welche der Einzige sinnend auf Schillers Schädel
geblickt hat, als er seine Echtheit bestimmen sollte.

Goethes Brille sollte jedem Besucher von Weimar für einige
Stunden geliehen werden; Goethes Brille sollte sich jeder
aufzusetzen versuchen, der Sinn für die großen Fragen der
Kunstschönheit zu haben glaubt und der am Ende über ge-
fundene Regenwürmer, in diesem Falle über die Echtheit des
Gegenstandes, in Entzücken gerät.

Ich glaube auch Goethes echte Brille ist verloren gegangen,
sowie Schillers echter Schädel, sonst könnte das deutsche Volk
nicht seit Jahren das Echte über das Schöne stellen, sonst
könnte nicht jede Scheusäligkeit, wofern sie nur echt ist, unsere
Pietät fordern.

Viel ernster, als die Sorge um die Echtheit des Schädels
wäre die Frage nach der echten und der falschen Pietät. Eine
echte Pietät empfindet das deutsche Volk in seinen breitesten
Schichten für Schiller; diese Pietät ist so groß, daß sie sogar
eine kritische Beurteilung des Großen, die sich langsam in
einzelnen Köpfen Bahn bricht, nicht zu Worte kommen läßt.
Sie hat dem Dichter der „Räuber" und des „Tell" allüberall
Denkmäler errichtet, sie hat ihn — was vielleicht gefährlich
war — zu dem Liebling unsrer Schulen gemacht; sie hat
endlich in der unvergeßlichen Schillerfeier des Jahres 1859
die höchsten Ziele des Volkes an seinen Namen geknüpft und
mit diesen herrlichen Tagen die unfaßbare Nachlässigkeit gut

gemacht, welche die Leiche des Dichters einst unbemerkt bei Seite schaffen ließ. Dem Körper Schillers ist es niemals gut gegangen; Deutschland war damals zu elend, um den kranken Leib seines stolzen Sängers zu schonen. Nun aber, wo sein Geist ein Jahrhundert siegreich überwunden hat, könnte man den Körper endlich ruhen lassen.

Am Lessing.

I.
Die Feinde.

Warum noch niemand auf den Einfall gekommen ist, unsere Goethe und Schiller zu mittelmäßigen Dichtern, zu Hallunken, ferner zu Juden oder Judengenossen zu machen? Es läßt sich mit einer solchen originellen Behauptung nicht allein viel Aufsehen erregen, sondern auch viel Unheil stiften und viel Geld verdienen. Also nur heran! Die Sache ist gar nicht so schwer. Man fängt etwa so an:

Daß Goethe ein Hallunke war, meine Herren, werden Sie mir gern glauben, wenn ich Sie nur an seine „sinnliche, ganz jüdisch=traditionelle Auffassung der Liebe"*) erinnere. Er unterhielt bekanntlich wie der Judenkönig David Liebschaften bis in sein hohes Alter und pries wie Salomo die Reize seiner Kebsweiber. In seinen sämtlichen Werken finden sich einige recht hübsche Verse, wenn wir auch niemals vergessen dürfen, daß seine besten Werke nur Übersetzungen und Anlehnungen

---

*) Die hier und weiter unten angeführten Worte sind buchstäblich einem Vortrage des Herrn Dr. Dühring: „Die Überschätzung Lessings", entnommen.

sind. Götz ist eine erbärmliche Nachäffung Shakespeares, Hermann eine Parodie auf Homer. So ist Goethe „zwar recht talentreich", aber doch mit den wahrhaft großen Schriftstellern deutscher Nation, mit E. Dühring und Richard Mayr, nicht in einem Atem zu nennen. Daß dieser unbedeutende Poetaster als Mensch ein Schuft gewesen, bedarf für denjenigen keines Beweises, der ihn als Juden erkannt hat und weiß, daß sämtliche Juden Diebe und Mörder sind. Und daß Goethe den Juden verwandt war, läßt sich aus folgenden Daten erkennen. Er wurde in Frankfurt geboren, wahrscheinlich im Ghetto. Er versuchte später einmal ein wertvolles Stück Platina sich anzueignen. Er war als Fürstendichter voll Kriecherei, als Dichterfürst voll Arroganz. Er bekannte sich zur Lehre Spinozas, dieses aufgeblasenen jüdischen Philosophasters. Er konnte zeitlebens eine dämonische, ihm wahrscheinlich von seinen jüdischen Eltern vererbte Abneigung gegen das Kreuzsymbol nicht ablegen. Er verliebte sich so sehr in die Gestalt des ewigen Juden, daß er mit dem betreffenden Gedichte gar niemals fertig werden konnte. Gesteht doch Goethe sein Judentum in den bekannten Versen — die nur noch nicht richtig gedeutet worden sind — offen ein: vom Vater hab' ich die Statur, d. h. die Zwerggestalt, die krummen Beine, — des Lebens ernstes Führen, die Leidenschaft für Geschäfte, für Schacher und Wucher, — vom Mütterchen die Frohnatur, die cynische Sinnlichkeit, — die Lust zum Fabulieren, zum Lügen und Betrügen. Frau Rat war eben eine Kommerzienrätin.

Und Schiller? Ein gewisses rhetorisches Talentchen, das er im Kleinverschleiß zu seinen schwülstigen Versen auszunützen weiß, wollen wir ihm ja nicht absprechen. Aber welch ein erbärmlicher Geselle war er im Privatleben! Oder ist es eine anständige Handlung, mit zwei Schwestern zu verkehren und dann die eine sitzen zu lassen? Wer hieß ihn die andere heiraten?

Was sein Judentum betrifft, so dürfte ein Blick auf seine schmale Brust, auf seine lange Nase genügen. Und wie dieser „durch jüdische Reklame groß gewordene Mann" von Jugend auf dem Gelderwerb nachjagte! Eine Zeitung nach der andern, einen Almanach nach dem andern gab er heraus, das richtige Vorbild unserer verjudeten Presse. Mit dem sauberen Goethe gemeinsam veröffentlichte er gar die Xenien, in denen die niederträchtigste Bosheit, der semitische Neid, die Impotenz und der so ungermanische Witz ihre Orgien feierten. Schiller wird überschätzt.

„Nach allen Richtungen trat bei ihm der Mangel an eigentlicher Genialität, an Tiefe und Konsequenz der Auffassung hervor."

„Seine Werke sind der Hoffsche Malzextrakt des vorigen Jahrhunderts." — —

Und solche Tollhausphrasen sind nicht etwa Erfindung. Nein, mitten unter uns, in der Hauptstadt Deutschlands, vor einem Publikum von gebildeten Leuten, in deutscher Sprache hat ein nicht ungelehrter Mann, ein ehemaliger Dozent, so von Lessing gesprochen. Herr Dühring, der erst vor kurzem das Mitleid der gebildeten Welt erregte, als ein unbekannt gebliebener Freund die falsche Nachricht von seinem plötzlichen Tode verbreitete, Herr Dühring, dem wir alle unser Mitleid zuwandten, als ihm aus damals unbekannten Gründen die venia legendi entzogen wurde, Herr Dühring will noch unser tiefstes letztes Mitleid und wendet sich darum gegen Lessing den Großen.

Man sage nicht, Lessing sei nicht die gesamte deutsche Litteratur und Lessing schmähen heiße nicht Deutschland schmähen. Wohl ist Lessing der Grund, auf welchem die deutsche Geistesentwicklung seit hundert Jahren steht. Nicht nur die spätere Dichtkunst der Goethe-Schiller geht von den Werken Lessings aus, sondern auch die moderne historische Forschung, die moderne Kunstbetrachtung, die moderne Theologie beginnen mit dem großen Reformator. Lessing beschimpfen heißt das Deutschtum beschimpfen. Ein Jahrhundert lang existierte der deutsche Einheitsgedanke nur in den Köpfen der Söhne und Enkel Lessings. Was es Hohes zu erkämpfen, was es Edles zu bekennen gab, das wurde verehrt und geliebt in dem einen Heros, in dem Heiligen des neuen Deutschland, in Lessing. Und jetzt, wo mit realistischen Mitteln, mit Blut und Eisen ein Ziel erreicht worden ist, welches mit zu der Nachfolge Lessings gehörte, jetzt soll auf einmal die klassische Zeit unsrer Dichtkunst nichts wert sein, die Zeit, welche mit ihrem Vorrat an Idealen drei Generationen aufrecht erhalten hat? Lessing, der lange vor seinem „Nathan" in ganz Deutschland als Dichter geliebt, als Reformator gefürchtet war, Lessing soll gerade dadurch ein Geringerer geworden sein, daß er vor dem Ende seines Martyriums das hohe Lied des Humanismus zu singen wagte? Und hundert Jahre nach seinem Tode sollte die germanische Welt an Menschlichkeit so zurückgegangen sein, daß ein gebildeter Mann sich ungestraft die Laune gönnen dürfte, ein Gegner Lessings zu heißen?

Wenn etwa neue Forschungen, neuentdeckte Briefe den Beweis geliefert hätten, daß wir uns bisher in Lessing irrten, daß sein Charakter nicht der keuscheste, daß sein Leben nicht das makelloseste war, wenn die Wissenschaft die öffentliche Erklärung verlangt hätte, so wäre es vielleicht noch immer eine Art Vaterlandsverrat, an der Bildsäule des Großen rütteln zu wollen. Wie soll man es aber nennen, wenn die kleinen boshaften Buben mit Zungenblöken und Zotenliedern die Bildsäule umspringen, wenn sie das Postament mit Fratzen beschmutzen und ernstlich glauben, den Fürsten hoch oben damit entthront zu haben? Wer in der Nähe wohnt und vorbei zu gehen gezwungen wird, der ärgert sich wohl und stellt gar einen oder den andern der Gassenjungen, um ihn ein wenig zu züchtigen. Von der Ferne aber nehmen sich die Buben am Fuße der Bildsäule ganz niedlich aus als eine lebendige Staffage, die wir ungern missen möchten. Spielt doch in dem sonst so göttlich milden Antlitz Lessings auch ein spöttischer Zug um die Lippen; da muß es doch auch Feinde geben, welche den Spott erklären.

Wie ein Hirsch nicht von einem Gegner allein verfolgt zu werden pflegt, so heulen hinter Lessing her mit Dr. Dühring noch andere Leute. Außer Predigern, welche ihren Rüben= beruf verfehlt haben, kommen hier und da wissenschaftlich auf= geputzte Männer den Lessingslästerern zu Hülfe. Ein Buch, aus welchem Dühring vielleicht geschöpft hat, heißt „Beiträge zur Beurteilung G. E. Lessings" von Dr. Richard Mayr. Der Verfasser der thörichten Arbeit gesteht dem großen Lessing die Gabe, „die Schranken seines Geistes zu verdecken", allein zu. Nun, Herr Mayr besitzt nicht einmal diese Gabe.

Und es gehört doch nicht gar so viel dazu, Lessing zu ver= stehen. Wie jedes gesunde und offene Auge das verstreute Licht der Sonne empfindet, so muß ein Jeder dankbar die Wohlthaten des Lessingschen Geistes empfinden, der nicht ent= weder zu dumm oder zu böse ist. Die Herren Mayr und Dühring aber verstehen Lessing beide nicht.

Die Hetze gegen Lessing hat begonnen, weil er in seiner herrlichen Freiheitsliebe für das Recht aller Religionen kämpft, weil er ferner in seiner urdeutschen Kampflust gerade den ver= achtetsten Volksstamm zum Idealträger seiner Lehren machte. Wäre Lessing ein Jude und zur römischen Kaiserzeit lebendig gewesen, er hätte sicherlich einen Nazarener zum Sprecher seiner Tendenz gemacht.

Angenommen aber, die Antisemiten=Bewegung sei wirklich

die große That unserer Zeit, angenommen, es drohe Deutschland von den hosenverkaufenden Jünglingen, welche sich bis vor kurzem über die russische Grenze herein ergossen, wirklich der wirtschaftliche Untergang, angenommen, die Ermordung sämtlicher jüdischen Deutschen in einer dazu besonders ausgesuchten Dezembernacht wäre wirklich wärmstens zu empfehlen, so wäre auch dann noch die Frage aufzuwerfen: ist die Gefahr auch so groß, daß Deutschland vor Schrecken sein heiligstes Bild, das Andenken Lessings, opfern soll?

Es ist ein gutes Zeichen für die deutsche Jugend, daß selbst die Robespierre und St. Just des Judenhasses sich ihre Verehrung für Lessing noch nicht haben rauben lassen.

II.
Die Freunde.

Ein Verein von zielbewußten Männern, die vor grauen Jahren zusammengetreten sind, um dem edlen Lessing ein würdiges Denkmal zu setzen, scheint nicht eben eine schwere Aufgabe übernommen zu haben.

Es ist ja immer noch unnötig, die meisten Deutschen auf den Wert ihres Heros aufmerksam zu machen; das haben andere kühnere Männer gethan, welche dem betreffenden Komitee nichts als die Mühe überlassen wollten, der langsam geschaffenen öffentlichen Meinung in Marmor oder Bronze einen Ausdruck zu verschaffen. Die Herren Denkmalsetzer hätten also eigentlich nichts weiter zu thun, als den Gedanken laut auszusprechen, die Wahrscheinlichkeit des Gelingens durch das Gewicht ihrer angesehenen Namen zu stützen, zu agitiren, durch öffentliche Sammlungen die nötigen Geldmittel aufzubringen, dieselben einem Künstler von akademischer Bildung zuzuwenden und vor dem enthüllten Denkmal den Dank des Bürgermeisters mit stolzer Bescheidenheit entgegenzunehmen.

Ein dunkles Gerücht will wissen, daß in Berlin ein solches Komitee für die Errichtung eines Lessing-Denkmals tage oder nächtige. Es sollen sogar schon einige Kapitalien beisammen sein und wenn die Herren den ebenso vorsichtigen als bequemen Beschluß gefaßt haben sollten, das Geld so lange liegen zu lassen, bis es bei dem landesüblichen Zinsfuße die rechte Höhe erreicht hat, so ist nicht daran zu zweifeln, daß Berlin noch einmal sein Lessing-Denkmal erhalten wird. Freilich müßten wir noch ziemlich lange darauf warten.

Ich habe nicht das Recht, den Herren vom Lessing-Komitee für ihr unerklärliches Versteckspiel unedle Motive ins Gewissen zu schieben. Ich will darum auch nicht annehmen, daß das Andenken Lessings unter der seit einigen Jahren auf Deutschland lastenden, weniger politischen als geistigen Reaktion zu leiden hat. Ich will nicht glauben, daß die Herren eine öffentliche kräftige Agitation für ein Lessing-Denkmal unterlassen, weil sie dieselbe für inopportun, für unordentlich oder ordenlos halten. Ich traue den mir unbekannten Herren einen solchen Gedankengang schon deshalb nicht zu, weil derselbe irrtümlich wäre.

Die Enthüllung eines Lessing-Denkmals würde endlich wieder einmal einen äußeren Sammelpunkt für alle Kreise der Nation abgeben, bis auf diejenigen, welche auch heute noch der Herde des Hauptpastors Goeze angehören. Eine solche nationale Bedeutung hatten die unvergeßlichen Schillerfeste des Jahres 1859, während die Aufrichtung des Goethe-Denkmals in Berlin und auch die Gründung der Goethe-Gesellschaft in Weimar leider nur für die oberen Zehnhundert der geistigen Aristokratie und Anhang einen bedeutenden Tag bezeichnete.

Der erstaunliche Lessing würde wieder alle Geister zu entflammen vermögen. Nicht nur die Litteratenwelt würde dem charaktervollsten aller Schriftsteller huldigen, nicht nur die Gelehrten müßten sich dem antiquarischen Forscher beugen: jeder freidenkende deutsche Mann würde dem großen Goezenbekämpfer zujubeln, jede deutsche Frau würde den Dichter der Minna und der Emilia im Bilde zu sehen verlangen, und wenn am Abende des Enthüllungstages in allen Theatern der Residenz gleichzeitig das hohe Lied des Humanismus, „Nathan der Weise", gesprochen würde, dann müßte ein ungewohnter Schauer der Andacht alle Schichten der Bevölkerung ergreifen und die wenigen Armseligen, welche in den letzten Zeiten ungestraft Lästerungen eines der größten deutschen Männer verüben durften, würden über Nacht verschwinden und unsichtbar werden — wie es heute die Herren vom Lessing-Komitee sind.

Wir haben in Berlin die Standbilder Schillers und Goethes. Es heißt nicht die beiden größten deutschen Dichter, welche zuerst der deutschen Litteratur einen internationalen Wert verliehen haben, herabsetzen, wenn plötzlich von vielen Seiten die Forderung nach einem Lessing-Denkmal lauter und dringender erklingt, als sie jemals nach einem Schiller- oder Goethe-Denkmal erklang.

Die Verehrung für Schiller ist eine Freude, die für Goethe ein Stolz, die für Lessing ein Bekenntnis. Und ein Bekenntnis macht, wie alles, was Glaubenssache ist, gern Propaganda.

Man hat von anderer Seite darauf hingewiesen, daß die Stadt Berlin schon deshalb ihr Lessing-Denkmal besitzen müsse, weil Lessing hier viele Jahre wohnte und wirkte. Ich gestehe, daß mir dieses lokale Verhältnis von minderem Belang scheint. Wohl war Lessing in Berlin journalistisch thätig, wohl waren es Berliner, deren Freundschaft ihn bis zu seinem Tode begleitete, man kann aber trotzdem nicht sagen, daß Lessing sich in Berlin jemals heimischer gefühlt habe, als anderswo. Wenn Schiller und Goethe niemals eine gewisse Antipathie gegen Berlin verwunden haben, so sprach aus ihnen das heute noch nicht ganz geschwundene Mißtrauen der Süddeutschen gegen den schneidigen preußischen Charakter. Derartige Vorurteile kannte der unbestochene Lessing nicht.

Lessing, vaterlandslos wie jeder schwärmerische Geist jener unglücklichen Zeit, vaterlandslos durch seine Philosophie, durch seine schmähliche Armut und durch die Zerrissenheit Deutschlands, Lessing, der „die heroische Schwachheit" des Patriotismus ablehnen mußte, weil der Großdeutsche jener Tage kein Vaterland besaß, Lessing wählte bei Beginn seiner litterarischen Laufbahn Berlin zu seiner Residenz, weil es die Stadt der freien Geister war. Als er aber hier jahrelang auf dem Markte stehen mußte, ohne daß ihn jemand dingen wollte, da erbitterte er sich gegen Berlin ebenso sehr, wie später gegen Hamburg und Wolfenbüttel, und wie am Ende auch gegen Wien, wohin es ihn doch lange Zeit offenbar mächtig gezogen hatte. Nein, dieser unglücklichste aller deutschen Heroen konnte auch an Berlin nicht mit Dankbarkeit zurückdenken; er, der es nie so gut haben sollte, wie andere Menschen auch, ähnelte darin manchem unsrer alten Kaiser, welche das deutsche Volk regierten und doch in Deutschland keine Stätte hatten, ihr Haupt niederzulegen. Der Anspruch der Berliner an Lessing ist fast ebenso traurig, wie etwa derjenige der Stadt Teplitz an Seume.

Aber das Vaterland Lessings, das vor hundert Jahren nicht vorhanden war, es ist seitdem geworden und Berlin ist seine Hauptstadt. Diese hat von dem alten Berlin nur geringe Rechte auf Lessing geerbt, aber der Mittelpunkt des deutschen Lebens hat Pflichten gegen alle Heroen der deutschen Nation. Welchen Rang Gotthold Ephraim Lessing unter den großen deutschen Männern einzunehmen berechtigt wäre, das ließe sich nur durch Vergleichung mit den zwei oder drei andern ersten finden. Epochemachend als Forscher und Dichter, epochemachend als Kritiker im höchsten Sinne dieses viel mißbrauchten Wortes, wäre Lessing schon der seltensten Verehrung wert. Aber Lessing war mehr, als einer unsrer bedeutendsten Litteraten. Er war einer der Gewaltigsten unter allen Kämpfern, welche in Jahrtausende langem Ringen den Triumph des deutschen Genius vorbereitet haben. Poesie, Wissenschaft und Religion, allen ihren Vertretern muß es Herzenssache sein, das Standbild dieses großen deutschen Reformators aufrichten zu helfen.

Die häßliche Wahrheit, daß das Andenken Lessings noch hundert Jahre nach seinem Tode innerhalb seiner Nation feindliche Elemente vorfindet, soll ja nicht geleugnet werden. Zwar im Reiche der Poesie ist sein Sieg unbedingt; die Gottsched und Lange sind zwar nicht ausgestorben, aber moralisch gezwungen, sich dem Hamburger Dramaturgen zu unterwerfen. Auch die Klotz wagen sich nicht mehr vor, seitdem die deutschen Universitäten die Bedeutung Lessings anerkennen mußten. Nur die Partei Goeze hat ihr zähes Leben bis zum heutigen Tage fortgeschleppt und wird nicht aufhören, den Namen Lessing zu verfolgen. Die Partei Goeze besteht aus kriegerischen Leuten, die im Kampfe gegen den wahrhaftigen Mann Heuchelei, Verleumdung und Intrigue auch heute nicht scheuen. Aber diese Partei ist doch um vieles kleiner als vor hundert Jahren und vor der ungeheuren Mehrheit der Partei Lessing müßte sie eigentlich unsichtbar geworden sein, — wie es heute die Herren vom Lessing=Komitee sind.

Wenn die nötigen Mittel schon gesammelt wären und ein genialer Bildhauer des Auftrags harren würde, ein Denkmal für Lessing zu errichten, so wüßte ich wohl auch ein Motiv für dieses Werk, das sich von der üblichen Weise entfernte, die ein Bild des Heros in der zufälligen Gewandung seiner Zeit auf einen Sockel stellt. Das Postament freilich müßte in einem Medaillon die Züge des Menschen Lessing bringen. Oben aber sehe ich an einen Fels geschmiedet den Titan Prometheus, nicht den eleganten Salon=Prometheus, der sich von hübschen Okeaniden bedauern läßt, sondern den echten Halbgott, der der Menschheit gegen den Willen der Himmlischen Licht von den Sternen heruntergeholt hat und dem dafür in ewiger Qual ein Geier das Herz zerreißt.

Und im Sockel könnte eine heimliche Wohnung untergebracht werden für die Zwerge, welche unter dem Lessingschen Symbol leben, sich aber nicht hervorwagen, so lange der Geier sichtbar. Umsonst ruft man ihnen zu: „Der Geier ist versteinert! Er kann euch nichts mehr thun!" Die Zwerge fürchten sich ewiglich vor ihrem eigenen Heldenführer, so lange er nicht offiziell an ihre Spitze gestellt ist. Erst wenn Zeus den Prometheus begnadigt und den Geier zerschlagen hat, werden sie mutig hervortreten. Bis dahin verhalten sie sich still, — wie es bis heute die Herren vom Lessing-Komitee sind.

Lessing der Kleine.

Hülflos und gedankenlos stürmte Germanus in seinem Arbeitszimmer umher.

„Germanus" war der Kriegsname, unter welchem er hier und da in seinem altadeligen Blatte Aufsätze über Tagesfragen veröffentlichte. Im gewöhnlichen Leben hieß er Kurt von Tröscha, war ein ehrenhafter, zuverlässiger Mann, nahe an sechzig Jahre alt, eine Zierde seiner Partei.

Heute morgen hatte er dem befreundeten Redakteur das Versprechen gegeben, seine Stimme gegen die Feier des Lessings-Tages zu erheben. Es war ihm so leicht erschienen. Allerdings hatte er sich seit seiner Studentenzeit kaum mehr mit einer Lessingschen Schrift beschäftigt, hatte seit seiner Jugend sich so viel um Politik und Wirtschaftssachen gekümmert, daß seine Teilnahme an den Bestrebungen der deutschen Litteratur erkaltet war. Aber er brauchte nur auf die Mitteilungen der Berufensten unter seinen Freunden zu hören, um sich einig zu wissen mit den Besonnenen, die gegen die Überschätzung Lessings eiferten.

Schlimm genug, daß die öffentliche Meinung Angriffe auf den großen Heiden Goethe nicht duldete, — schlimm genug, daß der hinreißende „Dichter der Liberalen", Schiller, im Jahre 1859 dem Volke so nahe gerückt worden war. Der dritte und gefährlichste unserer Klassiker sollte jedoch nicht ohne Widerspruch zu neuem Wirken geweckt werden, Lessing, der Dichter des „Nathan", sollte auf seinen wahren, bescheidenen Wert herabgedrückt werden.

So einfach war seine Aufgabe dem ehrlichen Germanus erschienen, als er am Morgen die Feder angesetzt und die Überschrift „Lessing der Kleine" aufs Papier gemalt hatte. Dann war es über ihn gekommen — eine unsägliche Angst.

Germanus war zu vornehm, um nichtswürdige Schlagworte, wie sie von Handlangern seiner Partei erfunden worden waren, vorzubringen. Er wollte aus der Tiefe seines eigenen Gewissens ein Bekenntnis hervorholen und es dem Humanismus Lessings stolz gegenüberstellen. Je mehr er aber nachsann, desto lebendiger stieg die Erinnerung an seine Universitätsjahre in ihm auf, an die herrliche Zeit, in der er mit seinen Genossen auch für Lessing geglüht hatte. Und rührend und immer rührender, groß und immer größer wuchs das Bild des Dichters, den er zu bekämpfen versprochen. Und darum stürmte er umher, wie vom hellen Wahnsinn gejagt.

Er hatte aus dem Bücherschranke seiner Tochter Lessings Werke geholt und bald da, bald dort darin geblättert. Darüber war es Mittag, war es Abend geworden. Und ob Germanus sich auch darüber empörte, ob er auch mit geballter Faust auf den „Anti-Goeze" niederschlug, es fiel ihm nichts ein, was seine instinktive Feindschaft gegen Lessing rechtfertigen konnte.

Es war vollends finster geworden. Germanus konnte nicht mehr lesen und saß wie ein Verzweifelter in seinem Stuhle, das Gesicht in die Hände gepreßt. Wenn er sich diesem schrecklichen Lessing beugen mußte, was war dann sein Leben anders als eine Lüge? Wenn der Schreckliche nicht anzugreifen war, mußte er sein ernstes, pflichtgetreues Leben nicht mit einem Widerruf beschließen? Kaum konnte er auf seinem Schreibtisch noch das weiße Blatt erkennen, auf dem in schönen Buchstaben „Lessing der Kleine" stand. Nun zögerte er schon so lange und Lessing mußte doch klein sein, er mußte, wenn nicht die Grundfeste beben sollte, auf der Germanus bisher gestanden.

Und wieder starrte er zornig nach dem weißen Blatte; da fielen ihm wohl die Augen zu, und als er wieder sah, da war Lessing klein, so klein.

Germanus lächelte und rührte sich nicht, aber unhörbar glitt seine Feder über das Papier.

Da war zuerst zu beweisen, daß Lessing kein Dichter. Das war nun so leicht, Lessing selbst hatte ja über sich das härteste Urteil gefällt. Emilia — Minna — Nathan — „alles durch Druckwerk und Röhren aus sich herauf gepreßt."

Und während Germanus noch lächelte, füllte sich der Raum mit unbeschreiblichem Lichte und aus weiter Ferne glänzten die großen Märtyreraugen Lessings herüber. Vor Germanus jedoch stand in ganzer Gestalt Tellheim. Die Lippen wie in Bitterkeit fest geschlossen, die Stirn in Falten. Und als Germanus näher zublickte, da war er es selbst, der in Gestalt des Tellheim mit sich selber sprach. Ja, so hatte er vor Jahren ausgesehen, als der brave preußische Offizier auch sein Ideal gewesen, als der Schöpfer des Tellheim ihm wie sein eigener Schöpfer erschienen war. Und seitab von Tellheim stand Minna — nein, sie hieß nicht Minna — aber Germanus hatte sie geliebt, so lange er sie mit der Braut Tellheims hatte vergleichen können. Erst seitdem er seinen Irrtum eingesehen, war er lieblos geworden und alt und hatte den Kampf gegen die Jugend und gegen die Menschenliebe begonnen.

Einerlei! Germanus hatte seine Bahn vorgezeichnet.

Die Feder flog unhörbar weiter über das Papier und der

Schreiber las zu seinem Entsetzen Schmähungen auf die Überschätzung des schrecklichen Lessing. Da rückte das Bildnis Lessings aus der unabsehbaren Höhe und Ferne näher und näher, die großen Märtyreraugen blickten vernichtend in die geschlossenen Lider des Menschen und die Lippen Lessings öffneten sich und sprachen:

Wenn Gott in seiner Rechten alle Wahrheit, und in seiner Linken den einzigen immer regen Trieb nach Wahrheit, obschon mit dem Zusatze, mich immer und ewig zu irren, verschlossen hielte und spräche zu mir: wähle! Ich fiele ihm mit Demut in seine Linke und sagte: Vater, gib! die reine Wahrheit ist ja doch nur für Dich allein!"

Da stürzten mit entsetzlichem Krachen die Wände des Hauses ein, die Menschheit lag ausgebreitet zu den Füßen des Schreibers.

Und die heilige Wahrhaftigkeit selbst flog durch die Welt. Allüberall, wo sie erschien, unterwarfen sich die Völker. Und je größer ein Mensch war, desto demütiger faßte er die Hand der Wahrhaftigkeit. Nur die häßlichen Zwerge, welche kurzsichtig nicht bis zu dem Haupte des ragenden Weibes emporschauen konnten, bäumten sich auf, verhöhnten die strenge Wahrhaftigkeit und tanzten in zierlichen Reigen um die schöne geschminkte zierliche Lüge.

Die siegreiche Wahrhaftigkeit aber sah nicht das Treiben zu ihren Füßen, sie schwebte heran und schwebte vorbei. Als sie ihm gegenüberstand, verstummte Germanus; doch kaum war er wieder aus dem Bann ihrer Augen, als er sich in die Brust warf und mit heiserer Stimme rief:

„Lessing der Kleine, Lessing der Kleine."

Er zitterte vor dem Tone seiner eigenen Stimme, heiß überflog ihn der Atem des Todes, Schweiß brach aus seinen Poren, aber trotzig wiederholte er:

„Lessing der Kleine."

Da erscholl aus dem höchsten Himmel die Antwort. Unter furchtbarem Donnergetöse erklang langsam und ernst der Name „Lessing". Nichts weiter; aber es tönte groß und feierlich. Und die großen Märtyreraugen kamen immer näher, bis Lessing selber, heitere Ruhe auf den Lippen, vor dem schaudernden Germanus stand.

Doch schon drängten sich fratzenhafte Nebelgestalten heran, hinter denen die großen Märtyreraugen wie hinter einem Schleier von Thränen sich trübten. Wohl hob das Bild Lessings mit spitzen Fingern die drei gleichen Ringe aus gleich gemischtem Golde hoch empor. Vor ihm aber lagerte sich etwas: ein gemeines, von Peitschenhieben der Verachtung gezeichnetes, wie von Schande breitgetretenes Gesicht; ein dem Zuchthaus entstammendes Wesen hielt heuchlerisch die Hände zum Himmel empor und in den Händen hielt es drei Stöcke.

Und es sprach:

„Was sollen uns ferner noch die drei Ringe, von denen der rechte die Wunderkraft besitzt, beliebt zu machen, vor Gott und Menschen angenehm? Drei Stöcke seien fortan unser Symbol. Und welcher Stock im Pöbelkampf am längsten aushält, welcher Stock die beiden andern überwindet, das ist der echte und rechte Stock. Die aber schwächer sind und entzwei geschlagen werden, die seien verworfen vor dem Angesichte des Herrn!"

Die große Holzerei und Stöckerei ging los. Zuerst wurde ein dünner, krummer Wanderstab, der seit Jahrhunderten immer wieder an seinem gebogenen Griff gefaßt worden war, entzwei geschlagen. Die beiden andern Stöcke schonten einander nun und gaben acht, daß nur die Menschen verletzt wurden, die Stöcke aber ganz blieben.

Wohl riefen neue Stimmen dazwischen: „Eure Stöcke sind

alle drei nicht echt!" Das Volk jedoch ließ sich geduldig weiter prügeln.

Da kamen drei blutlose Männer mit Blicken des Hasses und schwangen drei neue, eiserne Stöcke und hieben mit ihnen mächtig nach der marmornen Bildsäule Lessings. Umsonst. Jeder Splitter, den sie loszuschlagen vermochten, verwandelte sich in ein neues Steinbild des Großen und bald starrte das Gefilde von unzähligen Statuen, die langsam, langsam wuchsen und endlich die drei Männer zwischen ihrem Marmor zerdrückten.

In der Mitte erhob sich ein Riesenbild des Großen. Und es streckte seinen Marmorarm aus und berührte mit seinem kalten Marmorfinger das weiße Haupt des fiebernden Germanus. Da schrumpfte er zusammen und wurde so klein, so klein, daß er keinen Raum fand auf Erden, der klein genug für ihn gewesen wäre. Es schüttelte ihn und er schrie jammervoll auf....

Die Dämmerung schielte durchs Fenster, der Morgenfrost schlich in das Gemach, als Germanus sich plötzlich gerettet fühlte. Vor ihm lag noch das leere Blatt mit den Worten „Lessing der Kleine".

Ob er den Aufsatz wohl zu Ende geschrieben hat?

Goethe auf Besuch.

Im himmlischen Reiche der vierten Dimension, wo Goethe seit dem Erscheinen des zweiten Teil des „Faust" sich aufhält, sprach man im Jahre 1932 viel von den Vorzügen des Goethe-Allbuchs, dessen 297. Teil oben besonders gefiel.

Der Dichter hielt es für angemessen, daß er der eifrigen Gemeinde einmal ein Lebenszeichen gab. Und als gerade zu dieser Zeit unzählige Artikel aus Anlaß des Todestages zum Himmel emporräucherten und den Aufenthalt oben nur für Götternasen erquicklich machten, schwang Goethe sich zu seiner Erde nieder, die Verehrer vom Allbuch zu besuchen.

Er trat zuerst bei den würdigen Männern ab, deren Beschäftigung mit allen Wissenschaften ihnen die allgemeine Achtung verschafft hatte, bevor noch die besondere Pflege der Goetheschen Schriften ihr Wirken gekrönt. Der Dichter hatte hier kein Glück; mit jedem der Herren wiederholte sich derselbe Auftritt. Goethe näherte sich dem Schreibtisch und äußerte mit Berufung auf seine schriftstellerische Thätigkeit den Wunsch, den berühmten Gelehrten kennen zu lernen. Darauf wandte sich der Angeredete unfreundlich genug herum und bedauerte, gerade heute keine Zeit übrig zu haben; er müßte noch eben unter seinen Papierschnitzeln eine Miszelle fürs Goethe-Albuch aussuchen und somit Gott befohlen.

Ob nun diese würdigen Männer nur zufälligerweise oder überhaupt zerstreut waren, ob ihre Vorstellung durch die zahlreichen Bildnisse des alten, des jungen und des gemischten Goethe getrübt wurde, ob die schlichte Sprache des Dichters täuschte, genug, er wurde nicht erkannt und mußte nicht ohne Verstimmung weiter wandern.

Er wandte seine Aufmerksamkeit nun den niedrigeren Geistern zu, welche im Wiederholen seiner Schriften einen ausreichenden Lebensgrund fanden und in diesem seinem Schatten prächtig gediehen. Gleich der erste dieser Gattung, zu welchem der Dichter nun seine Schritte lenkte, hatte für seine Text-Revisionen zur Inhaltsangabe von Goethes Werken eine ansehnliche Stellung im Staate erhalten und wohnte darum vornehm im Berliner Tiergarten-Viertel. Goethe, der es bei seinen ersten Wegen dadurch verfehlt zu haben glaubte, daß er seine Persönlichkeit ohne Titulatur eingeführt hatte, erklärte diesmal gleich an der Schwelle, er sei auch Geheimer Rat.

Auf die Antwort des Kenners, daß dies in seinen Augen natürlicherweise nicht viel bedeuten könne, nannte der Dichter, über den Zwang leise errötend, seinen Namen.

„Sehr erfreut!" rief der andere mit einiger Genugthuung. „Ich habe Ihren werten Besuch schon lange erwartet."

Und nun begann er dem Dichter sehr weitschweifig vorzurechnen, wie viele Druckfehler er in dessen Werken getilgt, wie viele Parallelstellen er nachgewiesen und wie er des Dichters Gesamtausgabe durch seine massenhaften Anmerkungen auf die doppelte Bändezahl gebracht habe.

Darum sei Goethe in seiner Schuld, und er, der Apostel, habe ein Recht auf Dankbarkeit.

Von dieser Wendung überrascht, fragte der Dichter, was

denn von ihm verlangt werde. Er wolle nichts Unbilliges ver=
weigern.

Da rückte der Mann allmählich mit seinem Anliegen heraus.
Er besitze alles: Ansehn, Ruhm und ein behagliches Leben; nur
eins fehle ihm: eines der vielen Talente, die er an dem Altmeister
mit solchem Staunen bewundere. Herr von Goethe solle ihm
doch ein bischen Talent geben und versichert sein, daß man nicht
ruhen und nicht rasten werde, bevor nicht eine druckfehlerfreie
Ausgabe sämtlicher Werke vorliege.

Goethe versprach nachzusehen, ob er dem Herrn nicht
irgend ein abgelegtes Talent ablassen könnte, und ging ins
nächste Haus.

Und so viele seiner Verehrer diesem Kreise angehörten, so
viele ließen es ihn fühlen, daß er durch seinen Besuch nur eine
längst fällige Pflicht der Dankbarkeit ausübe.

Kopfschüttelnd wandte Goethe seine Schritte einem Vereine
zu, der seinen Namen trug, und wo ältere und jünger Leute mit=
einander wetteiferten, sich durch merkwürdige Leistungen zu der
ersten oder zweiten Klasse der anerkannten Kenner emporzuheben.

Bei Goethes Eintreten verstummte alles. Man hatte ihn
sofort erkannt, denn er hatte den Mantel abgeworfen und stand
da, in das im Vereine bislang noch nicht übliche Werther=
Kostüm gekleidet.

Der Dichter lächelte gütig und geschmeichelt. Als die Ge=
sellschaft jedoch stumm blieb, wandte er sich an den Obmann,
der, durch einen großen Rotstift kenntlich, vor einer Goethe=
Büste saß; der Dichter begann mit der Frage, warum er nicht
begrüßt werde. Da atmeten die Genossen erleichtert auf und
redeten alle durcheinander. Und der Obmann erklärte, daß
die Vereinsgesetze nur gestatteten, über Goethe, niemals aber
mit Goethe zu sprechen. Da der ungewöhnliche Fall eines
persönlichen Besuches jedoch nicht vorgesehen sei, so hoffe er

es bei den Genossen vertreten zu können, wenn er den größten Dichter herzlich willkommen heiße. Und auf den Wink des Obmanns sangen die Mitglieder das schöne Lied:

> „Selbstlob! Nur dem Neide stinkt's,
> Wohlgeruch Freunden
> Und eignem Schmack!" —,

wie es ein Schüler Zelters kanonartig und vierstimmig gesetzt hatte. Von dieser Aufmerksamkeit wider Willen günstig gestimmt, gab es der Dichter dem Vereine anheim, drei Fragen an ihn zu stellen, die er nach bestem Wissen beantworten wolle.

Da erhob sich der Obmann und fragte:

„Sehr geehrter Herr, wie viele Paar Hosen haben Sie bei Ihrem vielen Dichten durchgesessen?"

Darauf mußte der Dichter antworten, daß ihn sein Beruf ebenso viele Paar Stiefel als Hosen gekostet habe und daß er die Ziffer nicht genau im Kopfe trage.

Da erhob sich der Obmann-Stellvertreter und fragte:

„In welchem Verhältnis, sehr geehrter Herr, stand Ihre gewöhnliche Produktion zu derjenigen zur Zeit Ihres Karlsbader Aufenthalts?"

Und als der Dichter die Neugierde nach einigem Besinnen befriedigt hatte, fragte zum dritten der Schriftführer:

„Sehr geehrter Herr, rührt das Schweinchen, auch Tintenklex genannt, so wie wir es auf einem leeren Blatt des Hoftheaters von Weimar vorgefunden und hier unter Glas und Rahmen gethan haben, von Ihrer wertgeschätzten Hand her oder nicht?"

Der Dichter wagte diese Frage nicht zu entscheiden. Dagegen versprach er, wenn die Herren ihm Gehör schenken wollten, einiges aus seinem Leben mitzuteilen und für gewisse persönliche Beziehungen seiner Dichtungen authentische Erklärungen zu geben.

Da entstand unter den Vereinsgenossen ein heftiger Streit. Einige von den jüngsten waren bei der eröffneten Aussicht ganz Feuer und legten sofort ein halbes Dutzend gespitzter Bleistifte neben sich hin, um den Ausführungen stenographirend folgen zu können. Die Mehrzahl aber murrte.

„Wie?" rief das älteste Mitglied, „haben wir uns darum fünfzig Jahre lang abgequält, Ordnung in die Schriften dieses Herrn zu bringen, damit er plötzlich komme und uns unsern schönen Bau auseinander werfe? Ist Goethe denn überhaupt über sich selbst zu hören? Haben wir nicht die größte Mühe gehabt, sein Irrtümer über sich selbst nachzuweisen? Kennen wir sein Leben nicht besser als er selbst? Verwechseln wir Jahre und Personen, so wie er? Wer hat die Verse des Faust gezählt? Er oder wir? Er hat sie geschrieben, das will ich zugeben, aber wir, wir haben sie gezählt und sogar verschieden gezählt! Und angenommen, er irrt sich und diktirt uns hier auf der Stelle einen neuen Band aus seinem Leben: reißt er dadurch nicht erst recht unsre ganze Wissenschaft auseinander? Müßten wir nicht von vorn anfangen? Darum sage ich: Hinaus mit ihm, unbeschadet unsrer Verehrung! Der Dichter hat nichts unter uns Forschern zu suchen! Wir werden schon ohne ihn fertig werden!"

Und so geschah es.

Der Dichter eilte hinweg. Auf der Straße bemerkte er, daß er von vielen Mitgliedern seines Vereins heimlich verfolgt wurde. In diesem Augenblicke hatte ihn der Schnellste erreicht und flüsterte ihm zu:

„Wenn Sie die Gewogenheit hätten, die versprochenen Mitteilungen mir unter vier Augen zu machen, wäre ich Ihnen zeitlebens verbunden, großer Goethe!"

Kräftig schwang sich der Dichter von der Erde wieder nach oben.

Wagner über Fauſt.

I.

Das Fiedeln, Schreien, Kegelſchieben
   Iſt mir ein gar verhaßter Klang —
ſo ſpricht der Famulus Wagner, während er doch gleichzeitig
eine dunkle Ahnung davon hat, daß es ehrenvoll und Gewinn
ſei, mit dem Titan Fauſt am Oſterſonntag zu ſpazieren. Und
faſt ebenſo hatte in ſeiner Sprache der berühmte Phyſiologe Du
Bois=Reymond erſt vor einem halben Jahre ſeine Scheu vor dem
Weltlärmen ausgeſprochen. „Wer, ſeiner Natur nach ein Aka=
demiker alten Schlages, am liebſten fern vom Lärm des Marktes,
vom Hader der Agora, ja vom erfreulichen Gedränge des Lehr=
ſales ein beſchauliches Leben führte, nur bedacht auf Häufung
von Wiſſensſchätzen, Löſung geiſtiger Aufgaben, Erweiterung des
inneren Geſichtskreiſes: der ſehnt ſich jetzt wohl manchmal nach
der ungeſtörten Ruhe, dem behaglichen Halbdunkel einer mittel=
alterlichen Benediktinerzelle." Die Feſtrede „über die wiſſen=
ſchaftlichen Zuſtände der Gegenwart", welche mit dieſem Ge=
ſtändniſſe beginnt, gab ein gutes Beiſpiel von den Vorzügen,
durch welche ſich die feierlichen Reden des Akademikers aus=
zeichnen. Die Form iſt zwar drollig, wie eine verkehrt umge=

hängte Toga, so daß es schwer fällt, sie nicht zu porobieren; der Inhalt aber ist die anregende Unterhaltung eines hochstehenden Geistes, der innerhalb seines Faches als Meister, außerhalb desselben ein wissenschaftlicher Gourmand geforscht hat, der mit so einer Rede, „während er zwischen den scharfen Schwerterspitzen der letzten Fragen einen fröhlichen Eiertanz vollführt", gern irgend ein greifbares Ziel verfolgt.

Auch die nächste, beim Antritt des Rektorats der Berliner Universität gehaltene und im Buchhandel erschienene Rede, „Goethe und kein Ende" enthält manches Zeugnis für die weltumfassende Bildung, für die Geistreichigkeit und für die Noblesse Magnifici, ja die kleine Endabsicht, welche hier eine derbe Lektion für den verspäteten Naturphilosophen Häckel, den gefährlichen Uebertreiber Darwins, zu sein scheint, ist mit besonderer Geschicklichkeit erreicht. Trotzdem hat diese Allokution mit Recht ein allgemeines Schütteln des Kopfes bei denen hervorgerufen, welche in Goethes „Faust" die moderne Bibel verehren und den größten deutschen Dichter ungern von der leibhaftigen Prosa, und sei sie noch so gelehrt, verkannt sehn.

Der Titel ist von Goethe geborgt, nur daß Goethe, als er für seinen herrlichen Aufsatz mit liebenswürdiger Selbstironie den Namen „Shakespeare und kein Ende" wählte, zugab, daß es mit der Shakespeareforschung in der That so bald kein Ende haben soll. Nun wäre es ja gestattet, das Wort ernsthaft zu nehmen und sowohl bezüglich Shakespeares als Goethes zu wünschen, daß es mit der kleinlichen Spürerei und Schnüfflerei, soweit sie nur die Neugier eines geschlossenen Kreises befriedigt, ein Ende nähme; gerade die allerneusten Erzeugnisse der Shakespeare-Litteratur und kleine Albernheiten einzelner Goethe-Spezialisten fordern wirklich eine ernste Opposition heraus. Aber gegen solche Ausschreitungen der Goethe-Philologie wendet sich Dubois nicht; im Gegenteil, auch er vernimmt von ihm

„gern immer wieder auch das Kleinste". Dubois ging davon aus, die naturwissenschaftlichen Bestrebungen Goethes abzulehnen, und endigte leider damit, den Höhepunkt seines Schaffens anzugreifen, wie es denn überhaupt bei der Harmonie dieses Dichterwesens nur ein Verstehen oder ein Mißverstehen geben konnte.

Die Kritik der naturwissenschaftlichen Schriften entzieht sich der Beurteilung. Wenn Dubois die Goethesche Farbenlehre verächtlich beiseite wirft, so darf ein Laie nicht mitsprechen. Die bona fides gegen den Dichter, der sich in Dubois' Augen naturwissenschaftlicher Forschungen schuldig machte, wird aber verdächtig, wenn selbst diejenigen Entdeckungen, um deren willen Goethes Name in keinem Lehrbuche der Botanik und der vergleichenden Anatomie übergangen werden darf, nur mit einem süßsauern Lächeln zugestanden werden. Und der Physiologe fügt einer gezwungenen Anerkennung gar noch hinzu: „Doch ist mir unmöglich, meine persönliche Ueberzeugung zu verhehlen, daß auch ohne Goethes Beteiligung die Wissenschaft heute so weit wäre, wie sie ist." Dubois hätte diesen ungeheuerlichen Satz, der allgemein angewandt, eine Geschichte der Wissenschaften überflüssig machen müßte, sicherlich nicht niedergeschrieben, wenn der Entdecker der Pflanzenmetamorphose und des Zwischenkieferknochens nicht nebenbei auch der Dichter des „Faust" gewesen wäre.

Wer Goethes große Auffassung des Menschendaseins so wenig zu würdigen weiß, daß er seine weitverzweigte praktische Thätigkeit für die Folge „einer theoretischen Maxime" (?) hält, daß er die kurze Zeit, in welcher Götz, Werther, Clavigo, die Satiren, Prometheus, einige Szenen des Faust und viele Gedichte entstanden, „nach unseren Begriffen" Müßiggang nennen kann, — von dem kann es nicht Wunder nehmen, wenn er den „Faust" in Bausch und Bogen verwirft und in Goethe mit jenem Superlativ des Ausdrucks, der stets als Ergänzung der Ungerechtigkeit erscheint, nur „den ersten Lyriker aller Zeiten" preist. Und doch ist der Ton der Rektorats=Rede so überaus burschikos, daß man die unglaublichen Äußerungen über unsere große Dichtung oft für mißlungenen Scherz halten müßte, wenn die direkten Zornausbrüche nicht alle Gedanken an Spaß vertreiben würden.

Schon der gereizte Ton der Faustkritik läßt das Behagen nicht aufkommen, welches sonst mit nur halbernsten Angriffen verbunden zu sein pflegt; so wendet sich Dubois gegen die unsterbliche Schülerszene so heftig, als wäre er Mitglied aller abgekanzelten Fakultäten, und meint doch: „Die durchsichtige Ironie dieser Persiflage macht sie wenig gefährlich."

Man sieht, der Professor vermag über die Satire, die bei Goethe natürlich immer nur die eine Seite der Sache ist, deren Gegenseite er wieder bei anderer Gelegenheit ansieht, — nicht zu lachen. Aber auch für das rein Poetische der Faustsage und der Goetheschen Neuschöpfung hat der moderne Gelehrte kein empfindliches Organ.

Wie Goethes alter Gegner Nikolai wendet er sich mit ethischer Biederkeit gegen den Übermenschen Faust. Er nennt es eine „poetische Übertreibung, daß Faust sich das Leben nehmen will, weil er sieht, daß wir nichts wissen können"; er findet es „unwahrscheinlich, daß Faust, seiner besseren Natur zuwider, ohne das leiseste Bedenken in ephemere, ja ver=brecherische Freuden sich stürze." Und wenn ein Leser noch nicht fühlen sollte, wie wenig der freudige Bekenner des Ignora=bimus die Tragik jenes Selbstmordversuches nachzuempfinden vermag, wie predigerhaft es ist, Faustens Liebe zu Gretchen als „eine ephemere, ja verbrecherische Freude" zu bezeichnen, so würdige er noch folgende Stelle einer heiteren Beachtung: „Wie prosaisch es klinge, es ist nicht minder wahr, daß Faust, statt an Hof zu gehen, ungedecktes Papiergeld auszugeben und zu den Müttern in die vierte Dimension zu steigen, besser gethan hätte, Gretchen zu heirdten, sein Kind ehrlich zu machen und Elektrisirmaschine und Luftpumpe zu erfinden." Die unfreiwillige Komik dieser Stelle wird durch das ängstliche, „wie prosaisch es klinge", nicht gemindert; ja, man wird zugeben müssen, daß dieser trockene Zusatz gerade die Möglichkeit, den ganzen Einfall für Übermut zu nehmen, ausschließt.

Der Gelehrte könnte nur Eines zu seinen Gunsten anführen. Es gibt zwei Weltauffassungsarten, die einander so sehr widersprechen, daß sie abgeschwächt auch von kleineren Geistern nebeneinander verstanden werden können, daß sie aber in ihrer höchsten Kraft einander ausschließen. Die eine Weltauffassung, die Goethesche, muß die ganze Natur beleben, um sie subjektiv begreifen zu können, die andere, die der exakten Wissenschaft unsrer Tage, möchte sich selbst am liebsten abtöten, um bei den objektiven Studien weder durch ephemere Gelüste, noch durch die Hallucinationen des Subjekts gestört zu werden. Dubois, als exakter Forscher von Bedeutung, hat ein gewisses Recht, den Dichter nicht zu verstehen und mit seinem Kollegen Wagner zu sympathisieren, der ja in seiner Art ein tüchtiger Mann ist. Nur neben den Faust darf er sich nicht stellen wollen.

II.

Goethes Faust ist Dank den Bemühungen der Herren van Hell und Otto Devrient noch immer nicht ganz vergessen. Im Ernste, seitdem die Gesamtaufführungen modern geworden sind, wird der Faust wieder sehr viel gelesen, und in den Zeitungen begegnet man den seltensten Citaten — sogar aus dem zweiten Teile. Und die falsche Anwendung der schönsten Sätze bringt wieder manchen ehrlichen Mann dazu, nach dem Verständnis des Unverständlichen zu streben.

Den Bekannten, welche von mir für dieses Privatstudium die Empfehlung einer besonderen Ausgabe verlangen, pflege ich den neuen erläuterten Faust des Herrn v. Loeper zu nennen. In der That, für diejenigen, welche sich den Faust überhaupt gern vorkauen lassen, wüßte ich kein Buch, welches das einzige Gedicht fleißiger in seine Bestandteile zerlegte. Was jemals von irgend jemandem über irgend ein Wörtchen des Faust geschrieben worden ist, hat Herr v. Loeper gesammelt und in dem 12. und 13. Bändchen der mit Recht so populären Hempelschen Goethe=Ausgabe aufgespeichert; seit dem Erscheinen jener Hefte hat der Herausgeber abermals einige neue Anmerkungen gefunden und schon liegt auch eine zweite Bearbeitung in einem stattlichen Bande in größerem Format und Druck vor. Ich habe mir durch wiederholte Anpreisung dieser Ausgabe so viele Verdienste um sie erworben, daß ich mir nun die Freiheit herausnehmen darf, eine kleine Verbesserung vorzuschlagen.

Diese Verbesserung wäre um so leichter auszuführen, als es sich nur um Streichungen handeln würde. Herr v. Loeper soll keine einzige Erläuterung mehr hinzufügen, bewahre! — er soll nur ein wenig. geiziger mit dem scheinbar unerschöpflichen Reichtum seiner Notizen verfahren, er soll Goethe etwas häufiger für sich selbst sprechen lassen — wie es denn überhaupt nicht ungefährlich sein soll, für Goethe zu sprechen.

Wenn Herr v. Loeper in seiner Weise zu sammeln fortfährt, so wird er vielleicht wirklich das „Goethe-Allbuch" zu stande bringen, das alle Wissenschaften, Thatsachen und Künste in ihre Beziehungen zu Goethe auflöst. Das wäre endlich ein Schritt, um dem alexandrinischen Treiben unsrer Zeit ein Ende zu machen, und gerade durch die folgerichtige Pflege der Unterabteilung sich wieder zur Höhe emporzuarbeiten.

Die Zeit, in welcher ein Leibniz die Gesamtheit des menschlichen Wissens umfassen konnte, ist ja längst vorüber. Aber auch die Gelehrten, welche selbst nur einen einzelnen Wissenszweig, etwa die Kulturgeschichte, oder auch nur die Litteratur, oder meinetwegen nur die deutsche Litteratur beherrschen, werden immer seltener. Schon gibt es sogenannte Gelehrte, welche viel gerühmt werden, weil sie Goethe-Kenner sind und von der gleichzeitigen Weltgeschichte nur so viel wissen, daß Goethe die Kampagne in Frankreich mitgemacht hat und später mit Napoleon zusammengetroffen ist. Und bald wird die Goethe-Wissenschaft sich in besondere Spezial-Disziplinen trennen. Es wird Professoren geben, welche zwar den Faust nicht gelesen haben, dafür aber die sämtlichen Briefe Goethes kennen; und wieder Unterspezial-Professoren, welche ihr Leben damit zubringen, den Briefwechsel zwischen Goethe und Bettina zu studieren und zu sichten.

Und sogar diese Art, die Wissenschaft zu verstehen, hätte noch ihr Gutes. Selbst eine Raupe, die zeitlebens an einem Zweiglein festsitzt und die nächsten Blätter abnagt, kann durch ein paar tausend Meter Seidenfäden nützlich werden.

Was aber soll man zu den seltsamen Käuzen sagen, die sogar in dieser Unterspezial=Disziplin noch Fehler begehen? So wurden vor kurzem unter dem Schlagwort „Goethiana" Briefe der Theaterleitung von Weimar veröffentlicht, welche sich mit der hochwichtigen Angelegenheit des Theaterkonditors von Lauchstädt beschäftigen und welche von Goethe nur unter= schrieben und nicht einmal von ihm allein unterschrieben sind.

Wenn man erst Briefe als „Goethiana" zu drucken be= ginnt, die von Goethe nur die amtliche Unterschrift tragen, dann eröffnet sich für die Sammler ein weites Feld. Alle Wechsel, Quittungen, Steuerzettel, Post=Anmeldungen, Fremden= listen, Hofkalender, Einwohnertabellen u. s. w. u. s. w., alles, worin Goethes Name vorkommt, wird vollinhaltlich veröffent= licht. Ob der Name von Goethe selbst hingeschrieben wurde, darauf kommt es am Ende nicht mehr an.

Und weiter: andere Forscher machen sich einen Namen, indem sie in einer großen Bibliothek alle Bücher zusammen= drucken, welche Goethe nachweislich oder vermutlich gelesen oder doch in der Hand gehabt hat. Und wieder andere geben Beschreibungen aller Länder und Städte, die Goethe besucht hat, und derjenigen, die er nicht besucht hat. Und wieder andere bearbeiten die anderen Wissenschaften vom Standpunkte der Goethe=Wissenschaft.

So wächst das Goethebuch der Zukunft auf zehntausend Bände an. Die Universitäten teilen sich in das Studium dieses Werkes nicht mehr nach Fakultäten, sondern nach den Perioden der Goetheschen Entwickelung. Die Schüler beginnen damit, daß sie den Katalog zum großen Goethe=Albuch auswendig und aus Handbüchern die Beziehungen der verschiedenen ehemaligen Disziplinen zu Goethe kennen lernen. Nur wer es nach zehn Semestern glücklich zum Doktor Goethologiä gebracht hat, darf endlich Goethes Gedichte zur Hand nehmen. Goethes übrige Werke sind nur Professoren und Privatdozenten zugänglich. Um jeden Mißbrauch hintan zu halten, werden Goethes Werke überhaupt nur noch mit Sanskritlettern gedruckt.

Doch die Phantasie geht zu weit. Wir haben es nur mit einem Faustkommentar zu schaffen und nach dem Gesagten wird niemand daran zweifeln, daß es nützlich wäre, in dieser reizvollen Form eine Encyklopädie des gesamten menschlichen Wissens herauszugeben, indem bei jedem Worte alles beigebracht wird, was sich irgend dazu beibringen läßt; Meyers Konversationslexikon als Glosse zum Faust — das wäre die Lösung.

Nicht ganz so gründlich, aber in ähnlicher Weise ist Herr v. Loeper vorgegangen. Es versteht sich demnach fast von selbst, daß seine Anmerkungen neben einer Fülle der geistreichsten Mitteilungen aus der griechischen Mythologie und anderen schönen Wissenschaften auch hier und da Erklärungen geben, welche ein besserer Leser wohl hätte missen können. Ich möchte — um auch nicht völlig ohne gelehrten Apparat zu erscheinen — diese mir minder wichtig erscheinenden in drei Kategorien teilen: in die überflüssigen Selbstverständlichkeiten, in die Belegstellen, welche zum Texte nur in sehr ferner Verwandtschaft stehen, ohne natürlich etwa plebejisch an den Haaren herbeigezogen zu sein, und in eine dritte Gattung, für welche die Bezeichnung „Zopf" zu deutlich wäre, als daß ich sie wählen könnte.

Ad I. Über die Grenzen des Überflüssigen läßt sich streiten. Wenn der Faust-Herausgeber sich als Leser einen Ideal-Schafskopf denkt, so muß er ihn allerdings darauf aufmerksam machen, daß „Bäume, die sich täglich neu begrünen!" solche Bäume sind, deren Blätter auch täglich welken, (I. 73) daß das Lied, welches die Hexe dem Teufel lobt, „irgend ein unzüchtiges Lied" (XII. 84 der Goethe-Ausgabe) sei, „von dem sich keuscher Inhalt nicht erwarten lasse" (I. 113). Aber selbst jener Ideal-Schafskopf, für welchen manche scheinbar allzu freigebige Erläuterung noch etwas Verdienstliches haben könnte, dürfte der Mitteilung schwerlich bedürfen, daß Gretchen mit dem Rufe: „Nachbarin! Euer Fläschchen!" nicht eine Schnapsflasche, sondern das Riechfläschchen meint. Hierbei muß ich freilich zugestehen, daß diese scherzhafte Glosse sich bloß in der Goethe-Ausgabe (XII. 123) findet, in der großen Separat-Ausgabe aber getilgt ist.

Nicht minder selbstverständlich schien mir die lakonische Anmerkung zu dem Szenarium des ersten Aktes des zweiten Teils, daß die „Dämmerung" des Textes — Morgendämmerung sei. Da die Sonne wenige Verse später, noch dazu mit ungeheurem Getöse, aufgeht, schien die Entdeckung der Tageszeit auch für ungeübte Anfänger nicht schwer. Wie man sich doch irren kann! In seiner neuen Ausgabe behauptet Herr v. Loeper ebenso lakonisch, es sei die Abenddämmerung gemeint, nach welcher dann die Sonne mit ungeheurem Getöse naht. Ein gewissenhafter Mensch wie ich, der beide Ausgaben benutzt, weiß nun wirklich nicht mehr, was es geschlagen hat.

Ad II. Die Stellen, an denen Herr v. Loeper die unzweifelhaftesten und gelehrtesten Anekdoten, Belegstellen und Aehnlichkeiten für Verse angibt, die es nicht nötig haben, sind so zahlreich, daß ich mich mit ein paar Proben begnügen kann. So verstand ich die Verse

„Bin ich als edler Junker hier,
In rotem goldverbrämtem Kleide"

— ganz richtig, bevor ich noch wußte, daß Satan auf dem Hexensabbat wohl (dieses „wohl" ist köstlich) mit grünen

Kleidern und roten oder blauen Federn angethan zu sein pflegte. (I. 68.) Die hochweise Bemerkung zu „Bist mit dem Teufel Du und Du," daß nämlich „auch der Kobold, nach Grimm, Schwager genannt wird" (XII. 84) (es hat mich hier viel Kopfzerbrechen gekostet, den Zusammenhang zwischen Glosse und Text zu begreifen) ist in der Separat=Ausgabe gestrichen. Dagegen hält es Herr v. Loeper auch jetzt noch für angezeigt, Gretchens wahrhaftig recht einfache Worte:

„Nach Golde drängt,
Am Golde hängt
Doch alles. Ach wir Armen!" —

durch Mitteilung des halblateinischen Spruchs: „Qui caret nummis, was hilft's, daß er frumm is" eine heitere Deutung zu geben. Auch die Anführung der Molièreschen Verse:

„Enfin il n'est rien tel, madame, croyez moi,
Que d'avoir un mari la nuit auprès de soi"

bei Gelegenheit der Worte des Mephistopheles

„'s ist eine der größten Himmelsgaben,
So ein lieb Ding im Arm zu haben," —

mag nur ein Ausbruch der guten Laune des Herrn v. Loeper gewesen sein, die er in der neuen Ausgabe nicht mehr aner= kennen wollte.

Leider ist in dieser Separat=Ausgabe auch eine der hübsche= sten Glossen weggeblieben, an welcher die klassischen Philologen ihre Freude haben mußten. Goethe singt von einer Ratt' im Kellernest, die sich hatte ein Ränzlein angemäst't, als wie der Doktor Luther. Später wird die Ratte bekanntlich vergiftet. Was ließe sich hier nicht alles beibringen! Das ganze Leben Luthers oder eine Naturgeschichte der Nagetiere oder eine Ab= handlung über die Gifte oder alles geordnet nach einander. Herr v. Loeper aber beschränkte sich weise auf die Erzählung von einer Maus bei Horaz, die mager in den Weizenkasten schlüpfte, sich darin mästete und nun nicht wieder heraus gelangen konnte. Ist das nicht bescheiden?

Ad III. Unter diese Rubrik gehören alle Anmerkungen, in welchen Herr v. Loeper direkt oder indirekt Lob oder Tadel an Goethe austeilt, weil derselbe des Kommentators Ansichten mehr oder weniger gefolgt ist. Der Standpunkt des Erklärers müßte mitunter etwas pedantisch genannt werden, wenn anders ein so strenger Gelehrter dies als einen Vorwurf empfinden könnte.

So gefällt dem Herrn v. Loeper z. B. die erste Fassung des „König von Thule" besser als die bekannte; es scheint ihm die dritte Strophe in der älteren Lesart „s i n n g e m ä ß e r, da sowohl das Zählen der Besitzungen bei dem Vorhandensein nur e i n e s Erben nicht motivirt ist, als auch Städte u n d Reich ein Königreich besser (?) bezeichnen als nur Städte i m Reich" (XII. 90). Warum Goethe das nicht beachtet hat?

Ich übergehe die Untersuchung über Faustens Taufnamen, um noch ein paar Zeilen für den unglückseligen zweiten Teil übrig zu behalten, der durch seine allegorisierende Dunkelheit auch den schlicht tiefsinnigen ersten Teil in die Hölle der Kommentare mit herabgezogen hat. Einmal ist Herr v. Loeper mit Goethe nicht zufrieden.

„In solchen Ritzen
Ist jedes Bröselein
Wert zu besitzen."

— singt Goethe, und „eigentlich Brösamlein" fügt Loeper verbessernd hinzu. Nun weiß doch Goethe, wie es eigentlich heißen sollte. (XII. 94.)

Ein andermal bekommt der Dichter jedoch ein volles Lob. Er sagt von den Lamien: „und dennoch tanzt man, wenn die Luder pfeifen," wozu Loeper beifällig bemerkt: „Goethe hat es hiermit aber sehr gut getroffen, da auch im ältern Oberdeutsch gerade die Hexen Lüberinnen genannt werden." Was Goethe doch hiermit für Glück hatte.

Wie gesagt, weniger wäre in dieser Faustausgabe mehr gewesen. Nach Streichung all dieser Kleinigkeiten wäre für denjenigen, der den Goethe wie einen toten alten Poeten studiren will, genug übrig geblieben. Goethe hat in keiner toten Sprache geschrieben, seine großen populären Dichtungen bedürfen keines noch so bescheidenen Erklärers, und die Werke seines Greisenalters werden durch alle Arbeit unsrer Alexandriner nicht zu frischem Leben erweckt werden.

Modelle.

Der arme Maler muß für seine Modelle viele Opfer bringen. Er muß sie suchen, bezahlen und abrichten. Der Schriftsteller ist dagegen in der beneidenswerten Lage, daß die Modelle ihn ungesucht, unbezahlt und unabgerichtet in jeder wünschenswerten Stellung dicht umdrängen.

Und die Modelle des Schriftstellers sind nicht nur wie die des Malers arme gescheiterte Menschen, welche buchstäblich ihre Haut zu Markte tragen; sie gehören den verwöhntesten Menschenklassen an, wenn der Beobachter zufällig in diesen Kreisen verkehrt. Sie gestatten ihm jede Freiheit; nur ihre Portraits und ihren wahren Namen darf er nicht liefern.

1. Der Halbgebildete.

Unter Bildung verstehen wir doch natürlich weder die Kenntnis der neuesten Romane, noch ein bischen französisch Parlieren, noch auch Zeitungslesen; auch der Besuch populärwissenschaftlicher Vorlesungen gehört nicht unbedingt zum Wesen der Bildung.

Gebildet scheint uns der Mann, welcher die für seinen Lebensberuf erforderlichen Kenntnisse vollständig besitzt. Die

wünschenswerte Bildung eines Lehrers muß darum eine weitere
sein, als die des Landmanns. Halbgebildet sollte nur der=
jenige heißen, der das für seinen Beruf nötige Wissen nur
halb besitzt.

Unser geistiges Leben hat aber seit der Erfindung der
Buchdruckerkunst, vielleicht gar seit dem Bestehen der mensch=
lichen Eitelkeiten, das Verhältnis zwischen unserm Wissen und
unserm Bedürfnis ein wenig verrückt. Die Meisten wissen
zwar nicht alles, was sie täglich gebrauchen sollten, dafür
verarbeiten sie in ihrem Gehirn eine Menge überflüssiger und
unklarer Begriffe. Und dieses Sammelsurium von Historie,
Naturlehre, Ästhetik und Zeitgeschichte, kurz die Luxuskenntnisse
bezeichnet man gern mit dem Namen der allgemeinen Bildung.

Was den in diesem Sinne „Gebildeten" vor andern aus=
zeichnen soll, das ist die Fähigkeit, an dem politischen und
künstlerischen Schaffen des Volkes seinen verständigen Anteil
zu nehmen. Der Bauer besitzt solche Bildung, wenn er über
sein persönliches Interesse hinaus etwa die Bedeutung der
Wälder für die Wohlfahrt des Ganzen kennen lernt; und der
Universitätsprofessor besitzt solche Bildung, wenn er über sein
Fach hinaus die wissenschaftlichen Forschungen der andern zu
achten weiß.

Aber in den untersten wie den obersten geistigen Ständen
ist die Halbbildung möglich und sie macht leider alle, die unter
ihrer Herrschaft stehen, zu recht drolligen Gesellen. Halb=
gebildet ist zum Beispiel der Landmann, der seinen Dünger=
haufen gegen den Nachbar mit unverstandenen chemischen Schlag=
worten verteidigen will; halbgebildet ist der Professor, der
dem schaffenden Künstler ein Privatissimum über das Schöne
zu halten wagt, und das bloß darum, weil er, der Mann der
Wissenschaft, die Knochenlehre oder die Geschichte der griechischen
Kaiser um eine kleine Entdeckung bereichert hat.

Die wahre Brutstätte der Halbbildung ist aber in der mittleren Bevölkerung unsrer Großstädte zu suchen. Hier ist es in der breiten Schichte des Bürgerstandes Mode, zu den Gebildeten zu zählen. Da die Bildung aber etwas Ganzes ist, in welchem kein einziges Glied fehlen darf, wenn die Kette schließen soll, so geht es den guten Leuten, wie dem Auffinder einer wichtigen chiffrierten Depesche, dem der Schlüssel fehlt. Er sieht wohl die Zeichen, aber er kann sie nicht deuten.

Der wirklich Gebildete ist mit Sicherheit daran zu erkennen, daß er noch hier und da das Wort: „Ich weiß das nicht!" über die Lippen bringt. Der Halbgebildete dagegen weiß alles. Wenn in Gesellschaft von dem neuesten Buche die Rede ist, das er noch nicht gelesen, von der neuesten Oper, die er noch nicht gehört, von dem neuesten Bilde, das er noch nicht gesehen hat, so wird er sich dennoch an dem Gespräch beteiligen und kecklich sein Urteil den andern gegenübersetzen. Als gebildeter Mensch muß man doch mitreden können! Und die Kritiker machen es ja den Lesern ihrer Zeitungen so leicht! Ich hörte einmal einem Kreise von fünf Personen zu, welche lebhaft über die gestrige „Theater=Premiere" stritten. Alle wußten die Namen der mitwirkenden Schauspieler zu nennen. Aber schließlich stellte es sich heraus, daß kein einziger aus der Gesellschaft der Vorstellung beigewohnt hatte.

Die Künste sind das Lieblingsfeld des Halbgebildeten. Eigentlich sollte man denken, künstlerische Bildung bestehe darin, daß man bei den Werken der Musik, Malerei oder Poesie etwas empfinde; der Halbgebildete aber begnügt sich damit, daß er von diesen Schöpfungen irgend etwas zu reden weiß. So klug ist er freilich, daß er seine Urteile nicht begründet; er bleibt einfach bei seinem Ausspruch und niemand kann ihm in sein Gewissen hinein beweisen, daß er nichts dabei gefühlt habe. Höchstens versteigt sich der Halbgebildete zu einer Vergleichung;

und da sein Gesichtskreis kein sehr weiter ist, so spielt die Erinnerung nicht immer zwischen den würdigsten Gegenstücken. Vor einem Porträt von Franz Hals oder Rembrandt kann ein Halbgebildeter rufen: „Nein, die Ähnlichkeit! Die lebensgroße Photographie meines Bruders ist auch nicht besser!" Auf dem Rigi wird er vor allem die Preise des Speisezettels mit denen anderer Gasthöfe vergleichen. Er hört zum erstenmal den „Fidelio" und sagt nur: „Es fehlt etwas, wissen Sie, so die schönen Melodieen wie im ‚lustigen Krieg'!" Und wenn er zufällig Rankes Weltgeschichte in der Hand gehabt hat, wird er kaum unterlassen können, ihre Ergebnisse mit Ebers und Mühlbach zu vergleichen.

Der Halbgebildete wäre aber nicht das echte Kind seiner Zeit, wenn er sein überlegenes Urteil nicht auch der Wissenschaft zu teil werden ließe. Er kennt zwar von den einzelnen Fächern immer nur irgend einen Satz, dessen Erörterung gerade auf der Tagesordnung steht; dafür kennt er diesen einen Satz aber gewiß falsch. Er weiß vom ganzen Darwinismus, trotzdem er das Wort immer im Munde führt, nur das eine: daß der Mensch angeblich vom Affen abstammen soll. Wer ihn eines Besseren belehren wollte, wäre in seinen Augen nicht modern gebildet. Der Halbgebildete besucht ferner alle Ausstellungen, die besondere Abteilungen der angewandten Wissenschaft darbieten. Er war gestern auf der Hygieineausstellung und kauft heute beim ersten besten Schwindler ein Lebenselixir. Er salbadert heute über die Wunder der Elektrizität und zittert morgen vor dem Donner, nachdem der Blitz seit zehn Sekunden vorüber ist.

Immer ist der Halbgebildete der Anhänger des zuletzt ausgesprochenen neuen Gedankens. Er hilft selbst großen Ideen zum Siege, indem er sie zu sich herunterzieht und sie gemein macht. Der Halbgebildete schafft durch die Oberflächlichkeit und durch sein zahlreiches Auftreten die Thorheit und die Macht der öffentlichen Meinung. Er gibt vor, die Unbildung zu ver= achten; aber er ist der größte Feind aller Bildung, weil er ihren Besitz ewig heucheln muß.

Die einzige Waffe des Halbgebildeten ist sein Geschwätz. Ohne die Unsitte, daß in der guten Gesellschaft unaufhörlich „Konversation gemacht" wird, wäre er überhaupt nicht von dem Ungebildeten zu unterscheiden. Denn die Halbbildung äußert sich weder im Handeln eines Menschen, noch in seinem Empfinden, sondern allein in seinem Geschwätz, das mit dem allerliebsten französischen Wort auch Causerie genannt wird. Bei einer Abendunterhaltung oder bei einem feierlichen Mittag= essen nicht ein bißchen über Gott und die Welt schwatzen zu können, gilt als Zeichen von bäurischen Sitten, ja fast von einem schlechten Herzen. Auf die Frage einer Dame mit einem kurzen ehrlichen: „Das weiß ich nicht!" zu erwidern, bringt den Sprecher in den Verdacht, unhöflich sein zu wollen. So allgemein ist das dunkle Bewußtsein von der gleichmäßig ver= breiteten Unwissenheit, daß die ungewohnte Antwort: „Das weiß ich nicht!" im Munde eines kenntnisreichen Mannes wie beleidigende Ironie erscheinen muß.

Die stärksten Bundesgenossen besitzt der Halbgebildete an unsern Damen, welche eigentlich nur ihn für einen „netten" Tischnachbar, einen „netten" Tänzer, mit einem Wort für einen „netten" Menschen halten. Aber unsere Damen sind für ihren schlechten Geschmack nicht verantwortlich zu machen; denn sie werden in den höheren Mädchenanstalten mit Aufwendung aller wissenschaftlichen Mittel künstlich zu Halbbildung erzogen. So wie ihre Kleider nicht mehr, wie einst die prächtigen Griechen= gewänder, aus einem Stück geformt sind, so wie ihre Kleider aus einem Dutzend buntfarbiger Lappen über einem wertlosen Gestelle zusammengeflickt sind, so wie diese Modetrachten gleich schlechten Tapeziererarbeiten nur als Dekoration wirken sollen, so steht es auch um die durchschnittliche Schulbildung der weiblichen Welt.

Die Einsichtigen unter den Frauen und Mädchen sagen es ja längst, daß die Frauenfrage die Frage der Halbbildung ist.

2. Der Dilettant.

Ist der Dilettant zu beneiden oder auszulachen?

Je nach Umständen. Der harmlose Kunstfreund, der ohne eine Ahnung von den Sorgen und Mühen des wirklichen Künstlers sein Steckenpferdchen reitet, einen Baum strichelt oder „Liebe" auf „Triebe" reimt, und sich während und nach der Arbeit am Erfolge seines Fleißes kritiklos erfreut, ist ebenso glücklich und ebenso beneidenswert, wie ein Kind, welches mit falschen Tönen ein Liedchen vor sich hin trällert. Und der eitle Narr, der solche Leistungen der Welt zum Urteil vorlegt, ist ein ebenso jämmerlicher Anblick, wie das Kind, wenn es mit seinen falschen Tönen lüstern nach Lob vor eine geladene Gesellschaft tritt. Nur daß für das Kind die Eltern, der erwachsene Dilettant aber für sich selbst Strafe verdient.

So gibt es auch für den Dilettantismus zwei Gesichtspunkte, welche eine Verständigung über seine Gefahren erschweren. Goethe selbst, der doch über diese Sippe das Vernichtendste dachte und schrieb, nannte sich selbst als Maler fröhlich einen Dilettanten, ohne sich dessen zu schämen; und als junger Mann hatte er sich sogar als Dichter unter die Dilettanten gerechnet. Und neuerdings hat erst Paul Heyse, wohl gewiß der feinste Künstler unter unsren lebenden Schriftstellern, die pfuschenden Herren und Damen in seinen Schutz genommen:

> Dafern man's nur in Züchten treibt,
> Mit seinem stillen Dilettieren
> Nicht vor den Leuten will renommieren.

Allerdings ist der stille bescheidene Hausdilettant nicht nur ein glücklicher, sondern oft auch ein liebenswürdiger Mensch. Das bloße Zusehen und Zuhören macht ihm freilich keinen Spaß. Er will selbst schaffen, er will die höchste Schöpferfreude auch einmal kennen lernen; und seltsam, er empfindet sie wirklich. Klopstocks Seligkeit nach Vollendung seines Messias war nicht größer als die Wonne des Dilettanten, der ein Bildchen fertig gekritzelt hat. Er hatte zwar einen Gewitterhimmel im Sinne und die Betrachter würden es für einen Wald bei Mondschein halten; aber das thut nichts, er hat doch etwas geschaffen.

Keine Kunst ist vor dem Hausdilettanten sicher. Er singt des Morgens mit den zwei Tönen, die ihm zur Verfügung stehen, die schwierigsten Opernarien, ja, er bebt nicht vor dem Gedanken zurück, mit denselben Mitteln auch ein bischen Orchesterbegleitung nachzuahmen; er hämmert auf seinem stöhnenden Klavier seine Lieblingsstücke selbst, und wenn er in Verzückung gerät, spielt er den ersten Satz der Mondscheinsonate fortissimo, die Champagnerarie ersterbend langsam. „Es ist gar zu schön!" wie der Violinist in den „Fliegenden Blättern" ruft. Er deklamiert vor seinem Spiegel Hamlets großen Monolog, den er nicht auswendig kennt; zur Entschädigung wiederholt er sich bei „Sterben — schlafen" das letzte Wort, dessen Betonung er endlich getroffen zu haben glaubt, zehnmal nacheinander, einmal immer schläfriger als das andere Mal, bis er endlich den Ausdruck des Lindwurms in Wagners „Siegfried" erreicht hat. Das sind aber nur die nachahmenden Künste. Der Hausdilettant ist auch produzierender Künstler. Er komponiert entweder in Noten oder „phantasiert" doch wenigstens; er findet seine Einfälle denen Mozarts ebenbürtig und bemerkt es nicht, daß sie sogar gleich und dieselben sind. Er pinselt darauf los, als ob Farben und Leinwand umsonst wären, und wenn am Ende seine Wiese aussieht wie ein Meer, so tröstet er sich damit, daß Seestücke eigentlich seine starke Seite sind. Er dichtet natürlich auch; Prosa oder Verse, ist ihm ganz egal, woher es denn auch kommen mag, daß seine Verse und seine Prosa kaum voneinander zu unterscheiden sind.

Den Spruch: „Wohlthätig ist des Feuers Macht!" kennt er wohl, aber er hütet sich, ihn auf seine Manuskripte anzuwenden. Doch hält er sie unter festem Verschluß und nur an stimmungsvollen Sonntagnachmittagen blättert er wohl einmal in seinen vergilbten Schätzen. Höchstens seiner Braut teilt er einmal errötend das schöne Geheimnis seines Lebens mit; und das ist recht und billig, denn während des Brautstandes sollen die Verlobten auch ihre Fehler kennen und dulden lernen.

Ist also das Treiben des Hausdilettanten für den heimlichen Lauscher nicht ganz frei von einem drolligen Zug, so ist es doch in seinen Motiven achtungswert, in seinen Wirkungen mindestens gleichgiltig. Der Hausdilettant ist ein anständiger Mensch, der von seinen Waffen keinen schlimmen Gebrauch macht. Ihm gegenüber steht der öffentliche, der Gesellschaftsdilettant; und wie den Haustieren die wilden oder Raubtiere entgegengesetzt sind, so können wir ihn auch den wilden oder Raubdilettanten nennen. Er übertrifft seinen zahmen Kollegen weder an Kraft noch an Fleiß, nur an Frechheit und Bosheit. Er spielt, mimt, singt, komponiert, malt und dichtet ebenso schlecht wie der Hausdilettant, aber er besitzt nicht das Schamgefühl, welches bei jenem Selbstkritik übt; von den Eigenschaften, welche den echten Künstler zum öffentlichen Heraustreten bewegen, besitzt er Eitelkeit, Selbstbewußtsein, Ehrgeiz, und nur die Kleinigkeit fehlt, die ihn entschuldigen könnte. Dem wilden Dilettanten ist es niemals um still zufriedene Freude an seinen Schöpfungen zu thun; oft hat er bei seinen Improvisationen ein schlechtes Gewissen, aber er will glänzen und rechnet immer darauf, daß sein Publikum noch weniger verstehen wird als er selbst. Der wilde Dilettant steckt das Lob ein, wo er es findet; einerlei wer es ihm bietet, einerlei, ob sein eigenes bißchen Kunstverstand ihn eines Besseren belehrt, wenn nur das Lob nicht ausbleibt. Auch gibt sich der wilde Dilettant selten mit einer Kunst allein ab. Warum auch, da er alle gleich schlecht versteht? Er wird zum alleinigen Pächter aller künstlerischen Formen der geselligen Unterhaltung. Vor dem Klavier sitzend, auf daß ihn niemand dort verdrängen kann, deklamiert er Scherzgedichte, die er selbst verfaßt, und singt dann Lieder, die er zu seinen eigenen Worten selbst gesetzt hat. Kein Künstler vermag den Kampf mit seinen Talentchen aufzunehmen; und nur wenn ein zweiter wilder Dilettant neben ihm in demselben Salon auftaucht, dann entbrennt ein Kampf um die Meisterschaft, dessen Kosten die Zuhörer zahlen müssen.

Der Hauptunterschied zwischen dem wilden und dem Hausdilettanten besteht aber darin, daß der letzte sein bürgerliches Gewerbe mit allem Eifer betreibt, wenn er auch sein liebes Steckenpferd vielleicht als süße Belohnung der wöchentlichen Pflichterfüllung ansieht, und daß der wilde Dilettant den Künstler um seinen Beruf beneidet und nur eine Sehnsucht kennt: einmal ernsthaft als Künstler behandelt zu werden. Nur aus Furcht vor der gröbsten Lächerlichkeit bleibt er bei seinem Amt oder Geschäft, das ihm in seiner thörichten Einbildung als Hemmschuh seiner Entwickelung erscheint. Er nimmt es trotz der Versicherung, ein Dilettant zu sein, sehr übel, wenn man ihn zu dieser Sippe rechnet; und an seine bürgerliche Thätigkeit darf er, während er in den Künsten wütet, bei seinem Zorne nicht erinnert werden.

Wie aber die Hauskatze und andere zahme Tiere verwildern können, so legen auch die Hausdilettanten häufig ihre schöne Scham bei Seite und werden der Menschheit gefährlich. Und es gehört zu den schwierigsten Aufgaben der Erziehungskunst, sie dann wieder zu ihren stillen Freuden zurückzuführen. Den Künstler, der sie belehren wollte, halten sie für parteiisch, wohl gar für einen eifersüchtigen Nebenbuhler; den Freund, der sie warnt, verachten sie, weil er ja nicht einmal ein Dilettant ist, also über ihre Leistungen kein Urteil haben kann; und den geehrten Mitdilettanten schüchtern sie dadurch ein, daß sie ihm jeden Tadel mit gleicher Münze bezahlen. Die richtige Medizin wäre ein frisches, gesundes Lachen über die vergeblichen Versuche. Dieses Lachen anzustimmen verbietet aber dem Einzelnen gegenüber die Höflichkeit, unsere härteste Tyrannin.

3. Der Damenmann.

Die Natur hat die Welt in zwei große Lager eingeteilt, in das Heer der Männer und das Heer der Frauen; beide führen einen ewigen Kriegstanz miteinander auf. Sie führen keinen wirklichen Krieg, sie spielen bloß; denn so wie einer der Kämpfer einen Gegner zum Gefangenen gemacht hat, tritt er für einige Zeit aus dem Streite heraus und beginnt ganz auf eigene Faust eine Art Siegespantomime.

So leicht aber auch der Charakter dieses Kriegsspieles sein mag, so hat sich doch innerhalb der beiden Heere ein sehr strammer Korpsgeist ausgebildet, der jeden Mann zum Kommilitonen aller andern, der jedes Weib zur Bundesgenossin der übrigen macht. Wohlgemerkt, nur der Allgemeinheit, besonders den fernstehenden gegenüber wirkt dieser Korpsgeist mächtig, während er Neid und Haß gegen die nähere Umgebung nicht ausschließt.

Nun gibt es aber auch in diesen Heeren Deserteure; es gibt Frauen, welche fahnenflüchtig mit dem Männerheer zu fraternisieren suchen, und auch Männer, welche zu den Frauen überzulaufen immer geneigt sind. Da nun eine solche Desertion nicht möglich ist und der Flüchtling wohl oder übel doch zu seiner Armee zurückkehren muß, so verfällt er der strengen Strafe des Spottes, und der Korpsgeist wendet sich — wie Schopenhauer bezüglich einer Frauenfrage ausgeführt hat —

unerbittlich gegen die Schuldigen. Die Damen, welche mit allen ihren Gedanken bei der Männerwelt weilen, kommen bei diesem Gericht schlimmer fort; denn sie werden von ihren Mitschwestern oft ganz ohne Grund gescholten und verachtet; die Männer dagegen, welche nur für die Frauen leben und fühlen, die Damenmänner, wie man sie heißen könnte, werden nur bisweilen ausgelacht, sonst aber nicht für schlimm, zu ihrer geheimen Qual nicht einmal für gefährlich gehalten.

Will man den Damenmann von dem richtigen Männer= mann trennen lernen, so muß man zuerst diejenigen Gruppen ausscheiden, welche nur fälschlich für Damenmänner gehalten werden. Da ist vor allem der Geschäftsmann beiseite zu schieben, dessen „Branche" ihn zwingt, immer nur für das Weib zu arbeiten. Das Wort Geschäftsmann muß nicht im engeren Sinne genommen werden. Nicht nur der Fabrikant, der Spitzen, künstliche Blumen, Seide, kurz all die teueren Luxusbedürfnisse fertigen läßt, nicht nur der Schneider, der sie verbindet, nicht nur der Handlungsreisende, der sie anpreist, sind die Geschäfts= leute der Damen. Auch der Arzt, der Frauenleiden zu heilen vorgibt und andere Krankheiten zu heilen nicht einmal ver= spricht, auch der Lehrer, der sich allein für den Unterricht an höheren Töchterschulen vorbereitet, treiben Damengeschäfte. Und weiter: die größere Zahl unserer Künstler, die Maler, welche auf jeder Ausstellung ein rotbäckiges Baby bringen, die Dichter, welche für jeden Weihnachtskatalog ihren sentimentalen Liebesroman zurechtstellen, die Musiker, welche die sogenannten brillanten Stücke für das Salongeklimper leichthin komponieren, alle diese beliebten Ritter des Geistes sind im Grunde nur die Ritter der Damen; und das weibliche Publikum ist es, das ihnen in der modernen Form des Ankaufes ihrer Werke den verdienten Lorbeer spendet.

Tief unter diesen ehrlichen Geschäftsleuten der Damenwelt

stehen die Mitgiftjäger und deren Genossen; Leute, welche gleichfalls berufsmäßig den Geschmack der Damen zu studieren haben, aber niemals in der Absicht, gute Ware zu verkaufen.

Man würde aber den Geschäftsleuten der Damen, vielleicht auch manchen Mitgiftjägern unrecht thun, wollte man nicht glauben, daß sie oft von Natur Damenmänner waren und gerade durch diesen Zug zu der Wahl ihres Berufes gekommen sind. Freilich tritt bei ihnen der Charakter der Damenmänner nicht mehr ganz rein auf; sie studieren die Launen der Damen mit Bewußtsein, während der edlere Damenmann nur seinem Vergnügen nachgeht, wenn er seinen weiblichen Instinkt ausbildet.

Denn dies dürfte wohl das wichtigste Kennzeichen des Damenmannes sein, daß er ganz ohne sein Zuthun einige weibliche Instinkte besitzt. Zierlichkeit, Gefallsucht sind es nicht allein; der Damenmann denkt mit einem Weiberkopfe.

Schon die äußere Erscheinung verrät ihn. Er wird auf seine Kleidung und auf seine Wäsche ebensoviel Wert legen, als dies irgend eine Frau seines Standes thut. Er wird auf kleine Hände und Füße stolz sein, trotzdem noch kein Bildhauer das für besondere männliche Schönheiten erklärt hat, und wird seine Hautfarbe bis zur Lächerlichkeit pflegen. Natürlich liebt er auch die künstlichen Gedüfte, welche man Parfüms nennt. Alle diese Neigungen befähigen ihn, in den kleinen Fragen des Ankleidezimmers der weise Ratgeber der Frauen zu sein. Niemand weiß besser als er, wie rot der Handschuh sein muß, um zur lachsfarbenen Robe zu stimmen, oder wie der schwarze Schleier hinter dem Hute am einfachsten und schnellsten zu knüpfen ist. Er besitzt nicht nur die Begabung eines Nähmädchens, er trägt auch ihr Handwerkszeug bei sich; und ist dem Gewand seiner Tänzerin ein kleines Unglück geschehen, so zieht er mit ruhiger Würdelosigkeit Schere und

Stecknadeln aus der Tasche und heilt den Schaden mit Kenner=
miene.

Der weibliche Instinkt erstreckt sich auch auf seine Lebens=
gewohnheiten. In den Ständen und Kreisen, in welchen Reiten
und Schwimmen zu den weiblichen Vergnügungen gehört, wird
er auch diese Übungen bis zu einem gewissen Grade der Ge=
wandtheit mitmachen; aber von Haus aus ist er weichlich und
kein Freund von körperlicher Anstrengung. Dafür ißt und
trinkt er auch wie ein junges Mädchen (wenigstens in Gesell=
schaft von solchen) und raucht am liebsten Cigaretten. Er
hält schwachen Hunger und schwachen Durst für Gebote der
Höflichkeit, und erklärt jeden Menschen, der einen gesunden
Magen hat, für ungebildet.

Er ist gefällig bis zur Selbstentäußerung; im Anschaffen
von Blumensträußen, Theaterbillets, im Tragen von Mänteln
und Tüchern, im Anordnen von Landpartien und im Kommando
von Tänzen ist er unerreichbar. Die Dame, auch die häß=
lichste und älteste, ist in seiner Gesellschaft die Herrscherin.
Das Mittelalter mit seiner Frauenanbetung wäre die schönste
Zeit für sein Dasein gewesen. Er ist ein nachgeborener Minne=
sänger, auch dann, wenn er nicht singen und nicht minnen kann.

Da er aber nun einmal inmitten des unritterlichen neun=
zehnten Jahrhunderts lebt, streitet er auch mit den Waffen
dieser Zeit für seine Damen. Er liest die neusten Romane,
sieht die neusten Opern und Schauspiele, hört auch populär=
wissenschaftliche Vorträge für Damen gern an; über das alles
weiß er in Damengesellschaft ganz gescheit und mit gutem
Gedächtnis zu plaudern. Nur merkwürdig: er bringt es unter
Männern zu keinem vernünftigen Gespräche. Nicht immer ist
Mangel an Geist daran schuld — warum soll der Damen=
mann nicht einmal Geist haben? — immer aber die voll=
ständige Gleichgültigkeit gegen die Meinung eines Mannes.

Kommt darum ein Paar richtiger Weibermänner allein zusammen, so bringen sie beide kein Wort hervor, messen einander mit ihren schönen Augen — Weibermänner haben immer schöne Augen! — und würden einschlafen, wenn sie nicht zu gut erzogen wären.

Von den übrigen Männern werden die Weibermänner sehr häufig um ihre Gunst bei den Damen beneidet. Und in der That ist einer Frau gewöhnlich unter gleichgültigen Männern der Weibermann der liebste. Aber diese Armen wissen selbst am besten, daß die wahrhaften Männer ihre gefährlichsten Feinde sind. Nur für den öffentlichen Verkehr ist der Damenmann auch Damenliebling, sonst wird er weniger geschätzt. Wie manche Damen nur in großer Gesellschaft zimperlich thun und kaum eine Gabelspitze voll von jeder Speise zu sich nehmen, zu Hause aber ganz kräftig ins liebe Brot hineinbeißen, so spielen sie auch mit dem Damenmanne ganz unbewußt nur ein bischen Komödie.

4. Der Autographensammler.

Der Autographensammler aus Leidenschaft und Überzeugung ist keine Gestalt, welche unsern Tagen gerade eigentümlich wäre. Es hat wohl immer Leute gegeben, welche einem bedeutenden Manne näher zu treten glaubten, wenn sie an irgend eine körperliche Spur seines alltäglichen Lebens Hand anlegen durften. Die Reiterstiefel Wallensteins, die er wahrscheinlich in dem Augenblicke an den Füßen trug, da er in seinem Bette ermordet wurde, die Sporen des Christoph Columbus, mit deren Hülfe er hoch zu Roß Amerika entdeckte, das Becherlein, aus welchem Napoleon I. als Kind trank, das sind solche alte, beglaubigte Raritäten, welche in keinem Museum fehlen und dort die Habgier des richtigen Sammlers reizen. Der Sammler aus Beschränktheit und aus Leidenschaft ist überhaupt kaum nüchtern zu beurteilen; solche Leute sammeln Münzen, Pflanzen, Kunstwerke, Pfeifenköpfe, Briefmarken, Pferdebahnscheine und vielleicht Hosenknöpfe mit der gleichen Begeisterung, und da muß man ihnen zugestehen, daß die Handschriften tüchtiger Menschen nicht der unwürdigste Gegenstand ihrer Sammelwut sind.

Modern und drollig wird der Autographensammler erst, wenn er von der allgemeinen Seuche oder Mode des Sammlers befallen wird, ohne daß er an den aufgehäuften Blättern ein wirkliches Interesse nimmt. Der solcherweise angesteckte

Autographensammler kennt nicht einmal das Fieber der Krankheit; er bittet, der Mode gehorchend, um ein paar Zeilen Handschrift, wie er beim Schneider eine Hose von neuem Schnitt bestellt. Auch bekümmert er sich weit weniger um die allgemeinen Leistungen der berühmten Leute, als um die Beziehung, in welche sie durch ein Blättchen Papier zu ihm geraten sind. „Haben Sie denn Darwins Werke gelesen?" fragt man ihn, und er antwortet behaglich: „Das nicht; aber ich besitze von ihm einen Zettel an seinen Weinhändler, mit Unterschrift. Schönes großes Papier und die Aufschrift von derselben Hand.

Das Geschlecht der Autographensammler teilt sich in zwei große Familien; die einen bekümmern sich nur um Tote, die andern nur um die Lebendigen. Leichenräuber und Straßenräuber.

Die Leichenräuber sind unter ihnen die besseren Menschen. Ihr Geschäft ist ein stilles, wird mit viel List und Heimlichkeit getrieben und steht häufig sogar mit der Wissenschaft in Verbindung, wie denn auch die Leiche in den pietätsvollen Zeiten des Totenkultus und der Lebendigverbrennung von begeisterten Studenten gestohlen werden mußte.

Die Handschriften von toten Leuten können ihrer Natur nach nicht leicht vermehrt werden; die Schwierigkeit, sie zu erlangen, wächst darum von Jahr zu Jahr und der Sammler wird zum Forscher. Noch ein andrer Umstand macht die Andenken an tote große Männer wertvoller; es gibt nämlich, trotzdem wir die Erinnerung an hundert Geschlechter von Menschen bewahren, seltsamerweise weit mehr lebendige als tote Berühmtheiten. Im Thiergarten-Viertel von Berlin leben z. B. augenblicklich mehr berühmte Leute nebeneinander, als die ganze römische Kaiserzeit aufzuweisen hat; und im Album eines strebsamen Künstlerfreundes findet man mehr Photographien von lebendigen Berühmtheiten, als Castans Panoptikum von toten und hingerichteten in zehn Jahren fertig stellen könnte.

Sollte dies daran liegen, daß gerade unser gegenwärtig blühendes Geschlecht so überreich ist an großen Männern? Oder ist der Tod das feine Sieb, das die gröberen Bestandteile nicht hindurchläßt zur Unsterblichkeit?

Einerlei. Diese ungesiebten, lebendigen Berühmtheiten sind die Opfer der Straßenräuber, der Sammler von solchen Handschriften, deren Schreiber noch fröhlich im Lichte der Sonne wandeln. Wie der Reiche allein als Sühne für seinen Besitz die Furcht vor Dieben kennt, so büßt der berühmte Mann seine Eitelkeit durch den Autographensammler, der also durch seine Verfolgung der Großen ein nützliches Werkzeug im moralischen Haushalte der Menschheit wird.

In ganz grauen Zeiten, als die berühmtesten Menschen, ja die gefeiertesten Dichter selbst nicht schreiben konnten, war der Autographensammler natürlich noch nicht vorhanden. Wolfram von Eschenbach oder Homer hätten in das Stammbuch ihrer Verehrerinnen doch nur drei Kreuze schmieren können und Karl der Große, der erst als alter Mann schreiben lernte, lebte nachher nicht lange genug, um die Wut der Sammler zu befriedigen. Heutzutage aber, wo jeder Bauernjunge, geschweige denn ein großer Mann, schreiben kann und gern schreibt, mußte sich erst die Zahl der Autographenjäger ins ungemessene vermehren, bevor die Träger bekannter Namen die Last ihrer Berühmtheit kennen lernen konnten. Staatsmänner, Gelehrte, Künstler, Abgeordnete, Mörder und Scharfrichter, kurz alle Leute, deren Namen in den Zeitungen viel genannt werden, sind stets von einer Schar umgeben, die mindestens ihren Namenszug verlangt. Die Herren Mörder und Scharfrichter haben wenigstens nicht viel andres zu thun und wenn die Sucht, gerade diesen Menschen sich zu nähern, just nicht dem edelsten Geschmacke entspricht, so kann man sie doch nicht so leicht müde machen. Die berühmten Menschen der andern eben genannten Berufsarten jedoch haben wohl ein Recht, zornig zu werden, wenn ihnen zubringliche Besucher ein Blatt Papier auf die Brust setzen und etwas Geschriebenes von ihnen fordern.

So ein Sammler, dem vielleicht niemals in seinem Leben ein eigener Gedanke gekommen, bildet sich gerade darum ein, die tüchtigen Leute schüttelten ihre Einfälle nur so aus dem Ärmel. So halten auch die Bettler jeden wohlhabenden Mann für unermeßlich reich und sind mit jeder Gabe unzufrieden.

Von keinem aber verlangen diese Leute mehr, als vom armen Schriftsteller. Er hat ja schreiben gelernt! Er kann's ja! Während der Staatsmann oder der Redner sich noch mit seiner Unterschrift und einem alten bewährten Kernspruch loskaufen kann, soll der Schriftsteller jedem ein kleines Opus zum Privatgebrauch dichten. Und wie das brave Dienstmädchen beim Bäcker recht „knuspriges" Weißbrot verlangt, so schämt sich auch der Autographensammler nicht, dem Dichter, der schon die Feder ansetzt, noch zuzurufen:

„Aber etwas recht Geistreiches!"

Eine schöne Frau, welche mit gleichem Eifer und mit gleicher höchst persönlicher Dankbarkeit die Bilder von Sängern und die Autogramme von Dichtern sammelte, verlangte von den ersten regelmäßig das so beliebte Makartformat, von letztern ein Sonett. Die Sänger, welche sich — wie man sagt — hie und da photographieren lassen, konnten dem Verlangen jedesmal willfahren.

Ein jungdeutscher Dichter jedoch, der sich auf den Stabreim eingeschult hatte und der darum auch den leichtesten Reim nicht vierfach aufzubringen vermochte, erhielt seine „Saga" mit dem Bemerken zurück:

„... Ich hoffe, daß meine Sonette nach meinem Tode durch den Druck herausgegeben und durch mein Bild erklärt werden. Ihre Stabreime würden die Symmetrie empfindlich stören. Ich bitte um ein Sonett.

P. S.   Ja?"...

Bis zu solcher Rücksichtslosigkeit bringen es freilich nicht alle Sammler, wenn sie nicht den Vorteil der persönlichen Bekanntschaft mit dem Berühmten genießen. Gerade aber in den Bekannten= und Verwandtenkreisen der Leute von der Feder herrscht die Sammelwut gewöhnlich endemisch. Da begnügt man sich nicht mehr mit den veralteten Stammbüchern, wo hinein sich vielleicht im ganzen Leben ein Dutzend Freunde ein= schrieben. Heutzutage gewinnt man — nämlich in der Groß= stadt — jede Woche ein Dutzend Freunde, — lauter große Männer. Diese müssen nun ihren armen Geist anstrengen, und mit ihren Namen und Einfällen alles weiße Papier voll= schreiben, das die gnädige Frau aufbringen kann. Und als ob die furchtbare Papierfabrikation allein nicht genügte, wird neuer= dings noch allerhand anderes Schreibzeug aufgestöbert. Man sammelt Autographen auf Manschetten, die dann wohl nicht mehr in die Wäsche zurückwandern, auf Handschuhen, leider nur auf der Innenseite, auf Holzfächern, die dann besonders viel Wind zuführen sollen, auf Tischen, auf Stühlen, auf Wänden und Thürpfosten.

Ja, eine Frau aus der jüngsten Aristokratie geht seit einigen Monaten mit der Absicht um, sich auf sämtliche Porzellan= gefäße ihrer gesamten Wirtschaft die Unterschriften der gefeier= ten Gäste ihres Hauses schreiben und einbrennen zu lassen. Diese Leute würden sich Autographen sogar auf die Haut ihres Leibes tätowieren lassen, wenn's anginge.

Noch einmal sei's gesagt: der Sammler, der aus Leidenschaft Briefe und sonstige Handschriften großer Toter in seinen Besitz bringen will, ist nicht immer drollig. Es ist auch für den Nichtsammler (wenn es solche überhaupt auch gibt) ein ernstes Gefühl, ein Blatt in die Hand zu nehmen, auf welches der Dichter im Taumel der schaffenden Begeisterung sein unsterbliches Werk oder ein Weltenerschütterer in einer entscheidenden Stunde seine Befehle geschrieben hat.

Aber das Eigentümliche solcher Stücke ist es, daß der Schreiber damals nicht an den Autographensammler,' sondern an sein Lebenswerk dachte. Unsere lebendigen Unsterblichkeiten aber werden durch das Ersuchen des Autographensammlers selbst in närrische Käuze verwandelt, in Komödianten, welche ein paar Verse nicht für sich selbst, nicht für den Leser, sondern für den Sammler hinsetzen. Und so lächerlich ein freundschaftlicher Brief würde, welchen der Verfasser mit dem ewigen Hintergedanken schriebe: „der wird nach meinem Tode gedruckt werden!" (unsere gedruckten Sammlungen enthalten viele solche Briefe) — ebenso lächerlich werden dann auch leider meistens die Sätze, mit welchen die großen Geister sich bei ihren Autographensammlern verewigen.

Und so kehrt denn der moralische Kreis in sich selber zurück. Der ungesiebte Unsterbliche wird durch den zudringlichen Sammler für seine Eitelkeit bestraft; der Sammler aber für seine Zudringlichkeit durch die Erbärmlichkeit dessen, was er empfängt. Der Belästigte, welcher dem Sammler das große und das kleine ABC auf sein Blatt schrieb, gab noch lange nicht das dümmste Autogramm von sich.

5. Die fröhlichen Trauergäste.

Fröhliche Erben hat es immer gegeben, seitdem die Menschen etwas erworben haben und so die Möglichkeit entstanden ist, daß ein Besitz schmerzlos von einem auf den andern übergeht. Aber der fröhliche Leidtragende, der ohne Hoffnung auf eine Erbschaft dennoch seine ganze Munterkeit auf das Begräbnis mitbringt, der konnte erst auftreten, als die Beerdigung angesehener Leute zu einem hübschen Schau=
spiel wurde, an welchem sich auch der Nichtbeteiligte gern erfreut.

Auf dem Dorfe liegen die Verhältnisse auch heute noch so einfach, daß die Leute der Ansiedlung und der Umgegend aus dem Begräbnis eines hervorragenden Mitbürgers sich einen Feiertag machen. Sie nehmen an dem freigebig ge=
botenen Leichenschmause teil und brüsten sich damit, daß sie auch dabei gewesen sind. In der großen Stadt ist das ganz anders: da benutzt man höchstens die Wagen, die auf Kosten der Familie gestellt worden sind, zu einer kleinen Spazier=
fahrt und liest am nächsten Tage begierig in der Zeitung nach, ob man auch unter den fröhlichen Trauergästen mit genannt ist.

Solche Menschen, welche den Toten nur begleiten, um sich selber zu ehren, sind natürlich nur in den sogenannten besseren Kreisen zu finden; das schlichte Volk der Großstadt verlangt nicht, daß alle einzelnen Namen in dem Berichte über ein schönes Leichenbegängnis stehen; ein jeder begnügt sich mit dem Bewußtsein, daß auch er zu den „Unzähligen" gehörte, welche „tiefergriffen" dem Sarge folgten oder auf allen Straßen dem vorübergehenden Leichenzuge „ihre Huldigung darbrachten". Das schlichte Volk besteht aus lauter harmlosen fröhlichen Leidtragenden, welche hinter der Leiche eines berühmten Abgeordneten oder Künstlers die nicht minder berühmten Kollegen des Toten erkennen, welche die Pracht der Blumenkränze bewundern, die Reihe der Wagen zählen, den gefeierten Leichenredner hören wollen.

Diese Volksmasse, welche die Leichenfeier eines großen Mannes erst durch ihre Gegenwart zu einer Angelegenheit von allgemeiner Bedeutung stempelt, ist übrigens weit klüger, als die Berichterstatter, welche die Menge abschätzen und nach der Zahl erst auf das Ansehen des Mannes schließen; denn diese Volksmasse kommt eben dadurch zusammen, daß jeder einzelne den Ruhm des Toten schon vorher richtig gemessen und sich gesagt hatte:

„Das Begräbnis werden sich hunderttausend Müßiggänger ansehen. Da will ich auch dabei sein!"

Wie das Volk sich von den Höhergestellten vornehmlich dadurch unterscheidet, daß es weniger heucheln kann, so geben sich auch die fröhlichen Leidtragenden aus dem Volke ihrer Heiterkeit unbefangen hin. Wer sicher sein will, eine Gruppe lachender Gesichter beisammen zu finden, der mag nur getrost bei einer pomphaften militärischen Leichenfeier unter die Zuschauer, welche den Zug einzäunen, oder empor zu den Fenstern blicken.

Jene vielgenannten Herren jedoch, welche durch das Ansehen beim Volke nach vorn gedrängt werden, oder sich nötigenfalls selbst hervordrängen, genießen die Festlichkeit schon deshalb nicht voll, weil sie die Würde des Augenblicks aufrechthalten und feierliche Gesichter aufsetzen müssen. Nun gibt es ja gerade unter dieser engeren Gefolgschaft auch die Freunde des Toten, welche die Feier mindestens in ernster, wenn schon nicht in tiefschmerzlicher Stimmung mitmachen. Aber dicht neben diesen wenigen Anhänglichen schreiten die Leidtragenden, welche während des Zuges selbst jedem Maler als Bild der Trauer Modell sitzen könnten und sich erst am nächsten Tage als fröhliche Gäste enthüllen, wenn sie die weltlichsten und heitersten Zufälligkeiten während der Beerdigung zu erzählen wissen und überallhin hören, ob ihre Teilnahme auch öffentlich bemerkt worden ist. Die ruhigsten Gemüter aus dieser Klasse nützen freilich auch schon den Vorteil aus, ein so seltenes Schauspiel von ihren guten Plätzen aus beobachten zu können.

Unter diesen Würdenträgern der öffentlichen Trauer gibt es nun ohne Zweifel viele verdiente Männer, deren Namen mit Achtung genannt würden, auch wenn sie niemals in ihrem Leben einem toten Kameraden das Geleite gegeben hätten. Für den Beobachter sind jedoch unter den fröhlichen Trauergästen diejenigen die merkwürdigsten, welche darum allein unter ihren Mitbürgern bekannt geworden sind, weil ihre Namen regelmäßig unter den Persönlichkeiten genannt werden, welche einem großen Toten die Höflichkeit erwiesen, ihn zu geleiten. Und es gibt viele solche freiwillige Totengräber, welche wie ihre gewöhnlichen bezahlten Berufsgenossen von den Friedhöfen leben.

Sie haben eine feste Gesundheit, denn sie könnten sonst nicht alle berühmten Leute bei jedem beliebigen Wetter begraben helfen; sie haben einen auffallenden Gesichtsschnitt, denn sonst würde das Volk und seine Berichterstatter sie nicht aus dem Gedränge herausfinden; sie sind in religiöser

Beziehung duldsam, denn sie betreten die Friedhöfe jeder Kirche.

Ihre Absicht, durch unerschrockenes, fröhliches Leidtragen allmählich bekannt und endlich nach ihrem Tode dadurch selbst der Gegenstand einer größeren Trauerfeier zu werden, wird fast immer erreicht; und die Gesellschaft fühlt gar nicht, wie sie sich dabei zum besten haben läßt. Denn man kann häufig nach einem besonders „gelungenen" Leichenbegängnis etwa folgendes Gespräch hören: „Wer war denn noch sonst dabei zu sehen?" — „Der Dr. N." — „So? Ist der auch ein berühmter Mann? Was hat er denn geleistet?" — „Das weiß ich nicht; aber sein Name steht in den Berichten über alle Begräbnisse."

Der Moralist müßte die Leidtragenden, welche einer großen Beerdigung im Dienst ihrer kleinen Eitelkeit beiwohnen, in drei Stufen einteilen, und müßte, wenn er nicht zu streng ist, erst der dritten Stufe ein schlechtes Herz zuschreiben.

Die ersten sind eben die namenlosen Zuschauer, die Masse, welche sich auf Straßen und auf Dächern drängt. Sie haben keine Beziehung zu dem Toten gehabt; sie denken darum gar nicht an ihn, wenn sie sich wie Kinder des festlichen Aufzuges freuen. Es sind dieselben Menschen, welche müßig bewundernd einem mächtigen Brande zuschauen und weder an den Schaden noch an die weitere Gefahr denken. Sie werden niemals selbst ein Feuer anlegen, sie werden den Brandstifter vielleicht in Stücke reißen wollen, wenn er ihnen später, an einem freien Tage, in die Hände fällt und die Lynchjustiz ihnen ein neues gefahrloses Volksvergnügen verspricht; heute aber sind sie ihm fast dankbar für das stattliche Feuerwerk.

Die zweiten sind die würdigen Herren, welche in der

öffentlichen Beschreibung der Leichenfeier mit unter den Anwesenden genannt sein wollen. Auch diese treiben ihre Leidenschaft nicht so weit, ihren Nächsten den Tod zu wünschen. Aber der Anblick eines weißen Leichentuches, worauf sie ihren Namen pinseln können, läßt sie alles andere vergessen. Und wenn sie am Ende des Jahres das Verzeichnis ihrer Leichenfeiertage überblicken, so bilden sie sich in der That ein, alle die großen Toten seien nur für sie gestorben. Diese zweite Abteilung hat neben der Totengeleitung sehr häufig auch noch ein lästiges Nebengeschäft: die Feier der Lebendigen bei Jubiläen und ähnlichen Anlässen. Wer aber bedenkt, daß solche Feste oft nur dazu erfunden werden, um berühmte Männer zu züchten, wenn ihrer gerade zu wenig auf der Welt sind, wer ferner bedenkt, daß auch die künstlich gezüchteten großen Männer mit großer Feierlichkeit begraben werden, daß also der Bewunderer des Lebendigen hoffen darf, einstens einem blumenüberschütteten Sarge folgen zu können, der wird lächelnd erkennen, daß die Teilnahme an Jubiläen oft nur die Vorbereitung zu fröhlichem Leibtragen ist. Die unzähligen Berühmtheiten, welche einander, d. h. immer alle Überlebenden den neuesten Toten, die letzte Ehre erweisen, bilden zusammen doch nur eine große fröhliche wechselseitige Trauerversicherungsgesellschaft.

Die dritte Klasse besteht aus schlechten Menschen: sie wollen am offenen Grabe des Freundes ihre Reden halten. Ihre Opfer sind besonders tote Dichter, Staatsmänner und Künstler. Den fröhlichen Leichenrednern ist jede Schandthat zuzutrauen, und wenn ein harter Staatsanwalt jeden Leichenredner im Verdacht hätte, daß er sein Opfer selbst umgebracht hat, um nur reden zu können, so würde er die geheimsten Wünsche manches redegewandten Trauergastes erraten.

6. Die Jubilanten.

Die Sucht unsrer verehrten Zeitgenossen, die Freude an sich selbst durch pietätvolle Feier aller möglichen und unmöglichen Gedenktage zu beweisen, ist buchstäblich ein Fieber zu nennen, nicht nur bildlich, wie man auch von Ausstellungskrankheit, Reisewut und Geldfieber redet. Denn so wie im Fieber ein beschleunigtes Tempo des Blutumlaufs stattfindet, so äußern auch die Jubiläen einen gereizten Zustand, wenn sie mit einiger Ungeduld sich überstürzen. Man muß hierbei die Jubiläen toter Menschen, welche unsre Zeit angeblich aus Dankbarkeit nicht vergißt, von den Gedenktagen der Lebenden scheiden, welche wohl nur selten ohne den besondern Wunsch des nachher allemal überraschten Jubilars gefeiert werden.

Bei der ersten Gattung ist von den Festen abzusehen, welche zur Erinnerung an wahrhaft große und bekannte Tote, wie Schiller und Luther, begangen werden, wo in der That ein großer Teil des gesamten Volkes geistig teilzunehmen vermag, wenn ein Bruchteil desselben Volkes sich für die Verdienste des Großen mit kleinen Orden beschenken läßt. Aber die unzähligen kleinen Gedenktage, über deren Bedeutung oft der Festredner selbst im Konversationslexikon Belehrung suchen muß! Kann es wirklich außer der Familie noch viele Menschen interessieren, ob vor 50 Jahren irgendwo ein General auf —itz gestorben ist, der sich einmal in einer Schlacht auszeichnete, die man vergessen hat? Müssen wir wirklich sin weihevolle Stimmung geraten, weil heute vor hundert Jahren ein angeblicher Dichter geboren wurde, dessen Werke wir nicht kennen? Oder weil damals der Grundstein zu einem Gebäude gelegt wurde, welches sicherlich eine Zierde der Stadt hieße, wenn es noch stünde?

Unsre Kalender und einige Zeitungen, welche dieses Personal-Kalendarium abdrucken, setzen jeden Menschen in den Stand, plötzlich irgend ein Jubiläum aufs Tapet zu bringen, weil — nun, weil der berühmte Müller heute vor fünfzig Jahren glücklich von den Blattern genesen oder genau heute vor siebenundzwanzig Jahren an was anderm gestorben ist.

Kein Mensch weiß welcher berühmte Müller gemeint ist. Aber die Feier kommt doch zu stande, wenn es am Ehrentage auch so gehen sollte, wie mit der bekannten Geschichte des Toastes auf Tieck. Ein Kommis voyageur nämlich hörte zufällig, daß der berühmte Tieck, der Bildhauer, sich an der Tafel befand. Rasch entschlossen ergriff er das Glas verwechselte mit ungeheurer Geschwindigkeit den Bildhauer mit dem Dichter Tieck, diesen mit Tiedge, dessen Urania mit Oranien und rief darum: „Oranien soll leben!"

Und alle Gäste, das ist das Ernsthafteste und Neueste an der Schnurre, stießen feierlich auf Oranien an.

Daß sich für jedes Fähnlein, das geschwungen wird, sofort ein Menschenhaufen findet, der nachläuft, entspricht nur der allgemeinen Menschennatur; Till Eulenspiegel, welcher ein ganzes Dorf ins Wasser nachspringen ließ, wußte etwas davon zu erzählen. Aber rätselhaft ist dabei, daß die Führer solcher kleinen Bewegungen all die Mühsal und allen Ärger auf sich nehmen, trotzdem sie schon bei früheren Gelegenheiten das Eitle ihres Strebens erkennen mußten. Wie alle menschlichen Handlungen, besonders aber Massenhandlungen, ist auch diese nicht durch einen einzigen Charakterzug zu erklären. Alle menschlichen Schwächen müssen zusammenwirken: die Eitelkeit, für einen besonderen Freund oder Kenner des unsterblichen Toten zu gelten, — die Freude, seinem Schmerz über seinen Tod öffentlich Ausdruck geben zu können, — die Hoffnung, seinen Namen auf das Marmordenkmal irgendwo dauernd einkratzen zu können, — alles dies stärkt die Erinnerung und muntert zum Nachschlagen historischer Tabellen auf. Ganz abgesehen davon, daß bei allen solchen Anlässen viel gegessen und getrunken wird und der gesamte Nährstand also aus volkswirtschaftlichen Gründen das Jubiläumsfieber zu steigern sucht.

Daß es gerade in unserm Geschlecht so epidemisch auftritt, hängt sicherlich mit zahlreichen andern Leiden zusammen, welche sich sämtlich um unsern Altertumsschwindel gruppieren. Die echte oder mißverstandene Historie beherrscht ja unsre Kleidung, unsre Zimmereinrichtung, unsre Architektur, unsre Kunst, unser Handwerk, alles. Es konnte deshalb nicht ausbleiben, daß die Historie auch unsre Gedanken beherrscht, und daß wir bald so weit gekommen sein werden, des Morgens nicht mehr niesen zu können, ohne daran erinnert zu werden, welcher berühmte Mann vor hundert Jahren den Schnupfen gehabt habe.

Der Selbstjubilant, der ähnlich wie der Selbstmörder sein Leben hassen mag, leidet auch am Jubiläumsfieber, aber einige unscheinbare Symptome lassen seinen Zustand noch bedenklicher erscheinen. Auch ihn spornten alle irdischen Eitelkeiten, als er seine Hausfreunde im Vertrauen auf die Möglichkeit aufmerksam machte, sein zwanzigjähriges Amtsjubiläum, seinen fünften Hochzeitstag, seine goldene Hochzeit oder das Stehenlassen seines hundertsten Regenschirms zu feiern. Seine Strafe ist streng, aber gerecht. Wie im Kriege wiedergeschossen wird, so darf der Selbstjubilar nicht auf Schonung rechnen. Er wird wohl selbst eine Rede halten, aber die andern werden ihn ebenfalls anreden, und nicht wie einen schwachen Menschen von Fleisch und Blut, sondern genau ebenso, als wäre er das Erzbild irgend eines großen Toten. Das ist den Festgenossen einerlei, ob der Held des Tages ihre Feier aushält. Und es ist eine tragikomische Erfahrung, daß häufig die Jubelfeier gleichzeitig die letzte Ehre war, die man dem Unglücklichen erwies.

Trotzdem greift die Epidemie, sich selber als historische Erinnerung anzusehen und darum pietätvoll zu bejubeln, immer mehr um sich. Wenn ein Beamter, ein Mann in öffentlicher Stellung oder sonst ein Arbeiter erst sein fünfzigstes Lebensjahr herannahen fühlt, holt er heimlich seine Papiere hervor, um in denselben nach dem entfernten Anfang seiner Thätigkeit zu stöbern. Bald ist der Tag gefunden oder erfunden, an den sich ein Festessen knüpfen kann, das in der Überreichung einer silbernen Ehrengabe gipfelt. Und ob es das Jubiläum der zehntausendsten tadellos gewickelten Zigarre, das der tausendsten Zwangsvollstreckung oder das der hundertsten Hinrichtung ist: die Genossen des glücklichen Entdeckers müssen daran glauben und als Werkzeuge der Verschworenen, des Jubilars und der Festredner, in ihre Tasche greifen.

Es gibt unter den Jubilanten auch Männer, welche sich ihren Ehrentag was kosten lassen wollen; aber die Ansprüche der Selbstjubilanten, welche ihre Gäste frei halten, wachsen ins Ungemessene.

Um so bescheidener sind die betrügerischen Jubilanten, welche ihrer öffentlichen Thätigkeit ein paar Järchen zugedichtet haben, um ihr Jubiläum nur — zu erleben. Ich sehe ihn noch vor mir den 70jährigen Arzt, der sein fünfzigjähriges Jubiläum zu feiern vorgab, trotzdem noch drei Jahre dazu fehlten. Ich sehe ihn noch, wie er eine Stunde vor dem Eintreffen des fürstlichen Gnaden=Dekretes uns weinend seine

Schuld eingestand. Wir haben ihn nicht verraten. Aber er hat sein wahres Jubiläum erlebt und ist an diesem Tage der unglücklichste Mensch des Landes gewesen.

Wer in dem erforderlichen Alter absolut keine fünfundzwanzig Amtsjahre aufbringen kann, macht aus der Not eine Tugend und feiert einfach seinen fünfzigsten Geburtstag. Früher war das achtzigste oder siebzigste Lebensjahr erst ehrfurchtgebietend, jetzt ist man nahe daran, schon den vierzigsten und dreißigsten Geburtstag des verdienten Mannes zu feiern. Aber auch da ist es in unsern Tagen nicht gewiß, ob der Jubilar bis zum Festtage seine Popularität nicht überlebt haben wird. Es wäre darum wohl in Betracht zu ziehen, ob man das Jubiläum großer Männer künftighin nicht gleich bei ihrer Geburt feiern soll.

7. Die Streber.

"Er ist ein Streber!"

Man hört dieses Wort in der eigentümlich scharfen Aussprache, die Anerkennung und Verachtung zu verbinden weiß, kaum anderswo als in Berlin. Der Streber gehört zu den modernen Erscheinungen, welche nur in der Luft der Hauptstadt zu sehenswerten Exemplaren heranwachsen können. Und wieder in Berlin gibt es sehr häufig die scharf beobachtenden Augen, welche das seltsame Geschöpf aus andern herauszuerkennen, die bösen Zungen, die ihm einen Spitznamen zu geben vermögen.

"Ein Streber!" Man gibt den Verkehr mit so einem Herrn deshalb nicht auf. Im Gegenteil, die Gesellschaft leiht ihm eine gewisse Bedeutung, sowie der Wucherer einen jungen Mann aus gutem Hause um so freundlicher empfängt, wenn er sich als Spieler einführt. Denn die berechnenden Menschen lassen zwar einen jeden fallen, der offenkundig und plump die Strafgesetze übertreten hat; sie lieben es jedoch, wenn die Leute ihres weiteren Umgangs einen möglichst anständigen Makel an ihrem Charakter tragen.

Der Streber nimmt die goldene Mitte ein zwischen dem bedeutenden Manne und dem Schwindler. Von dem ersteren hat er den ruhelosen Fleiß, die Zähigkeit und das honette Ziel, innerhalb seines Kreises ein großes Ansehen zu gewinnen; vom Hochstapler nimmt er die betrügerischen Mittel. Er fälscht zwar nicht seinen Namen und seine Zeugnisse; aber er gibt sich für einen erfahrenen, kenntnisreichen Mann in Dingen aus, von denen er vorläufig nichts versteht. Er hält es mit dem Sprichwort: „Wem Gott ein Amt gibt, dem gibt er auch Verstand!"

Ein Streber ist also ein Mann (unter Frauen treten Streberinnen vorläufig noch selten auf), der mit allen erlaubten und mit allen vorsichtigen Mitteln danach trachtet, eine Stellung zu erreichen, für welche seine Fähigkeiten nicht genügen. Der Bildungsgrad des Emporschleichenden und die Art des Amtes ist für den Typus gleichgültig; es gibt Streber unter den Fabrikarbeitern und es hat Streber unter den Kaisern und Prätendenten gegeben.

Man müßte den Streber auch von seiner komischen Seite betrachten, die nicht schwach sein kann, weil er sich in seiner ganzen Thätigkeit so benimmt, wie ein Bauer, der gern Seil tanzen möchte, aber kein Talent dazu hat. Wenn man aber bedenkt, daß der Streber ebenso, wie dieser unfähige Seiltänzer, in keinem Augenblicke seines Lebens froh wird, immer vor der Entdeckung seiner Unfähigkeit und vor seinem jähen Sturze zittert, dann wird man nicht anstehen, ihn für einen sehr unglücklichen und, weil er dieses sein Unglück sich selbst zur Lebensaufgabe gemacht hat, für einen sehr dummen Menschen zu halten.

Das freudlose Dasein des richtigen Strebers beginnt schon in der Schule. Er hat natürlich schon da den Ehrgeiz, für einen der besten Schüler, womöglich für den Primus, zu gelten, fühlt aber kläglich, daß die Hälfte der Klasse ihn an natürlichen Anlagen übertrifft. Niemand aber grüßt die Lehrer so höflich wie er; niemand kennt so genau wie er ihre Geburtstage, ihre Lieblingsblumen, ihre kleinen Wunderlichkeiten; niemand lacht so laut wie der junge Streber, so oft der Herr Lehrer die Knabenschar durch einen Witz erfreut. Schon dieses

ewige Ablauern fremder Schwächen ist anstrengender, als man
glauben sollte. Während aber der wirklich gute Schüler nichts
sehnlicher wünscht, als eine Prüfung, bei der er seine Kennt=
nisse darlegen kann, sitzt der Streber in unaufhörlicher Angst
vor einer Frage da. Er fühlt seine Unsicherheit und weiß,
daß ein unbedachtes Wörtchen die Legende von seinen Fähig=
keiten zerstören kann. Immer wieder sieht er sich auf die
Hülfe seiner Banknachbarn angewiesen, und so verderbt ist schon
das junge Geschlecht, daß es täglicher Opfer an Butterbroten,
Briefmarken, Federn, Schmetterlingen und selbst Groschen=
stücken bedarf, um ein angenehmes Verhältnis herzustellen.

Sein Seelenzustand aus der Schulzeit wird vorbedeutend
für sein ganzes Leben. Ob er als Kaufmann sich auf den
Volkswirtschaftler herausspielen und als Handelskammerpräsi=
dent Gesetze geben will und für dieses Ziel in seinem Vereine
Reden hält, die andre verfaßt haben und die er selbst nicht
recht versteht; ob er als Diplomat die Sprache des Landes
nicht genügend spricht, in welchem er seine Regierung ver=
treten helfen soll; ob er als Künstler vor der Veröffentlichung
seines Werks geschmeidig die berühmtesten Kollegen zu Tafel
lädt, um sich für die nächsten Wochen ihres rücksichtsvollen
Schweigens zu versichern; ob er als Anwalt jeden Dieb seinen
guten Freund nennt, der ihn zum Verteidiger wählen könnte;
ob er als Arzt von der Prinzessin träumt, die auf der Straße
vor seinem eleganten Doktorwagen unter fürchterlichen Symp=
tomen leicht erkrankt; ob er als Beamter die Untergebenen
sich überarbeiten läßt, um oben mit ihren Leistungen glänzen
zu können; ob er endlich als nichts von alledem sich irgend
einer bedürftigen Partei anschließt, in der er mit geborgten
Redensarten den langen Weg vom Kneipenstammtisch zum
Parlament zurücklegen möchte: bei Tag und bei Nacht steht
als drohendes Gespenst der Fluch der Lächerlichkeit vor ihm.

Er ist seiner Aufgabe nicht gewachsen und muß sich immer so anstellen, als ob sie ihm bei seiner seltenen Begabung ganz leicht würde. Er muß sein ganzes Leben lang Komödie spielen; und zwar nicht wie der Schauspieler einige Abendstunden lang und noch dazu mit der allgemeinen Voraussetzung, daß es nur ein Spiel ist. Nein, er muß in jedem Momente seines Lebens, unablässig, vor seinem Weibe und seinen Kindern, vor seinen Freunden und vor seiner Mutter, er muß der Übung wegen sogar vor sich allein Komödie spielen und ernsthafte, blutige Komödie, von der ihn wie den Mann mit der eisernen Maske nur der Tod erlöst. Wie der Bagnoflüchtling nicht eine Stunde vor dem Polizeibeamten sicher ist, der das Brandmal auf seiner Schulter aufdecken könnte, so fürchtet der Streber in jedem Nebenbuhler einen scharfsinnigen Kritiker, der der Welt das große Geheimnis verraten könnte: daß der Streber unter seinem Cylinderhut, unter seinem Barett, unter seinem Helm, meinetwegen unter seiner Schlafmütze Eselsohren verbirgt.

Man darf den Streber nicht mit seinem Verwandten, dem Titel= und Ordensjäger, verwechseln. Dieser ist lächerlicher, aber er führt, verglichen mit dem Streber, ein beneidenswertes Dasein; denn sein Ziel ist erreichbar. Wenn er nicht so thöricht ist, nach Empfang eines kleinen Ordens oder Titels sofort hinter einem höhern zu laufen, gibt es für ihn einen Ruhe= punkt, eine Zeit des Genusses nach der Arbeit. Das Wesen des Strebers wird eben dadurch tragikomisch, daß er mit den größten Menschen das Schicksal teilt, ein Unerreichbares zu verfolgen.

Der Streber will nicht Geld oder Orden. Der Streber will auch Reichtum und Auszeichnungen nur als Beweis und als Mittel seines Ansehens; um's Ansehen ist es ihm zu thun, und dieses ist nicht im Kasten zu verwahren, ist nicht unverlierbar, wie der Adel und Orden, das Ansehen muß durch eine ganze Persönlichkeit für jeden Tag neu befestigt werden, wenn der große Mann von gestern nicht heute eine ganz kleine Null werden soll. Und wenn der Streber in irgend einem Stande endlich die Stellung erklommen hat, die ihm vor Jahren als der Gipfel seiner Wünsche erschien, fängt seine Marter nur aufs neue an.

„Ja nicht merken lassen, daß ich unfähig bin!"

Das ist seine einzige Sorge; und er beneidet den letzten Diener seines Bureaus um die Freiheit, sich so unwissend, so albern und so roh zu geben, wie er will. Und in der Todesstunde, wenn der Glücksjäger vielleicht ernüchtert auf sein Leben zurückblickt, sich aber doch sagen darf: „Ich habe manche frohe Stunde frisch vom Baume genossen!" — in der letzten Stunde übersieht der Streber sein freudloses Dasein, und seine letzte Furcht ist, daß nach seinem Ableben das Geheimnis seiner Unfähigkeit an den Tag kommen wird.

In einer Gesellschaft nun, welche zum großen Teile aus Strebern besteht, wäre es entsetzlich zu leben, wenn nicht der gegenseitige Betrug eben dieser Gesellschaft das Grauen mildern würde. Sehr viele der jungen Herren, welche in dem Alter der süßesten Jugendthorheit die ernsten Streber spielen, sind es gar nicht. Sie gehen ganz grob und roh auf eine große Mitgift aus und geben sich einstweilen für Streber aus, weil dieser Name noch immer wohlklingender ist, als der eines Mitgiftjägers.

Die Gesellschaft ist in diesem Falle noch dümmer als der richtige Streber und noch falscher als der nachgemachte. Sie glaubt im voraus an das Ansehen, welches der junge Mann auf seinem Wege erreichen muß, und gibt ihm dazu als Ballast ihre alten Mädchen und ihre alten Thaler.

8. Gehetzte Menschen.

Wäre ich ein kleiner oder großer Philosoph, so würde ich ohne Mühe aus der Idealität des Begriffes „Zeit" die sichere Schlußfolgerung ziehen können, daß die ewige Hetzjagd, in welcher die meisten Kreise der Großstädte ihr Leben verbringen, der menschlichen Natur schnurstracks widerspricht. Ich bin leider kein Philosoph. Aber der Nachweis, daß dies rasende Tempo des Lebens unvernünftig ist, mag vielleicht ebenso wirksam sein, wie die Überzeugung von ihrer logischen Unhaltbarkeit.

Daß die Zeit ein idealer Begriff sei, werden mir zwar die meisten gebildeten Menschen, die ich danach frage, zugeben, aber nur wenige werden mit den beiden Worten auch eine Vorstellung verbinden. Vielleicht kommt ihnen die folgende Geschichte zu Hülfe, die weit zurück in vorsintflutlichen Zeiten spielt.

Damals lebten zwei merkwürdige Tiere: das Tachyzoon und der Aisaurus. Das Tachyzoon lebte nur so lange, als ein Regentropfen braucht, um von einer Rose bis zur Erde zu fallen. Da das Tierchen aber, welches so groß war, wie ein Fliegenauge, während seiner Lebensdauer mehr als eine Million Pulsschläge that und seine Sinneswerkzeuge für die allerkleinsten Empfindungen eingerichtet waren, so betrachtete es die Dauer seines Lebens etwa so, wie der Mensch von seinen siebzig Jahren spricht. Es wurde gewöhnlich an einem Grashalm geboren und sah bis zu seinem Tode gewaltige Veränderungen um sich her vorgehen. Es hörte und sah sein Gras mächtig wachsen, die feinen Härchen des Halms umgaben es mit Waldesrauschen, die Infusorien entstanden und vergingen; und wenn zufällig gerade während der Lebenszeit einer bestimmten Tachyzoongeneration der Halm von einem Schnitter zu Boden geworfen wurde, so sprach man über dieses Ereignis wie über das Erdbeben von Lissabon.

Der Aïsaurus dagegen dauerte so lange, daß er die Losreißung des Mondes von der Erde erlebt und von jenem Tage eine Beule auf seiner Stirn davon getragen hatte.

Sein Leben verfloß so langsam, daß ein vorsintflutlicher dreißigjähriger Krieg anfing und endete, während der Aïsaurus einmal aus- und einathmete; und während er mit seinen ungeheuern Augenlidern einmal auf und nieder nickte, waren sämtliche irdische Jahreszeiten und alle Gedichte auf dieselben an ihm vorübergegangen.

Auch er that aber während der ganzen unermeßlichen Zeit mit seinem Herzen, das größer war als ganz Paris, nur etwa eine Million Schläge, und darum erschien ihm sein Leben so kurz wie uns das unsrige.

Die beiden Geschöpfe gingen nebeneinander her, ohne voneinander etwas zu wissen. Der Aïsaurus konnte tausend Tachyzoen auf einmal hinunterschlucken, ohne es zu fühlen; und das Tachyzoon nahm von seinem Nachbar höchstens die abgesplissene Faser einer Klaue als ungeheures Gebirge wahr.

Aber in beiden Geschlechtern erwachte eines Tages die Sehnsucht, unter andern Bedingungen, als bisher, die Welt zu genießen. Das Tachyzoon wollte langsamer, der Aïsaurus schneller leben. Da machte ein Tachyzoon bei seiner Geburt einen mächtigen Atemzug und war tot, bevor es noch die Auglein geöffnet hatte; der Aisaurus aber berauschte sich, um seinen Puls zu beschleunigen, geriet auch wirklich in ein Fieber, aber gleich in ein so hitziges, daß er fortan Gesicht, Gehör, Geruch, Geschmack und Gefühl verlor und wie eine Kanonenkugel ohne Empfindung durch den Raum sauste.

Es wäre wohl verlorene Mühe, von dieser nachdenklichen Fabel eine Nutzanwendung machen zu wollen. Denn die Tachyzoen finden sich nur sehr selten unter den Menschen; die Saurier aber, welche ihr Dasein in eine ewige Krankheit verwandeln, welche sich künstlich in ein Tachyzoon verwandeln möchten, nur um die Zeit von einem Sonnenaufgang zum andern kürzer erscheinen zu lassen, sind doch gar zu dumm, als daß man ihresgleichen unter Menschen suchen dürfte, — sollte man denken.

Und doch läßt sich nicht leugnen, daß gerade die stolzen, reichen, klugen und überlegenen Herren und Damen, welche sich zum Unterschied von der armen Provinz Großstädter nennen, ihr Leben am liebsten im krankhaften Rasen des Aisaurus zubringen. Wie ein gehetztes Pferd, welches die Sporen seines Reiters fühlt, mitten im tollen Lauf ein wenig Laub vom Baume reißt und Blätter und Stiele keuchend zermalmt, so betreibt der moderne Großstädter seine Arbeit und seinen Genuß. Er leistet sein Tagewerk nicht ruhig wie der Bauer, den der Abend feiern läßt, nein, wie die Maschine, deren stählerne Glieder keinen Schmerz kennen. Er pflückt seine Freuden nicht, wann die Lust ihn faßt; er reißt sie hastig an sich, als wäre jeder Augenblick sein letzter, und er müßte wie ein elender Geizhals noch möglichst viel hinunterschlingen. Er begnügt sich nicht mit einer schönen Kunstschöpfung für einige Wochen: nein, im kurzen Jagen einer Stunde müssen hundert Bilder beguckt, ein Dutzend Musikstücke vernommen werden. Auch die Natur muß massenhaft für einen raschen Überblick bereit sein,

wenn sie in dieser Hetzjagd bemerkt werden will: eine Aus=
sicht wird nicht gelobt, wenn sie nicht gleich einige Meilen im
Umkreis umfaßt, und in der Ebene muß die Eisenbahnfahrt
wie das Gespensterroß aus Bürgers Lenore in sausendem
Galopp an vieler Menschen Städten vorüberführen.

„In zehn Tagen durch die Schweiz!"

„In sechs Wochen durch Italien, Ägypten und Griechenland!"

Das lockt die großstädtischen Reisenden, welche auch den
Rhein hinunter nur im Schnelldampfer fahren und am Lorlei=
felsen vorübergeeilt sind, bevor sie auch nur die ersten Zeilen
hätten singen können. Aber wer wird auch heutzutage noch
selbst Lieder singen! Eine Maschine spielt sie ab, während
der Mensch selbst den Fahrplan studiert, um möglichst rasch
nach seinem Ziel zu kommen. In Köln ist ja fünf Minuten
Aufenthalt, Zeit genug, um einen Blick auf den Dom zu werfen
und Kölnisch Wasser einzukaufen.

Wenn die Hetzjagd sich bloß auf das geschäftliche Leben
erstrecken wollte, so könnte der gelehrte Volkswirt es loben;
daß sie auch den sogenannten Kunstgenuß beherrscht, mag für
den Materialisten sogar drollig sein. In unsern Großstädten
wird aber auch das Gemütsleben in der wilden Jagd zu Tode
gehetzt. Der Vater, der seines Kindes froh werden will, muß
sich mühsam einige Minuten von seinen Berufspflichten absparen,
und seiner Frau bleibt in ihrem gesellschaftlichen Wirbel gar
keine Zeit für ihre Mutterfreuden. Freunde, wo solche in der
Großstadt noch leben, müssen sich im Gewimmel begnügen,
einander einmal die Hand zu drücken; und ein Ehepaar, welches
an einem Abende drei Gesellschaften besucht hat, ist nachher
wohl zu müde, um noch zu einem behaglichen Gedankenaus=
tausch zu gelangen. Für dieses gesellschaftliche Durcheinander
müssen auch die jungen Seelen mit der größten Schnelligkeit,
wie Blumen in Treibhäusern, zu fruchtloser Blüte getrieben

werden; und wenn dann einmal dreihundert Menschen in den wenigen Stunden eines Abendvergnügens wieder so viel wie ein Jahr durchlebt haben, dann heißt das in der Sprache der Hauptstadt: es war ein gelungenes Fest.

Jene Maschine, welche ohne geistige Leitung Melodien spielt, ist darin den erfinderischen Menschen überlegen, daß sie keine Grenze der Geschwindigkeit kennt. Man braucht bloß ein Rädchen zu drehen, und sämtliche Noten der Mondschein=sonate erklingen in tadelloser Folge, nur in etwas beschleunigtem Tempo, binnen einer Minute. Und noch eine Umdrehung des Rädchens, und die Sonate dauert nur eine Sekunde. Das Ganze klingt zwar wie ein Peitschenknall, aber das künstliche Tachyzoon und der Großstädter glauben doch, einen musi=kalischen Genuß empfunden zu haben.

Die Zeit des Mittelalters lebte langsamer als wir es ge=wohnt sind. Und die Sehnsucht mancher Menschen, welche in keiner Beziehung Freunde des Rückschrittes sind und demnach eine gewisse Schwärmerei für die Lebensweise des Raubritters empfinden, ist nichts anderes, als ein Ausdruck für das unend=liche Ruhebedürfnis unsrer Gesellschaft. Und wenn die Welt=menschen sich nicht beeilen, der großen gegenseitigen Hetzjagd ein Ende zu machen, dann wird in nicht zu später Zeit, wie beim Zusammenbruch des römischen Reiches, in irgend einer neuen Form die Weltflucht, die tödliche Poesie des Kloster=lebens, wieder auftauchen. Denn der Teufel, der uns hetzt, jagt uns am Ende in die stille Zelle der Andacht oder des Irrenhauses.

9. Vergnügungs-Reisende.

In der Großstadt ist der gehetzte Mensch nur schwer zu beobachten, — weil der Beobachter oder Schriftsteller gewöhnlich selbst mitrennt. Auf dem Lande jedoch, inmitten der unbeweglichen oder doch nur leise hin und her wogenden Natur, fällt der großstädtische Reisende unangenehm auf, wie ein Eisenbahnzug im Hochgebirge.

Die Schnelligkeit des Genießens steht im umgekehrten Verhältnis zu der Fähigkeit; so hat der verdorbene Magen oft einen falschen Heißhunger.

Ich mußte über meine eigenen aufgeregten und doch so müßigen und langsamen Studentenreisen staunen, als ich einmal auf dem Rigi die einfache und schnelle Weise beobachtete, in welcher eine norddeutsche Familie die Aussicht genoß! Der Vater las nämlich, ohne einen Blick vom Buche zu erheben, mit bewegter Stimme vor, was alles in der Runde zu sehen wäre. Seine Frau, seine beiden unreifen Söhne und die überreife Tochter saßen um das gedruckte Panorama des Rigi herum und suchten darauf die Punkte auf, für welche Bädeker das nötige Entzücken lieferte. Nur ab und zu warfen sie einen Blick nach den wirklichen Bergen, um sie mit der Zeichnung vergleichend zu prüfen. Einmal rief der jüngere der beiden Jungen:

„Das Schreckhorn ist falsch!"

Ich habe nicht erfahren können, ob er das Schreckhorn selbst oder den Umriß auf dem Papier falsch fand.

Diese Gesellschaft, welche die Natur gar nicht oder doch nur durch die gefärbte Brille ihrer Reisehandbücher ansieht, findet man überall, wo eine Landschaft durch die Augen wirklich sehender Menschen berühmt geworden ist; sowie man ja auch in der Umgebung berühmter Künstler immer Leute findet, welche ihre Bildwerke, ihre Symphonien, ihre Dichtungen nicht verstehen. Daß solche naturblinde Herren und Damen dennoch nicht zu Hause bleiben, daß sie vielmehr alljährlich, sobald die Gemüse wohlfeil werden, in allen Richtungen durcheinander reisen, das hat zu ernsthafte Gründe, als daß der Zuschauer sich mit einem herzlichen Gelächter über das närrische Treiben begnügen dürfte.

Sonnenschein, Meereswogen und Waldesrauschen sind eine gesuchte Ware geworden. Und nur zuchtlose Menschen können über Geschäfte lachen.

Ein Umstand ist sogar traurig genug, um das Lachen ganz vertreiben zu können. Licht und Luft, worauf doch jedes Menschenkind Anspruch machen zu können glaubt, ist in den großen Städten nicht in ausreichendem Maße vorhanden; nachdem die Städter deshalb seit Jahrtausenden instinktiv den Landaufenthalt trotz seiner Unbequemlichkeiten zu ihrer Erholung aufgesucht haben, ist endlich auch die Wissenschaft dahinter gekommen und hat bewiesen, daß der sonnige Sauerstoff der Felder und Auen dem Körper besser zusagt, als der schattige Staub der Straßen. Und so gehen wir für einige Wochen unter die Bauern, von ihnen Licht und Luft zu kaufen, sowie wir von ihnen Korn und Fleisch beziehen. Daß nun die großen Lufthandlungen, auch klimatische Kurorte genannt, meist in sogenannten schönen Gegenden errichtet werden, kann ihrem Werte selbst in den Augen der armen Naturblinden nicht schaden.

Die zweite Ursache, welche das Reisen erst zu einer allgemeinen Mode werden ließ, sind die Eisenbahnen. Der ursprüngliche Zweck dieser Erfindung hätte eigentlich nur der sein sollen, die Waren möglichst schnell von einem Lande ins andre zu schaffen. Daß auch eilige Menschen sich dieser unästhetischen Beförderungsart bedienen, ist zu begreifen, denn der Geschäftsmann hat keine Zeit und keine Lust, bei einer Blume stehen zu bleiben, die ihm gefällt; daß aber allmählich auch müßige Menschen sich der Eisenbahnen — „zu ihrem Vergnügen", wie sie behaupten — bedienen, dazu müssen die ältesten Riesentannen des Böhmerwaldes verwundert ihre Wipfel schütteln. Denn die einzige Beförderungsart, welche den Naturfreund unabhängig macht und die ihm ein volles Genießen gestattet, ist die Reise auf Schusters Rappen.

Einerlei, die Eisenbahnen wissen die Mode, die sie geschaffen haben, auch auszubeuten und so begiebt sich denn alljährlich die Welt, die einige Mark über die Notdurft erschwingen kann, auf Reisen und zwar dorthin, wohin das große Handbuch der Naturästhetik, das Eisenbahnkursbuch, die Wege weist. Die Wirkung ist nicht durchaus ungünstig. Die Möglichkeit, für wenige Groschen in kurzer Zeit gewaltige Entfernungen zu durchmessen, hat auch den Ausnahmsmenschen, welche mit Natursinn begabt sind, die Erde geebnet. Früher konnte sich nur der reiche Mann die Freude gönnen, im Laufe seines Lebens einen oder mehrere Weltteile kennen zu lernen; jetzt darf mancher Student oder Handwerksbursche mit leichtem Herzen einmal nach Norwegen oder Spanien hinüberschauen und die Fußwanderung, welche er bis an sein Reiseziel schmerzlich vermißte, kann er dort tüchtig nachholen. Und da der Sinn für das Schöne bekanntlich nicht allein bei

Millionären zu finden ist, so verdankt manches brave junge Gemüt der Mode doch auch einen für Lebenszeit nachwirkenden Eindruck.

Die große Masse aber, welche blind und taub auf Bädekers Wegen wandelt, hat zu dem Schaden, daß sie eben nichts empfindet, bald noch einen andern zu tragen; denn wie die kältesten Gemüter, wenn sie aus dem Theater auch nicht den Schimmer einer Erinnerung nach Hause gebracht haben, dennoch über Dichtung und Darstellung ein Wörtchen mitsprechen mögen, wie sie es von ihren Nachbarn oder von ihrem Rezensenten (das heißt von dem Rezensenten der von ihnen gehaltenen Zeitung) aufschnappten, so liebt es auch die Menge, über die geschaute Natur ein Urteil abzugeben und bestände es auch nur in dem allerliebsten Wörtchen: „Reizend!", das diese Barbaren fähig wären auch auf den Niagarafall anzuwenden. So führt die Reisemode dazu, das Menschengeschlecht, welches doch ohnedies schon reich genug an Lügen war, um eine neue Heuchelei, um die Heuchelei der Naturempfindung zu bereichern.

Wer etwa glauben sollte, daß ich hierin übertreibe, und daß die Freude an der blühenden Erde bei den meisten Reisenden eine echte wäre, der müßte nur einmal einen Extravergnügungszug benutzen und den Gesprächen der Leute lauschen; aber auch ohne diesen entsetzlichen Versuch dürfte ihm die Erkenntnis aufgehen.

Es ist bei denjenigen, welche die Kulturgeschichte auf solche Nebenumstände hin treiben, kein Zweifel darüber, daß der Sinn für Naturschönheit überhaupt erst seit wenig über hundert Jahren sich entwickelt hat. Zuerst waren es übermäßig empfindsame und eindrucksfähige Seelen, welche in der Einsamkeit eines Alpenthales den Schauder ablegten und das Wohlgefühl der Schönheit zu erfahren begannen. Das klassische Altertum und das Mittelalter kannte das Naturgefühl in diesem Sinne fast gar nicht. In Deutschland begann erst die Zeit, da Goethe jung war, Berg und Meer mit begeisterten Augen anzusehen und nur wenige Auserwählte vermochten aus Überzeugung zu sagen:

„Diese Landschaft ist schön."

Sollten wir in wenigen Generationen so rasche Fortschritte gemacht haben, daß jetzt die Hunderttausende, welche im Sommer jeden schönen Erdenwinkel mit ihrem Zigarrendampf umräuchern, wie Goethe empfinden? O nein. Heute wie damals führt die Natur eine stumme Sprache für die Mehrzahl ihrer Geschöpfe. Heute wie damals fehlen den meisten die großen Augen Goethes, in denen sich die ungeheuern Felsen der Schweiz und die Blütenblätter der Wiesenpflanze mit gleicher Klarheit spiegelten.

Wir Massenmenschen haben höchstens einen Sinn für die Knalleffekte der Natur. Eine schneebedeckte, viel tausend Fuß hohe Felswand über üppigem Grün, eine Fernsicht über zehn Seen und hundert Berge, ein Sonnenuntergang in bunten Anilinfarben, ein sturmgepeitschtes Meer: das sagt uns etwas, weil es schreit. Aber die leise Stimme der schlichten Natur vernehmen auch heute nur wenige.

10. Reisende in Dichtkunst.

Der Wiener Spaziergänger hat für einige minder vorteilhaft bekannte Schriftsteller Wiens die Bezeichnung „Dichter der inneren Stadt" erfunden. Das Wort ist unverkennbar Wienerisch, aber der Gegenstand, den es bedeutet, ist international. Besonders in Berlin gedeiht der „Dichter der inneren Stadt" so üppig, daß der Name für ihn von Rechts wegen hier hätte gefunden werden sollen.

Der Berliner „Dichter der inneren Stadt" ist eine Kulturpflanze. Er wächst nur auf fettem Boden. Seine individuelle Entwickelungsgeschichte ist gewöhnlich folgende:

Von reichen oder doch wohlhabenden Eltern erzeugt und verzogen, ragt er in der Schule durch sein belegte Butterbrote und unendlich lange deutsche Aufsätze hervor. Er ist nicht ohne Fleiß. Deutsche Litteratur ist sein Steckenpferd. Auch in der alten Geschichte pflegt er sehr bewandert zu sein. Schon auf der Schulbank begeht er bei feierlichen Anlässen Gelegenheitsgedichte, welche ihm den Spott seiner Kollegen und die Freudenthränen seiner Herren Eltern eintragen.

Als phil. stud. sieht er auf die übrigen Studenten mit Verachtung herab, sowohl auf die armen Burschen, welche ihre Zeit hinter dem Arbeitstisch und bei Stundengeben nützlich verbringen, als auch auf die glücklich situirte Minderheit, welche die letzten Jahre der Jugend in der Kneipe austobt. Der zukünftige „Dichter der inneren Stadt", der selbst als einjährig Freiwilliger den Lorbeerkranz im Tornister trägt, verkehrt mit keinem Studenten. Er liebt die Einsamkeit, er liebt sie so lange, bis er eines Tages sein „Hauptwerk" in sauberen Versen fertig auf dem Schreibtisch liegen hat. Nun bittet er plötzlich ein Dutzend verständnißinniger Seelen zu sich. Mama bereitet — wieder mit Freudenthränen — ein prächtiges, stimmungsvolles Souper, nach welchem das Hauptwerk von seinem Dichter vorgelesen wird. Der Stoff desselben ist unter allen Umständen großartig. Es wird entweder der Wettkampf mit Goethes „Faust" oder mit Sophokles' „Ödipus" aufgenommen, wenn nicht durch eine kühne Mischung von Heine, Byron und der Bibel die Dichtung der Zukunft zu stande gebracht wird. Das Auditorium der ersten Vorlesung ist das einzige, welches jemals Kenntnis von dem wahren Inhalte nimmt. Denn nun wird das Buch auf Kosten der Herren Eltern gedruckt und versandt. Niemand liest es, niemand kauft es! Aber die Schar der Verwandten und Freunde, die Kritiker der Stadt, sie haben sich den Namen des Verfassers und des Buches gemerkt und so oft Cäsar Zacharias genannt wird, so oft fügt der freundliche Landsmann hinzu:

„Ach, der berühmte Verfasser von Donnerrollen und Grillenzirpen?"

So lange Cäsar Zacharias noch jung ist, so lange warten seine Freunde auf eine Wiederholung von Souper und dichterischer That. Vergebens. Der Dichter hat durch sein „Hauptwerk" Selbstbefriedigung gefunden. Da die gesellschaftlichen Ansprüche, die an ihn gestellt werden, ihm zu größeren Arbeiten keine Zeit lassen, da ferner seine kleineren Ergüsse, als Feuilletons und Gedichte, von allen Redaktionen wie auf Verabredung zurückgeschickt werden, so schreibt er überhaupt nicht mehr für diese undankbare Mitwelt. Die Zukunft wird sich mit seinem „Hauptwerk" begnügen. Mit seinem fünfzigsten Jahre ist der „Dichter der inneren Stadt" ausgewachsen. Sein Name fehlt nie, wenn die berühmten Teilnehmer eines Begräbnisses, eines Jubiläumsfestes in dem lokalen Teil der Blätter genannt werden. Denn der „Dichter der inneren Stadt" haftet an der Scholle wie Kant — wenn auch aus andern Gründen. Cäsar Zacharias kann es nicht verwinden, daß er, einer der berühmtesten Einwohner von Berlin, schon in Dresden zu den unbekanntesten Menschen gehört. Man hat noch nie einen Dichter der inneren Stadt Wien in Berlin gesehen, oder umgekehrt.

Im späteren Alter verzweigt sich das Genus der „Dichter der inneren Stadt" in zwei Abarten. Die Unverbesserlichen und die Weisen.

Die Unverbesserlichen plagen jeden Vorübergehenden mit ihrem „Hauptwerke". Sie führen den Titel „Donnerrollen und Grillenzirpen" beständig im Munde, sie citieren Verse daraus, sie machen auf Schönheiten des Rhythmus aufmerksam, kurz, sie machen Reklame. Sie haben nur noch einen Wunsch: sie möchten nicht gern sterben, ohne eine zweite Auflage erlebt zu haben...

Die Thätigkeit der Weisen ist stiller. Längst haben sie den Rest der Auflage an sich gebracht und vernichtet. Und emsig sammeln sie alle Verzeichnisse der Antiquare; wo sie ihr Buch angezeigt finden, da beeilen sie sich, es zu kaufen und heimlich zu verbrennen, damit kein Unberufener einen Blick in ihre Jugendsünde werfe. Dabei lassen sie sich ihre lokale Berühmtheit gefallen und ein letztes, am Leben gelassenes Exemplar ihres „Hauptwerkes" steht in ihrer Privatbibliothek bereit, sie in trüben Stunden wieder aufzurichten.

Wir haben es hier nur mit den Unverbesserlichen zu thun; Cäsar Zacharias gehört zu ihnen.

Es gibt ein verzweifeltes Mittel, Ehre zu gewinnen. Er hat Teutschland nach allen Richtungen durchkreuzt, ohne jemals auf einen Leser seiner Gedichte zu stoßen. So will er es mit dem Auslande versuchen.

Es ist Regel geworden, daß Teutschland bei den großen internationalen litterarischen Kongressen auch durch Schriftsteller vertreten ist, welche keine nationale Geltung haben. Cäsar Zacharias fehlt niemals; und wenn er vierter Klasse reisen müßte, er trifft pünktlich ein.

Es kann nicht oft genug wiederholt werden, daß unsre heimischen Schriftsteller im Auslande — unwillkürlich denkt man zunächst an Frankreich, das bei uns ein so großes Absatzgebiet besitzt, — ganz und gar nicht bekannt sind. Unter den Fachgenossen kennen die meisten zwei oder drei unsrer stolzesten Namen; einige furchtbar gelehrte Männer haben sogar außer Schiller und Goethe noch etwas in der Ursprache gelesen, aber das große Publikum kennt unsre Litteratur weder aus dem Original noch aus Übersetzungen. Diejenigen ausländischen Schriftsteller jedoch, welche internationale Feste mitzufeiern pflegen, lernen außer unsern besten Namen auch noch die Cäsar Zacharias kennen: die freiwilligen Vertreter der deutschen Litteratur, d. h. wackere Herren, welche das Recht, sich Schriftsteller zu nennen, mit tausend Leidensgenossen teilen und frischen Mutes zu dem betreffenden Feste gepilgert sind, um fern von der Heimat ein bischen nachgemachten Lorbeer aufsetzen zu können.

So ein Zacharias führt doch eigentlich ein recht seltsames Dasein. Elf Monate des Jahres verträumte er zu Hause das verkannte Leben des Propheten im Vaterlande.

Außer seiner Visitenkarte und dem Adreßbuche weiß niemand, daß er „Dichter und Schriftsteller" ist.

Da kommt im Herbste der internationale Kongreß. Diesmal ist es z. B. der König von Siam, welcher die Schriftsteller aller Länder gastfreundlich bei sich aufzunehmen verspricht. Zacharias packt vergnügt seinen Koffer, vergißt nicht ein Dutzend Exemplare seines „Donnerrollen u. s. w." mitzunehmen und reist nach Siam. Dort angekommen ist er sofort ein andrer Mensch. Aus seinen Augen leuchtet dichterisches Feuer, seine feine Hand wühlt in den Haaren; er, der zu Hause nur mit der tiefsten Devotion die wirklich berühmten Schriftsteller grüßte, ohne von ihnen gekannt zu sein, er, Zacharias, wird hier auf dem Bahnhofe von einem jubelnden Komitee empfangen und in der Hauptstadt von Siam heißt es:

„Zacharias ist da!"

„Wer ist Zacharias?" fragt man natürlich.

„Sie kennen Zacharias nicht? Der Vertreter Deutschlands, der größte lebende Dichter dieser kriegerischen und kunstliebenden Nation."

Und Zacharias nimmt die Huldigungen entgegen, verteilt seine Huldigungsgedichte an alle hervorragenden Persönlichkeiten und spricht von Schiller und Goethe als von zwei antiquirten Dichtern, die nun endlich dem großen Zacharias Platz gemacht haben. Vier Wochen lang lebt Zacharias auf dem Parnaß. Dann erhält er einen kleinen siamesischen Orden, außerdem eine Schnupftabaksdose mit dem Portrait des Königs von Siam, packt wieder seinen Koffer und kehrt als unbekannter Zacharias in das Land zurück, als dessen freiwilliger Vertreter er so Schönes erlebt hat.

Auslagen: Die Reisekosten, welche gewöhnlich um die Hälfte ermäßigt wurden.

11. Der -aner.

Diese Menschenart ist an ihrem Familiennamen „=aner" überall sofort zu erkennen; der Taufname wird nach katholischer Art stets von einem Heiligen genommen, gewöhnlich von dem neusten, dem Kalenderheiligen des geistigen Geburtstages, an welchem sich ein Mensch entschließt, ein =aner zu werden. Woher es denn auch kommt, daß die Mitgeborenen einer bestimmten Zeit oft sämtlich nach demselben Tagesheiligen den Namen führen.

=aner hat es immer gegeben. Heute teilt sich die Familie in verschiedene Zweige; die Schopenhaueri=aner, die Wagneri=aner, die Darwini=aner haben alle den Tod ihres Hauptes und den Verlust ihres Kopfes überlebt und warten ungeduldig auf die Stunde, da ein neuer Heiliger sie adoptiert. Denn es ist hergebracht unter den =anern, ihren Taufnamen ungestraft ändern zu dürfen.

Die =aner unterscheiden sich von andern Menschengattungen durch ihre große Bescheidenheit, die sich nur leider in aufbringlichem Lärmmachen äußert. Im Haushalte des Menschengeschlechtes bedeuten sie die ungenießbaren Verzierungen der Bratenschüssel, in der Rechnung dieses Haushalts die Nullen.

Ohne die =aner gäbe es nämlich auf der Welt nur zweierlei Geschöpfe: die ungewöhnlichen und die gewöhnlichen Menschen. Die ungewöhnlichen, welche man sonst auch Genies zu nennen pflegte, besitzen den Willen und die Kraft, außerhalb der alltäglichen Gleise einen neuen Weg für sich zu suchen und für die andern zu finden; sie sind Entdecker, hinter ihnen her folgt die langsamere Menschheit nach Amerika, nach dem Pessimismus oder sonst nach einer unerhörten Neuerung.

Die gewöhnlichen Leute sind das gerade Gegenteil vom Genie; sie treiben schlecht und recht ihr bürgerliches oder gelehrtes Handwerk, wie sie's von ihren Vätern erlernt haben, entwickeln es wohl auch langsam weiter, wenn der gewagte Versuch einer Neuerung erst andern geglückt ist, sie machen nach ihrem Tode keinen Anspruch auf ein Denkmal oder sonstigen Nachruhm, sie lieben es bei Lebzeiten nicht, öffentlich genannt zu werden, sie sind kleine, kluge Egoisten ohne Ehrgeiz, ohne Selbsttäuschung und ohne jegliches Talent für Enthusiasmus.

Stände nun das Genie ganz unvermittelt neben lauter gewöhnlichen Leuten, dann wäre es um seinen Lohn schlecht bestellt. Man würde seine Entdeckung oder Erfindung nützen, ohne auch nur „Danke schön!" zu sagen. Von Nachruhm, von Standbildern, von Festgelagen bei siebzigsten Geburtstagen, von Popularität wäre keine Rede; denn der schlichte Mann, der für sich und seine Kinder den notwendigen Verdienst sucht und im übrigen fünf gerade sein läßt, ist der natürliche Gegner des Genies.

Da tritt der =aner zwischen beide. Der =aner ist kein welterschütternder Geist; nein, er besitzt vielleicht noch weniger Begabung, als der schlichte Mann, den er verachtet, aber er hat Ehrgeiz und Enthusiasmus genug, um gern mit großen Männern zusammen genannt zu werden, und wäre es auch nur als ihr Ausrufer. Der schlichte Arbeiter ist eine richtige Eins, welche sich mit elf andern erst zu einem Dutzend summiert, das Genie ist die Eins an hervorragender Stelle, die Eins, welche durch eine Anzahl von dahinter stehenden Nullen zur Million wird, und jede dieser Nullen ist ein =aner.

Man wird mir einwerfen, daß 6 Nullen genügen, um einen Einser zu einer Million zu machen, daß das Genie dagegen erst durch hunderttausend =aner zu einer Macht würde, daß also ein =aner weit, weit weniger sein müsse als eine Null. Das ist nicht ganz richtig.

Auch die Geltung des =aners hängt von seiner Stellung ab, wie die der Null. Etwas weniger ist er ja freilich. Wenn aber ein halbes Dutzend Nullen hinreichen, um aus 1 eine Million zu machen, so kann auch der neue Tagesheilige schon was werden, wenn nur ein paar Dutzend mächtige =aner an bedeutender Stelle für ihn wirken. Denn jeder =aner, wenn er vermöge seines Platzes nur einen schönen Titel hat, kann den Wert seines Einsers verzehnfachen, verhundertfachen u. s. w. durch die Stimmen seiner Gefolgschaft.

Die Gefolgschaft, welche auf die Ansicht der =aner hört, steht tief unter ihnen; es ist die Masse, welche wiederum durch ihr Erzeugniß herrscht: durch die Mode.

Aber auch der aktive =aner denkt nicht immer selbst.

Der Schopenhaueri=aner, der Darwini=aner, der Wagneri=aner aus Enthusiasmus und Überzeugung ist eine Ausnahme. Der =aner aus Enthusiasmus ist fast selbst ein bedeutender Mann; er ist eine Apostelnatur. Er kann selbst nicht schaffen, er ist kein Gott, aber er ist fähig, den Schöpfer zuerst zu erkennen und anzubeten. Er ist wirklich bescheiden und selbstlos; und wenn ihm das Genie bei seinem Tode zufällig das Verlagsrecht seiner Werke schenken sollte, so hat es dieser =aner doch nicht geradezu gewollt.

Viel häufiger ist der Allerwelts=aner, ein Mann, der als Reisender in Ruhm zu brauchen wäre, wenn das Geschäft die Kosten ertrüge.

Unser Allerwelts=aner tritt immer erst auf, wenn der
=aner aus Enthusiasmus seines Amtes gewaltet hat. Dieser
denkt nicht an sich selbst, sondern nur an das Genie, dessen
Anerkennung er vorbereitet; er kann die Ideen seines Meisters
mißverstehen, er kann sie durch Übertreibung entstellen, aber
er ist in tiefster Seele gläubig. Der Allerwelts=aner da=
gegen heuchelt, oft wohl sich selber unbewußt, Enthusiasmus
und Glauben. Der Allerwelts=aner will nicht in der Masse
verschwinden, er will öffentlich genannt werden, und da er
es für seine eigenen Thaten und Gedanken nie erreichen kann,
so klammert er sich an einen großen Mann, dessen Ruhm
noch nicht so unbestritten ist, daß seine Verehrung selbstver=
ständlich wäre.

Ein gewitzigter =aner muß eine feine Nase für den Erfolg
haben. Denn ebensowenig, als er sich mit der überflüssigen
Verehrung von Homer oder Schiller abgibt (da würde er sich ja
gar nicht von seinen Zeitgenossen unterscheiden!), ebensowenig
mag er seinen Intellekt an eine Eintagsfliege verkaufen.

Slade, der Spiritist, Professor Jäger, der Seelenriecher,
ferner ein nicht nachzuahmender Maler und ein reklamenhafter
Weltverbesserer, sie alle können eine große Anzahl von ver=
schämten und mutigen Anhängern um sich versammeln, aber die
berufsmäßigen =aner, die durch dick und dünn mit ihnen gehen,
fehlen ihrer Gefolgschaft, weil das nahe Ende der Bewegung
abzusehen ist.

Der bessere =aner hält auf Reputation; er will noch von der
Nachwelt ehrenvoll unter der Leibgarde des großen Mannes
mit aufgezählt sein. Es wäre schwer zu entscheiden, ob diese
Leibgarde vom großen Manne angeworben wird, oder ob sich
die Gardisten alle freiwillig melden; gewiß ist, daß ein großer
Mann kaum ohne seine Garde zu denken ist.

Die Zahl der =aner wächst mit seinem Ruhme, aber nur

bis zu einer gewissen Grenze; wenn die Leibgarde erst so groß
geworden ist, daß nur noch die Namen der Offiziere auf die
Nachwelt kommen, die ganze Liste aber ungedruckt bleiben muß,
dann tritt der =aner aus, wenn er nicht selbst Offizier werden
kann. Es werden Vereine auf den Namen des großen Mannes
gestiftet; die =aner werden die Vorsitzenden solcher Vereine,
wenn sie genug Bescheidene und Harmlose zu Mitgliedern ge=
worden haben. Ist aber die Thätigkeit solcher Vereine erst
vollständig geglückt, dann ist für den =aner kein Bleiben mehr
unter ihnen. Er will einem auserwählten Volke von Gläubigen
angehören; ist sein Gott überall anerkannt, dann sucht er sich
einen neuen Götzen und wird dessen =aner.

Aus dieser Stimmung ergibt sich ein steter Zwiespalt in
des =aners Seele. Die Apostel waren seit jeher eifersüchtig
auf einander. Und auch hierin sieht der =aner dem Apostel
ähnlich, daß er gern gleich im Dutzend auftritt. Er preist
öffentlich den unvergleichlichen Wert seines großen Mannes,
ärgert sich aber heimlich über jeden, der als neuer =aner zu
der Schar tritt; er versichert, daß sein Denken und Fühlen in
dem Schaffen seines Genies aufgehe, will aber mit dieser Ver=
sicherung vor allem auf seine eigene kleine Person aufmerksam
machen; er gibt vor, für den Ruhm seines Heiligen zu reden,
in Wahrheit lebt er aber von dessen Ruhm, und am liebsten
nimmt er mehr als er gibt.

Der allgemeine =aner, der Darwini=aner und so weiter, ge=
deiht überall gleichmäßig. Außerdem gibt es in jeder größeren
Stadt kleine =anerkreise, welche sich irgend einem aufgehenden
Stern, wie es stets heißt, anhängen und die Kneipen und Ge=
sellschaften der engeren Heimat so lange mit dem Namen des
oder der Gefeierten füllen, bis sie auf ihn und daneben auf
sich selbst aufmerksam gemacht haben. Auf so beschränktem
Gebiet kann eine junge Sängerin, ein neuer Bürgermeister, ein

hinter dem Pseudonym entdeckter Journalist, ein Landtagskandidat leicht seine -aner gewinnen. Namentlich sammeln sich diese gern um ein Kunstwerk, dessen Wert sich noch nicht bestimmen läßt; manches Theaterstück, das noch nicht aufgeführt, manche Oper, die noch nicht komponiert wurde, haben ihre -aner und ihre Gegner gefunden.

Als man den alten Musiker Lachner einmal fragte, ob er Wagneri-aner oder Verdi-aner sei, soll er in seiner bayerischen Mundart geantwortet haben: „Selber Aner!" Und man sollte glauben, jeder Mensch müßte wünschen, selber Aner (Einer) zu sein. Denn der echte -aner ist so gut wie keiner, er büßt seine Persönlichkeit, seinen Kopf und seinen Willen ein und erhält als Entschädigung einen Sammelnamen.

12. Der Nassauer.

I.

Zur Erklärung des Wortes „Nassauer" wird im Bade
Ems erzählt, daß die Badegäste und Einwohner von
Nassau häufig nach Ems hinüberkommen, um dort um=
sonst die prächtige Kurmusik anzuhören; von diesen Zaungästen
soll die Bezeichnung „Nassauer" hergenommen sein, unter
welcher man nun überall in Norddeutschland sparsame Menschen
versteht, die sich ihre Vergnügungen und Luxusbedürfnisse gern
von andern bezahlen lassen. Wie dem auch sei, das Wort
ist geschaffen und der Geist der Berliner Sprache scheut nicht
einmal davor zurück, aus „Nassauer" das Zeitwort „nassauern"
zu bilden. Man kann alles „nassauern", was ein Mensch
sich von einem andern zahlen lassen kann; nur scheint es, als
ob der Nassauer (jener Emser Etymologie entsprechend) wirk=
lich vor allem Kunst= und verfeinerten Lebensgenuß suchen
würde, wodurch er sich zu seinem Vorteil von dem ewig und
nach allem hungernden Schmarotzer und dem unzweideutigen
Geldbettler unterscheidet.

Der Nassauer lebt sonst in geordneten Verhältnissen. Er
begleicht von seinem eigenen Einkommen die Bäcker= und
Fleischerrechnung, er braucht keine fremde Hülfe und würde
jede fremde Unterstützung als eine Beleidigung entrüstet ab=
lehnen. Wenn er aber Lust hat, einmal an einer reichen Tafel

zu sitzen, so läßt er sich beim Bankett der afrikanischen Gesellschaft einschmuggeln, trotzdem er diesem Verein niemals angehört hat, und niemals weiter als bis nach Dresden in der afrikanischen Richtung gereist ist. Wenn der Nassauer Musik hören will, so nimmt er die Eintrittskarten von der ärmsten Konzertgeberin geschenkt; und ins Theater geht er grundsätzlich nur auf Freiplätze.

In der Auswahl seiner Freunde ist der Nassauer sehr vorsichtig. Um nicht mitleidig werden zu müssen, verkehrt er am liebsten in reichen Kreisen. Da hat denn der eine Freund einen Wagen, in dem sich's doppelt weich fährt, wenn der Kutscher nicht einmal ein Trinkgeld für seine Mühe erhält; der andre besitzt eine Villa, in deren Garten der Nassauer mit seiner ganzen Familie die kostbare Landluft aus Lungenkräften atmet; der dritte hat sich ein Billardzimmer eingerichtet und so dem Nassauer eine bequeme Gelegenheit geboten, das edle Spiel fern vom Geräusche des Cafés zu erlernen; der vierte besoldet für seine Kinder eine echte Pariserin, bei welcher die Tochter des Nassauers so ganz nebenher französisch lernt; und der fünfte endlich wohnt in der Hauptstraße der Stadt, so daß seine Fenster mindestens einmal des Jahres die Aussicht auf einen prunkvollen Festzug gewähren.

Der Geldbettler und der Schmarotzer bezieht von seinem reichen Gönner oder Wohlthäter vielleicht ebensoviel an Geldeswert wie der Nassauer von seinem Freunde. Aber die ersten müssen mit demütiger Miene für die erwiesene Gunst danken und in Gesellschaften gegen die Ebenbürtigen des Hausherrn zurücktreten. Ganz anders der Nassauer: er würde seinen Namen nicht verdienen, führte er nicht vornehme Unverschämtheit im Wappen. Man könnte ihn für einen edlen Pessimisten oder für einen gemeinen Millionär halten, so unzufrieden ist er mit allem, was ihm in den Schoß fällt. Die Weine bei der ergatterten Mahlzeit sind nicht alt genug; die Musik bei bem Emser Gratiskonzert nicht neu genug. Im Theater ist der Freiplatz zu eng, die Garderobe zu teuer; daß es nachher regnet und eine Droschke notwendig wird, das widerspricht allen sittlichen Gesetzen. Der täglich geliehene Wagen müßte größer, der Kutscher auf dem Bock dicker sein; der von der Nassauerfamilie eroberte und verwüstete Garten ist ihr zu englisch, zu wenig gepflegt; im annektierten Billardzimmer sind die Queues zu lang, zu kurz, zu schwer oder zu leicht, kurz, die Bälle sind nicht zu treffen; die mitbenutzte Pariserin spricht kein gutes Französisch und das Fenster, welches ihm zum Betrachten großer Aufzüge nicht mehr gekündigt werden kann, ist — von des Nassauers eigener Wohnung zu weit entfernt.

Diese Fehler aller Gegenstände, deren Gebrauch er erbeutet hat, sind für den Nassauer eine Quelle unendlicher Freude. Denn die Unvollkommenheit seines Genusses überhebt ihn jeglichen Dankes. Der Dank aber ist doch am Ende auch eine schnelle Art der Bezahlung und der Nassauer wäre nicht er selber, wenn er auch nur in dieser Münze die Rechnung begleichen wollte. Nein, es mag wohl jugendliche, unverständige und unvollständige, grüne Nassauer geben, die sich das Danken noch nicht abgewöhnt haben; der alte, abgebrühte, seiner Würde und seines Standes sich bewußt gewordene Nassauer verfällt in solche Schwachheit nicht, er dankt nicht.

Die Weltanschauung des Nassauers ist eine geschlossene, einheitliche; er kennt die beiden großen moralischen Mächte: die Klugheit und die Dummheit. Klug ist, wer andere die Zeche bezahlen läßt; dumm, wer entweder aus Bescheidenheit keine große Zeche macht oder sie aus übermäßiger Hoffart selber bezahlt. Wozu gäbe es auf Schulen und Akademien, in Theatern und Konzerten Freiplätze, wenn ein weiser Mann sein Geld dafür ausgeben sollte? Als vierjähriger Junge hat

der Nassauer seine Laufbahn begonnen, da er in seinem Heimats=
dorfe einer Seiltänzerbande halbzufrieden zuschaute und sich zu
drücken wußte, sobald die schwarzäugige Tänzerin mit dem
Zinnteller umherging. Und ebenso möchte er seine Laufbahn
beschließen. Es ist sein letzter Traum auf dem Sterbebette,
eine List zu ersinnen, die ihm eine freie Fahrt auf den Kirch=
hof und dort einen anständigen Freiplatz verschafft. Er wird
sich im Grabe herumdrehen, wenn seine Hinterbliebenen den
hohen Betrag für seinen engen, finstern, feuchten, aussichts=
losen Parterreplatz erlegen werden.

Seine Angehörigen gleichen ihm selten; eine ganze Familie
von geborenen Nassauern wäre gefährlich, wie eine gefräßige
Heuschreckenwolke. Dagegen findet sich nicht selten als Witwe
mit zahlreichen Kindern die Nassauerin, eine Spinne, deren
Netzen kaum ein Gegenstand aus ihrer weitesten Umgebung
entgeht. Der Nassauer ist zu sättigen, die Nassauerin
niemals.

Wer aber den Nassauer im Verdacht hätte, daß er nur
irdischen Genüssen nachstrebe, der würde schwer irren. Es gibt
auch Nassauer der Freundschaft und Nassauer der Liebe. Sie
nehmen die seltensten Güter mit Kennermiene und Kritikerblick
kalt entgegen, sie häufen den Besitz an Freundschaft und werden
nicht ärmer, weil sie auch diese Geschenke nicht erwidern. Ihre
Gegner behaupten, daß sie in dieser Münze gar nicht erwidern
können, und daß sie somit nicht als reiche, sondern als arme
Leute angesehen werden müssen. Da die Nassauer jedoch zu
solchen Reden lachen, so werden sie ja wohl nach ihrer Welt=
anschauung die klügeren sein.

Unter dem Namen von Hausfreunden kommen die Nassauer
der Liebe recht häufig vor; sie finden es weder unpassend noch
unrühmlich, wenn der Gatte ihrer süßen Freundin ihnen für
die Schäferstunde außer seiner hübschen Wohnung auch noch

seinen Wein und seine Zigarren zur Verfügung stellt. Dies ist aber noch nicht die rechte Höhe des Nassauertums.

Der Nassauer der Liebe muß auch noch bei der Geliebten selber der ewige Schuldner bleiben; er muß von ihr selbst das Geschenk der Liebe unerwidert hinnehmen, um seines Namens würdig zu sein. Denn nur was sich durch Zahlen erwerben läßt, reizt den geborenen Nassauer.

II.

Wie jeder Stand seine bescheidenen Bettler, so hat er auch seine stolzen Nassauer. Das Nassauertum in seinen verschiedenen Berufsarten zu verfolgen, wäre darum eine dankbare Aufgabe für die Psychologie der Stände.

Leider ist die große Menge nicht ganz dieser Ansicht. Sie bildet sich nämlich ein, daß eine bestimmte Berufsart, die Kunst, insbesondere aber die Schriftstellerei, in einer besonders nahen Verwandtschaft zur Nassauerei stehe. Wenn ein Mädchen aus den mittleren Schichten einen Musikanten geheiratet hat, so fürchtet die Familie für den Inhalt ihres Bierkrugs. Und ist das Mädchen wiederum Frau Schriftsteller geworden, so will die ganze Verwandtschaft fortan umsonst in Theater und Konzerte gehen.

Um dieser abscheulichen öffentlichen Meinung mit Erfolg entgegenzutreten, schienen mir immer die Schriftstellertage berufen.

An solchen Tag und Nacht dauernden Tagen ist neben dem heitersten Lebensgenuß noch Zeit für ernste Berufsarbeit. Bevor noch der in Pasewalk so berühmte Lyriker Müller-Pasewalk mit der Tochter des Bürgermeisters der Kongreßstadt, und bevor dieser Bürgermeister selbst mit der Gattin des talentvollen Schulze-Culmbach getanzt hat, vereinigt die Brüder in Apoll eine feierliche Sitzung, in welcher „zur Hebung des Schriftstellerstandes" die idealsten Angelegenheiten beraten werden, als da sind: die Leihbibliothekenfrage, die Übersetzer- und die Nachdruckerfrage.

Dagegen ist es sicherlich keine Frage, daß der Schriftstellerstand als solcher so hoch geachtet wird, daß eine Hebung seines Ansehens kaum mehr ratsam wäre. Diejenigen Schriftsteller wenigstens, deren Namen man kennt, werden vom Publikum beinahe ebensosehr wie schöne Schauspielerinnen verwöhnt und wie Fürsten geehrt; diejenigen aber, deren Namen man nicht kennt, befinden sich eben in der Lage von Fürsten oder Schauspielerinnen, die inkognito reisen: sie müssen sich mit ihrem inneren Bewußtsein begnügen. Sollte die Welt jedoch durch die Bemühungen der Schriftstellertage gezwungen werden, auch unbekannten Dichtern zu huldigen, so könnte dadurch denn doch gar zu viel zur Hebung des Standes der Anfänger und Dilettanten beigetragen werden.

Nun läßt es sich freilich nicht leugnen, daß derjenige am meisten zur Hebung des allgemeinen Schriftstelleransehens beitrüge, der den Beutel der einzelnen durch höhere Honorare straffer zu füllen im stande wäre. Das Publikum verachtet auch einen erfolglosen Sonettenreimer nicht, wenn er nur Geld hat. Aber die Aufgabe, den Schriftsteller wohlhabend zu machen, ist fast ebenso schwierig und langwierig wie es seiner Zeit für die Danaiden gewesen sein mag, ihr Faß vollzuschöpfen. Es wäre darum vielleicht zeitgemäß das allgemeine Ansehen auf dem ungewöhnlichen Wege des wahren Stolzes zu erschleichen.

In diesem Sinne ergriff ich die Feder zu einer Rede, um an einem nächsten Schriftstellertage mit Reformvorschlägen vorzutreten. Ich wollte kühn vor die Kollegen und Kolleginnen hintreten und folgendermaßen ablesen:

„Verehrte Festgenossen! Überall in Deutschland, die höchsten Kreise des Adels etwa ausgenommen, wird der Schriftsteller gefeiert. Ausgeschlossen von dieser allgemeinen Achtung sind nur diejenigen, welche unter dem Namen der Skribenten oder der unbekannten Litteraten begriffen werden. Um auch ihren Stand in den Augen der Zeitgenossen zu heben, müßte erst manches Vorurteil des Publikums besiegt werden. Zu den unausrottbarsten Vorurteilen aber gehört es, daß die kleinen Litteraten sich ihre höheren Genüsse, mitunter auch die niederen, gern von andern Leuten bezahlen lassen, daß sie — wie der häßliche Ausdruck lautet — ein bischen Nassauer sind. Diese Verleumder Lügen zu strafen, wäre sehr wirksam für die Hebung des Standes; aber leider läßt sich eine so fest eingewurzelte üble Meinung schwerer durch eine Resolution des Schriftstellertages als durch Änderung gewisser Litteratengewohnheiten aus der Welt schaffen.

Denn es ist leider eine Thatsache, daß es unter sehr vielen Litteraten, und nicht nur in Deutschland, für alten Gebrauch gilt, auf fremde Kosten zu genießen. Ja, es gibt harmlose Gemüter unter den Beteiligten, welche dieses sogenannte „Nassauern" für eine berechtigte Eigentümlichkeit ihres Standes halten, welche sich ernstlich in ihrer Standesehre gekränkt fühlen, wenn sie im Konzert auf keinem Freiplatze sitzen, wenn sie im Bade Kurtaxe bezahlen und wenn sie ihr Eisenbahnbillet an der Kasse erstehen; wenigstens in Österreich und Frankreich „nassauert" der Litterat auch die Eisenbahnfahrt, wozu in Deutschland meines Wissens nicht einmal ausgewiesene Redakteure gelangen.

Am heikelsten scheint die Ehre der Litteraten berührt zu werden, wenn sie den Eintritt in Theater und Konzerte mit barem Gelde erkaufen müssen. Und das nicht ohne Grund. Einem alten Herkommen gemäß erweisen die Autoren oder Theaterleiter dem Rezensenten die Ehre, ihm seinen Platz vor der Vorstellung ins Haus zu schicken; da nun jeder Litterat sich berufen fühlt, über Kunst zu urteilen, gleichfalls einem alten Herkommen gemäß, so hat sich allmählich die Übung entwickelt, daß ein jeder Litterat in jedem Theater an jedem Abend einen Freiplatz erhält; — oder auch zwei, denn es ist nicht gut, daß der Mensch im Theater allein sei. Rechnen wir auf Berlin nur zehn Bühnen und den Platz nur zu 3 Mark, so ergibt die Rechnung, daß der Redakteur irgend einer Winkel= zeitschrift über 20,000 Mark jährlich an Eintrittspreisen „nassauert," wenn er täglich von seinem angeblichen Rechte auf zwei Plätze Gebrauch macht. Und es soll ehrgeizige Litte= raten geben, welche mit Hülfe eines zahlreichen Bekannten= kreises wirklich kein Titelchen ihres Rechtes preisgeben.

Die Theaterdirektoren selber, welche scheinbar diese ungeheuern Summen hingeben, sind allerdings nicht im mindesten zu be= klagen. Mit Ausnahme der ersten Aufführungen, wo oft wirkliche Kritiker auf den Freiplätzen sitzen, geben sie oft doch nur unverkaufbare Plätze her. Ferner denken diese Theater= direktoren in ihrem argen Sinn, daß die Zeitungsleiter durch Abdruck der vielen kleinen Theaternotizen, auch Waschzettel genannt, ihre Dankbarkeit beweisen werden. Eine Hand wäscht die andere, wobei leider keine reiner wird.

Es handelt sich aber bei der ganzen Frage nicht um die Gefühle der Direktoren, sondern um den Eindruck auf die Masse. Diese glaubt nun einmal, daß die Nassauer sie von den besten Plätzen verdrängen und hält den Abdruck der Wasch= zettel am Ende gar für eine nicht ganz feine Art der Schulden= tilgung.

Und die Bühnen werden nicht ausschließlich in Anspruch genommen.

Bei Konzerten und ähnlichen Unternehmungen sind jedes= mal mindestens hundert gute Plätze vom stolzen Adel des Geistes besetzt, welcher verächtlich auf die bar zahlenden Ge=

noſſen von Geburt und von der Finanz hinabſieht. Das ge=
wöhnliche Publikum will nun aber nicht einſehen, warum
derjenige billiger davon kommen ſoll, der von der Kunſt angeb=
lich einen größeren Genuß hat, und hat aus Rache eben das
böſe Wort „naſſauern" erfunden.

Dieſe Art von Verachtung des Geldes, inſoweit und inſo=
fern es ausgegeben werden ſoll, iſt manchen Litteraten faſt
allerwärts eigen. Auch unſere verehrten Feſtgenoſſen Müller=
Paſewalk und Schulze=Culmbach rechnen ja darauf, daß ſie
und ihre Verwandten bis ins äußerſte Geſchlecht freien Ein=
tritt ins Sommertheater erhalten. In der Großſtadt aber
haben ſich zu den geiſtigſten Genüſſen auch ſolche geſellt, die
wie die Wagnerſche Bühne durch Zuſammenwirken verſchiedener
Muſen entſtehen — ohne Apollons Mitwirkung. Wo nur
irgend in Berlin nämlich die Muſe der ſtilvollen Einrichtung
ſich mit der Muſe der Kochkunſt verbündet, um irgend einen
ganz neuen Wein oder ein ganz altes Bier an den Mann zu
bringen, da erſcheinen zur Weihe des Hauſes Litteraten, welche
den Begriff des Zahlkellners nicht kennen, und am folgenden
Tage die neue Kneipe — natürlich nur in äſthetiſcher Be=
ziehung — preiſen. Und in ähnlicher Weiſe erfreuen ſich
Litteraten des Vorzugs, Zwerge, Rieſen, Mißgeburten und
Kälber mit zwei Köpfen früher und wohlfeiler zu begrüßen,
als die anderen Menſchen es können. Es ſind ja nicht immer
nur die gefeiertſten Namen, welche ſich zur Prüfung der merk=
würdigen lebendigen oder gebratenen Kälber einfinden, aber,
geehrte Feſtgenoſſen, wir müſſen doch mit herzlichen Gefühlen
auch die hungerigſten Schriftſteller zu den unſern rechnen,
denn ich ſehe einige an unſrer Tafelrunde.

Und wohlgemerkt, verehrte Genoſſen, ich ſpreche hier, wo
wir uns in anſtändiger Geſellſchaft befinden, nicht von den
infamen Burſchen und den armen Teufeln, welche ſich über die

Sitte hinaus Vermögensvorteile zuwenden lassen, welche der Bestechung zugänglich sind. Nein, nur an die makellosen Litteraten geht meine Mahnung, welche sich in der süßen Gewohnheit des Gratis=Daseins, wo's was zu genießen gibt, wohl und gehoben fühlen. Sie sind so durchdrungen von ihrem eingeborenen Rechte auf Freiplätze, daß sie in ihrer Jugend eine Freiamme verlangt hätten, wären sie damals ihres Litteratenberufes schon gewiß gewesen, und daß sie noch nach ihrem Tode dem Charon ihren Obolus verweigern würden. Und Charon ließe sie auch wohl umsonst in die Unterwelt; denn auch die Unterwelt wird ja wohl gegen ein bischen Reklame nicht gleichgültig sein.

Und in diesem Sinne bitte ich Sie das Glas zu erheben und mit mir im Hinblick auf die Hebung des Schriftstellerstandes dem Nassauertum ein Pereat zu bringen."

Ich habe niemals gewagt, dieses Pereat auszubringen. Der Anblick der Freitafel schüchterte mich ein.

Der Teufel als Ehemann.
Macchiavelli und andern braven Männern nacherzählt.

Seit hundert Jahren war kein Ehemann in den Himmel gekommen; die Herren gingen eben, nach der Ehe Leid und Freud, regelmäßig zur Hölle, und jedermann fand das in der Ordnung. Ihre Strohwitwen im Himmel beeiferten sich, durch eine gutgespielte muntere Laune den fröhlichsten Ton herzustellen und man sah es ihnen kaum an, daß sie sich auf ihrem kühlen Landsitze um die schmorenden Gatten grämten.

Den himmlischen Junggesellen jedes Alters war dieser Zustand der Dinge ohnedies der erwünschteste, und nur die jungen Mädchen vermißten mitunter schmerzlich die väterliche Freiheit, mit welcher verheiratete Leute fremden Töchtern den Hof machen dürfen. Da aber die Mädchen im Himmel nichts anderes als „ja" zu sagen haben — woher der Name Himmel — da die Jünglinge sich ferner die äußerste Mühe geben, auch hier die Stelle der Ehemänner zu vertreten, so hätte dieses Verhältnis noch lange fortbestehen können, wenn nicht die ernsthaften Leute, alte Damen und die Tänzerinnen unter den Engeln, am Ende angefangen hätten, eine gewisse Leere zu empfinden.

Und eines Tages kam es so weit, daß unter sämtlichen

himmlischen Heerscharen kein vierter Mann zur Whistpartie aufzufinden war.

Da gab es Rebellion und die ernsthaften Leute und die alten Damen, die Tänzerinnen und die Kartenspieler riefen: „Wir wollen unsere Ehemänner haben".

Und es gingen Deputationen auf Deputationen an die Ehefrauen ab, bis diese unter Thränen die Resolution faßten: „Wir wollen unsere Männer haben!"

Und manch eine sehnte sich wirklich nach manch einem Ehemann. Petrus, der alte Weiberfeind, machte sich gern zum Anwalt dieser Wünsche. Er gönnte der Hölle nicht die stattliche Landwehr der verheirateten Männer, auch schob er des Abends gern Kegel. Er trat also eines Sonntags nachmittag zum Herrn dar und sprach:

„Herr, seit hundert Jahren ist kein Ehemann mehr in den Himmel gekommen; dieweil nun diese Thatsache ein sehr schlechtes Licht auf die Sitten, einerseits deiner Erde, andrerseits unsres Himmels wirft, dieweil ferner die wackern Ehefrauen der Seligkeit des Himmels allein nicht froh werden können, dieweil endlich der Hölle niemals ein Zugeständnis gemacht werden darf, schlage ich vor und stelle den Antrag: Von jetzo ab habe jedweder Ehemann um seines zeitlichen schweren Lebens willen freien Eintritt in den Himmel."

Der Herr lächelte, und die Kinder auf Erden sahen rosa Wolken am Firmament; dann winkte der Herr den Satan, den obersten der Teufel, vor seinen Thron und befahl, daß der Streit um die Ehemänner vor ihm ausgefochten werde. Denn natürlich wollte die Hölle ihre Beute nicht fahren lassen.

Zuerst sprach Petrus und stellte den Satz auf, daß die Weiber wie an allem Unheil, so auch an dem Untergang der Männer die Schuld tragen. Er leugnete nicht, daß die Männer manche schwere Sünde begingen, aber keine einzige sei unverzeih=

lich, wenn man die Verzweiflung bedächte, welche unter dem Ehejoch notwendig entstünde. „Jede Sünde eines Ehemannes," so schloß er, „ist im Stande der Notwehr begangen und darum erläßlich. Und wäre dem auch nicht so, so wird doch jede Sünde schon im Fegefeuer der Ehe über und über genug gebüßt, so daß ein jeder verstorbene Ehemann ipso facto und ohne Prüfung den Weg in den Himmel frei haben müßte."

Der oberste der Teufel verbeugte sich dreimal vor dem Throne des Herrn, dann begann er ein Loblied auf die Weiber zu singen, wie es so süß noch niemals in den himmlischen Räumen gehört worden war, und er pries nicht das Weib allein, er wußte seine Worte so geschickt einzurichten, daß Petrus wie ein Beleidiger vor des Herrn Majestät erschien. Der Herr habe das Weib als Krone der Schöpfung entstehen lassen. Sechs Tage lang habe selbst der Herr sich üben müssen, um einen Menschen zu schaffen, und auch dann noch habe der erste Versuch nur Stümperarbeit hervorgebracht, nur einen Mann. Aber der Herr habe bei diesem ersten Versuche schon soviel gelernt, daß gleich opus 2 sein Meisterstück, das Weib, geworden sei.

Alle Bewohner des Himmels hatten sich um den obersten der Teufel geschart und klatschten ihm Beifall, denn sie hatten ja freien Eintritt. Und nun entspann sich zwischen den beiden Gegnern ein hitziger Kampf, so wild und grob, als ob einer von ihnen ein Geistlicher und der andere ein Abgeordneter gewesen wäre. So gerieten sie allmählich vom Streiten ins Fluchen und es wäre gewiß noch zum Handgemenge gekommen, wenn Satan seinem Gegner nicht eine Wette vorgeschlagen hätte. Der oberste der Teufel wollte die Wette eingehen, Petrus selber, trotz seiner angeblichen Weiberfeindschaft würde sein Amt niederlegen, wenn es keine Weiber im Himmel gäbe. Und Petrus rief zurück: „Und ich wette, kein Teufel hält es

mit einem schönen Weibe auf Erden, und wenn sie ihm seine
Großmutter ausgesucht hätte, 25 Jahre aus, ohne einmal in
der Hölle Ruhe zu suchen."

„Topp!" schrie der oberste der Teufel und „Topp!" schrie
Petrus, und der Pakt wurde vor den lächelnden Augen des
Herrn geschlossen:

Wenn ein Teufel es unter den angegebenen Bedingungen
25 Jahre bei seiner Frau aushielt, dann hatte Petrus ver=
loren, und die Ehemänner wanderten nach wie vor zur Hölle.
Wenn aber der Teufel wirklich einmal vor seinem Weibe in
die Hölle flüchtete, so war er besiegt, und jeder Ehemann fuhr
fortan ohne weiteres in den Himmel ein.

Der Streit war geordnet, der Herr verschwand, und die
Ehefrauen bereiteten sich für die nächsten 25 Jahre der Trennung
in freudiger Demut vor.

Satan verlor keine Zeit; er ließ sich die Konduiten=Listen
seiner Teufel vorlegen, um den passendsten unter ihnen für das
große Werk auszuwählen. Sein Auge fiel auf Bellfeuer, einen
jungen hübschen Teufel, der minder feinhörig als seine Brüder,
ja ein wenig schwerhörig, dagegen mit einer ungewöhnlich
kräftigen Stimme begabt war. So schien er aktiv und passiv
für das Eheleben günstig beanlagt. Entscheidend aber für seine
Wahl war die Bemerkung der Konduiten=Liste: „Geduldig
aus Faulheit."

Als Bellfeuer den Befehl Satans vernahm, daß er auf die
Erde gehen und dort heiraten sollte, weinte er jämmerlich und
schrie ein über das andere Mal: „Das kann kein Teufel aus=
halten."

Satan aber tröstete ihn. Satans eigene Großmutter sollte
das hübscheste, gutmütigste und dümmste Weibchen für Bell=
feuer aussuchen, damit ihm die Ehe leicht werde.

In aller Eile wurde die Ausstattung für Bellfeuer besorgt,

er lernte tanzen und französisch sprechen und begab sich mit der Großmutter auf die Erde.

Einige Geschichtsschreiber, wie besonders der berühmte Macchiavelli, behaupten, der arme Teufel habe seine höllischen Künste unten zurücklassen müssen und sei hülflos und ungeschickt wie der erste beste Millionär unter die Menschen gegangen.

Das ist aber ein Irrtum der gelehrten Herren. Denn Petrus wollte ja beweisen, daß nicht einmal ein wirklicher Teufel es in der Ehe aushalten könnte; und darum war ihm keine Zauberei verboten.

Die Großmutter säumte also nicht und hatte bald in einer blitzhübschen, erzdummen und seelenguten jungen Pariserin die Lebensgefährtin für den armen Bellfeuer ausgefunden. Sie machte Spaßes halber noch die Hochzeit mit und kehrte dann zu Satan zurück, nicht ohne vorher ein Edentheater gebaut und Monaco besucht zu haben.

Bellfeuer fand die Ehe anfangs gar nicht so übel. Hortense, so hieß seine junge Frau, gefiel ihm über die Maßen, und als nach Jahresfrist ein strampelnder, schwarzäugiger Junge in der Wiege lag, schienen die nächsten 24 Jahre ganz behaglich zu werden. Er wollte sich der Erziehung seines Sohnes Louis widmen und die kleinen Launen seiner Frau mit der Philosophie eines Weltmannes ertragen. Auch Hortense war mit ihrem Lose sehr zufrieden. Bellfeuer erfüllte jeden ihrer Wünsche auf der Stelle, und es war nur unangenehm, daß er nicht ein einzigesmal widersprach, daß er selbst dann Rat schaffte, wenn sie ganz unvernünftige und ganz unmögliche Dinge verlangte; das war freilich schwer zu ertragen.

Als Bellfeuer sich allmählich von ihr ab und dem Söhnchen zuwandte, wurde ihre Stimmung schärfer und ihre Launen wechselten rasch. Bellfeuer mußte von früh bis abends auf den Beinen sein, um seine Frau immer zufriedenzustellen. Kaum hatte sie das perlgraue Kleid und den Landauer für das Boulogner Wäldchen, als sie ihren Entschluß plötzlich änderte und in einem Koupé, mondfarben angezogen, nach der Kirche fahren wollte. Und für den Tisch mußte der arme Teufel jedesmal im letzten Augenblicke den Plan ändern. Und weil er nicht verraten durfte, daß er ein höllischer Geist war, mußte er, anstatt offen zu zaubern, den ganzen Tag rennen wie ein Jagdhund. Darüber wurde Hortense immer brummiger und erklärte endlich, sie halte dieses Leben nicht länger aus. Ihr Mann solle ein Mann sein und nicht ein Narr. Jeden verrückten Einfall einer Frau sofort zu dem seinigen zu machen, das sei nicht mehr galant, das sei feige, erbärmlich, beleidigend.

Bellfeuer wunderte sich sehr und sagte „nein", als Hortense eine Stunde später eine Birne mit Apfelgeschmack verlangte; da atmete Hortense froh auf, weil sie endlich Grund zum Streiten hatte, und das Ungewitter brach los. Von diesem Tage ab konnte Bellfeuer seiner Gattin nichts mehr recht machen.

Was er ihr zuliebe that, war ein Beweis seiner Nichtachtung, seines schlechten Gewissens, seiner unmännlichen Schwäche, und wenn er ihr widersprach, so war er ein Tyrann, ein Barbar, ein Blaubart.

Hortenses Stimme überwand die leise Schwerhörigkeit Bellfeuers, und seine kräftigen Laute, welche doch in den höllischen Werkstätten das Prasseln der Flammen übertönt hatten, kamen nicht auf gegen die Strafpredigten seiner Frau. Es wäre für einen Menschen ein Höllenleben im Hause gewesen und das heranwachsende Louischen, das unbewußt doch ein ganzes Teufelskind war, hatte seine Lust an dem ewigen Kriege seiner Eltern.

So vergingen etwa 15 Jahre. Mit jeder Post schrieb Bellfeuer trostlose Briefe an seine Familie, bat um Abberufung oder Ablösung, aber Satan war unerbittlich. Da bemerkte

Bellfeuer einmal an einem besonders lichten Frühlingsmorgen, daß seine Frau zu ihren andern Fehlern auch noch alt und häßlich zu werden anfing. Sofort riß er sich die wenigen Haare aus, die Hortense ungerupft gelassen hatte, und sann über seine Rettung nach.

Es kam alles darauf an, daß er sich seiner Frau entledigte, ohne daß Petrus und Satan die Sache erfuhren. Bellfeuer verfertigte eigenhändig ein täuschend ähnliches Wachsbild von seiner Frau; das war schön' stumm und brauchte gar nicht zehnmal des Tages umgekleidet zu werden. Dieses Wachsbild legte er aufs Sofa, die lebendige, darob laut schreiende Hortense jedoch sperrte er in einen bombenfesten Keller des Hauses. Die Frau sei nervös geworden, hieß es, und Petrus jubelte über diese Nachricht, die Hölle aber zitterte.

Da freute sich Bellfeuer und wurde ein zärtlicher Vater. Er liebte seinen Sohn wirklich über alles und brachte ihm jedes Opfer, ohne sich zu beklagen. Louischen benahm sich genau ebenso, wie seine Mutter, aber Bellfeuer wurde niemals böse. Um seinen Vater zu ärgern, heuchelte Louischen sogar einige Sehnsucht nach der eingesperrten Hortense. Doch Bellfeuer ließ ihn ohne Widerspruch mitunter zu ihr hinein und labte nachher sein Herz an den Erzählungen des Sohnes.

Dieser hatte inzwischen das Gymnasium absolviert und die Prüfungen sehr gut bestanden, da er als Teufelskind eine entschiedene Begabung für alle gelehrten Studien mitbrachte. Lange schwankte Bellfeuer, ob er den Sohn Theologie, Juristerei oder Medizin studieren lassen sollte; eins schien ihm so passend wie das andere. Louis entschloß sich am Ende selbst für die Medizin. Er war ein Materialist und darum schien es ihm ergötzlicher, den Leib zu quälen, als den Geist.

Louis besuchte nun die Universität, wurde Doktor und begann dann in den Hospitälern so rasch die Leute zu morden

und der Hölle zuzuschicken, daß er bald vom alten Satan ein
Anerkennungsschreiben erhielt.

So gewann er rasch einige Übung und zählte kaum
23 Jahre, als er sich bereits in der Stadt als ein selb=
ständiger Arzt niederlassen konnte. Auch Bellfeuer war mit
seinem Sohne zufrieden und wünschte, wie eben jeder Vater,
seinem Fleisch und Blut beim Fortkommen nützlich zu sein.
Er erfand zuerst einige Wunderpillen, welche den guten Louis
über Nacht zum reichen Manne machen sollten, aber der junge
Arzt lächelte vornehm über solche Gemeinheit und jagte den
Vater aus seinem Ordinations=Zimmer hinaus. Tags darauf
brachte Bellfeuer die Idee auf, die sibirischen Bergwerke zu
klimatischen Kurorten für Lungenkranke umzuwandeln. Das
gefiel dem Sohne schon besser, aber er verwarf den Plan doch
der großen Konkurrenz wegen. Endlich hatte der arme Teufel
Bellfeuer einen Einfall, der vor Louis' Augen Gnade fand,
und sie schritten sogleich an die Ausführung.

Das Unternehmen war sehr einfach. Der Teufel fuhr in
irgend einen zahlungsfähigen Menschen, ließ sich von seinem
Sohne wieder austreiben, und der Arzt erhielt für die Wunder=
kur die höchsten Honorare. Sie übten sich zuerst bei dem
niederen Volke der Nachbarschaft ein. In den ersten Fällen
bot Louis den Besessenen freiwillig seine Hülfe an, bald aber
verbreitete sich sein Ruf, und die höchsten Herrschaften bemühten
sich um seine Hülfe. Es war merkwürdig, aber er wurde
sogar zu solchen Besessenen gerufen, in welche sein Vater gar
nicht gefahren war. Solche Patienten behandelte er homöo=
pathisch. Sonst aber war seine Kunst sehr bequem auszuüben.
Er brauchte nur vor die Kranken hinzutreten und der Teufel
fuhr aus. Des Scheines wegen ging eine kleine Untersuchung
vorher, Louis näherte seinen Mund dem Ohre der oder des
Besessenen und flüsterte: „Apage Satanas." Und wenn Bell=

feuer seiner Faulheit wegen nicht sofort gehorchte, so brauchte Louis nur noch hinzuzufügen: „Na, Papa!" und die Genesung war da. Alle Welt sprach von dem großen Louis. In den Vorstädten nannte man ihn den großen unvergleichlichen Teufelaustreiber, in den vornehmen Kreisen und in den Zeitungen den berühmten Specialisten für Nervenkrankheiten.

Das ging nun eine Weile so fort, bis Louis sich ganz entsetzlich in eine reiche und schöne Prinzessin verliebte, in die Tochter des Fürsten von Macao, der seinen Namen irgend einer gewonnenen Schlacht oder einem andern Gewinst zu danken hatte. Bellfeuer beschwor umsonst seinen Sohn, nicht in sein Unglück zu rennen. Louis ließ sich durch die haarsträubenden Schilderungen, welche Bellfeuer vom Eheleben machte, nicht abschrecken. Nur davor hatte er Angst, daß ihn die Prinzessin nicht nehmen würde.

Als Bellfeuer sah, daß sein Sohn sich durch nichts von dem Abenteuer der Ehe abhalten ließ, verzichtete er auf weitere Belehrung und schien den Bitten des Sohnes nachzugeben. Dieser rechnete auf seine ärztliche Hülfe. Wenn Bellfeuer in die schöne Prinzessin von Macao fuhr, so wurde sicherlich kein anderer Arzt gerufen als Louis, und er konnte dann die Hand der Kranken als Honorar verlangen, wie ja auch andere berühmte Aerzte unmittelbar vor einer gefährlichen Operation ihre Preise sehr phantastisch fordern.

Gedacht, gethan. Der teuflische Vater fuhr in die Prinzessin und schon tags darauf wurde Louis vom Haushofmeister zu der Besessenen geholt. Der junge Arzt nahm sich diesmal viel mehr Zeit als sonst. Er fühlte nicht nur den Puls, er untersuchte die Patientin mit allen neuen Erfindungen; er untersuchte sie elektrisch, elektromagnetisch, mikroskopisch, mikrophonisch, bakteriologisch, chemisch und physikalisch, dann erklärte er den Fall für ungewöhnlich ernst, versprach aber dennoch sein Möglichstes zu thun, wenn man ihm die Hand der Prinzessin zur Belohnung gab. Der Fürst von Macao kannte keine Standesvorurteile und sagte um so lieber ja und Amen, als er schon lange nichts gewonnen hatte, weder eine Schlacht noch sonst etwas. Nun näherte sich Louis dem Ohre der Besessenen und murmelte kaum hörbar: „Apage Satanas." Als sich hierauf nichts rührte, flüsterte er mit freundlicher Stimme: „Na, Papa!"

Aber Bellfeuer fuhr nicht aus. Louis hatte gut sein „Na, Papa" in allen Tonarten wiederholen, er mochte drohen und klagen, Bellfeuer muckte nicht. Die Prinzessin war und blieb besessen.

Die Geschichtsschreiber wissen nicht genau, was damals in der Seele des Teufels vorging. Die einen nehmen an, daß er einfach zu faul war, um auszufahren, die andern vermuten, daß er sich in dem fürstlichen Hause und in dem zarten Körper, den er besessen machte, zu wohl fühlte. Am wahrscheinlichsten ist aber folgende Erklärung. Es fehlten gerade nur noch vierzehn Tage, dann waren die fünfundzwanzig Jahre um, welche Bellfeuer als Ehemann auf Erden zu verbringen hatte. Nun war ja der arme Teufel doch sehr gegen die Ehe seines Sohnes und mochte also bei sich denken: „So lange ich auf Erden bleibe, soll auch die Heirat meines Louis nicht zu stande kommen. Die Prinzessin soll nicht gesund werden, um so weniger als ich mich ungewöhnlich behaglich fühle, dabei verbringe ich die letzten vierzehn Tage meiner irdischen Pilgerschaft in stiller Beschaulichkeit und kann ebenso ruhig den Tag meiner silbernen Hochzeit feiern. Ist die Zeit verstrichen, fahre ich plötzlich aus, wenn irgend ein anderes Mittel versucht wird, als das meines Sohnes. Dann erhält er die Prinzessin nicht und bleibt vielleicht ledig; ich aber öffne den Kerker meiner guten Hortense, lasse sie auf die Menschen los und kehre selbst im Triumphe zur Hölle zurück.

Wie dem aber auch sei, alle Versuche des Arztes mißlangen. Da verfiel Louis auf ein verzweifeltes Mittel. Er bat um vierzehn Tage Frist, innerhalb deren er ein sicheres Mittel verschreiben werde. Er begab sich in das Haus seines Vaters, ließ Schlosser und Maurer kommen und machte sich an die Arbeit, die Mutter zu befreien. Es war eine schwere Aufgabe. Acht Tage dauerte es, bevor sie durch drei Thüren hindurch die keifende Stimme der Frau vernahmen, und wieder eine Woche verging, bevor Hortense in den Armen ihres Sohnes lag und dem ihr zunächst stehenden Schlossermeister eine furchtbare Ohrfeige versetzte. Es hatte ihr im Keller durch des Teufels Künste nichts gefehlt, als jemand, an dem sie ihre Wut auslassen konnte. Louis setzte sie rasch in einen Wagen, um sie frisch aus dem Keller zur besessenen Prinzessin zu bringen.

Hier hatte sich inzwischen nichts verändert. Bellfeuer schlief eben, als der Arzt mit Hortense eintrat. Louis ließ sich noch einmal die Hand der Tochter versprechen, dann trat er hinzu und weckte seinen Vater mit dem lauten Rufe: „Apage Satanas."

Bellfeuer hatte eben von seiner nahen Befreiung geträumt; es fehlten nur noch wenige Stunden und die Frist war abgelaufen. Als er die Stimme seines Sohnes vernahm, schaute er auf die Uhr, muckte aber nicht.

Da erhob der entartete Sohn seine Stimme und rief laut: „Na, Papa, ich habe die Mutter mitgebracht." Ein jammervolles Zucken lief durch den Körper der Prinzessin und, als jetzt seine Gattin zu reden anfing, wie nur sie reden konnte, da hielt es Bellfeuer nicht länger aus. Er vergaß, wie kurz die Prüfungszeit noch dauern sollte, er vergaß, was Satan und dessen Großmutter angedroht hatten, wenn er zu früh zur

Hölle kam, er sah nichts als sein Weib, fuhr aus und in einem ungeheuren Satz gradeswegs in das Höllenfeuer und in die Krallen von des Oberteufels Großmutter.

Auf Erden geschah nichts Außerordentliches. Louis heiratete die Prinzessin und blieb ein berühmter Arzt. Hortense trug ein ganzes Jahr lang ihre schicklichen und gutsitzenden Trauerkleider; danach quälte sie einen zweiten Gemahl mit süßen Erinnerungen an den guten Seligen.

Im Himmel aber herrschte große Freude, denn Petrus hatte seine Wette gewonnen. Das Gesetz wurde erlassen, daß jeder Ehemann ohne Prüfung in den Himmel eingehen solle. Fortan wurde oben nach Herzenslust gekartet und gekegelt und als die Ehemänner solcherweise untergebracht waren, söhnten sich auch die Ehefrauen mit der neuen Einrichtung aus.

www.ingramcontent.com/pod-product-compliance
Lightning Source LLC
Chambersburg PA
CBHW031902220426
43663CB00006B/726